国際法論集

中村洸 編
大森正仁 補訂

慶應義塾大学法学研究会叢書［82］

慶應義塾大学法学研究会

目次

〔論説〕

〔解説、書評ほか〕

〔業績ほか〕

本書に再録するにあたって、漢字旧字を新字に改めたが、その他の部分は初出のままである。ただし、明らかに間違いと思われる箇所については補訂を行った。

論説

国際法外交雑誌　第四五巻七・八号（国際連合特別研究号）　昭和二一年

国際平和と安全の確保

一、概　　説

国際連合憲章は国際平和と安全を確保する手段として三個の方法を規定する。その一は、紛争の平和的解決であり、その二は、平和に対する脅威・平和の破壊並びに侵略行為に対する措置、その三は、地域的取極めである。こゝでは、その中で前の二つを取扱ひ、第三の地域的取極めは安井教授によつて取扱はれることになつてゐる。従つて、こゝに掲げる題名は内容よりも多少広過ぎるわけであるが、憲章による平和と安全確保の方法の中の大部分を取扱ふものであるから、かりに右の題名とした。憲章では、こゝで取扱ふ平和と安全確保の手段をそれぞれ章を分つて規定し、第六章が紛争の平和的解決、第七章が平和に対する脅威・平和の破壊並びに侵略行為に関する措置、第八章が地域的取極めとなつてゐるが、一九四四年一一月九日に発表せられた所謂ダンバートン・オークス案、正確にいへば、米・英・ソ連及び中華民国によつて提案せられた「一般的国際機構設立ニ関スル提案Proposals for the Establishment of a General International Organization」においては、第八章の侵略の防止及び抑圧を含む国際平和及び安全保障のための措置といふ章名の下に、第一節紛争の平和的解決、第二節平和に対する脅威又は侵略行為の決定及びこれに関する行動、第三節地域的取極め、となつてゐる。そして、紛争の平和的解決についてはダンバートン・オークス案では七ヶ条に規定せられてゐるが、連合憲章では六ヶ条に、平和に対する脅威、平和の破壊並びに侵略行為に関する措置については、ダンバートン・オークス案では十一ヶ条に、憲章では十二ヶ条に規定せられてゐる。かやうに憲章はダンバートン・オークス案を修正してはゐるが、規定の大綱において変りのないことは後に述べる通りである。

たゞ憲章の規定の配列上注意すべき点は、それが従来の条約の規定の配列と多少趣きを異にしてゐることである。条約の目的は通常条約の前文中に述べられてゐるのであるが、憲章では、前文の外に、第一章目的及び原則(Purposes and Principles)として、これを本文中に規定してゐる。しかも、国際連合の目的として、第一条第一項に国際平和及び安全の維持を掲げてゐることは、国際連合なる機構の最も主なる目的が平和と安全の確保にあることを示すものである。第一次大戦後において世界に始めて誕生をみた一般的平和機構としての国際連盟は、その目的を充分に実現し得なかつた。それには連盟の機構上の欠陥もあり、また運用上遺憾の点がないでもなかつた。このやうな経験を経た世界は、この失敗を繰返さないために、連盟よりはより完備した機構を準備し、これによつて平和と安全の確保を企てたことは当然である。この点より観て、国際連合は連盟より平和機構として一段と進化発展を遂げたものである。

二、紛争の平和的解決

憲章において紛争の平和的解決（pacific settlement of disputes）と称ばれるのは、紛争が何等強制を用ひないで解決せられることである。兵力による強制は勿論、経済的その他いかなる方法においても強制せられずして紛争が解決せられる意味である。紛争の解決手段として紛争国の一方が他方を強制し或ひは国際連合自身が強制を用ひることは出来るだけこれを避けんとする趣旨である。強制の実施は強力的行為の発動を意味する故に、やむを得ない場合の外はかゝる手段を回避することが国際社会の平穏のため望ましいことはいふまでもない。このことは既に久しく国際社会において望まれたことである。憲章は凡ゆる方法による紛争の平和的解決を希望してゐる。即ち、外交々渉（Negociation）審査（Enquiry）居中調停（Mediation）調停（Conciliation）仲裁（Arbitration）司法的解決（Judicial Settlement）或ひは地域的機関（Regional Agencies）または当事国の選ぶ他の平和的手段による平和的解決の手段を求めることになつてゐる（第三三条、一項、ダンバートン・オークス案、第八章、第一節、第三号）。これ等の平和的解決手段は古くより存在するものであつて、ハーグの国際紛争の平和的処理条約においても、これ等の解決手段の大部分、即ち居中調停、審査、仲裁々判等は挙げられて居り、その外に周旋、特別居中調停等の解決方法も規定せられてゐることは多言を要しない。連盟規約においても、連盟国間に国交断絶に至るの虞れある紛争が発生した場合にはその事件を仲裁々判、司法的解決または連盟理事会の審査に附さねばならぬことを定めてゐる（第一二条）。こゝに挙げたのは二三の例に過ぎないが、地域的機関の解決に委ねる以外の解決方法は、古くから行はれて来た紛争解決の手段であつて、憲章ではこの解決手段を矢張り活用して、先づ紛争の平和的解決を得んとするのである。そしてこの方法こそ国際連合の最も理想とするところの紛争解決手段であるとさへ考へられる。連合が強力的措置を執らねばならぬのはもと〳〵連合の欲するところでなく、真にやむを得ない最後的な手段といへるであらう。

以上のやうな意味における紛争の平和的解決について憲章は第三三条から第三八条まで六ヶ条に規定してゐる。

（イ）　紛争の種類

国際連合において平和的解決の対象とせられるところの紛争は、総ての紛争ではなくて、その継続が国際平和並びに安全を危くするが如き紛争についてのみである。従つて、紛争の中でも国際平和と安全の脅威にならないやうな紛争は国際連合が平和的に解決する紛争の中に入らないのが原則である。こゝで原則であるといふのは、後に述べるやうに或場合には例外があると考へられるからであるが、紛争が継続しても何等国際平和と安全を危くしないやうな紛争は、実際には当事国にとつて重要でない紛争である。

平和的解決の対象となる紛争が平和と安全を脅かす紛争であるとすれば、特定の紛争が果して平和と安全の脅威となるか否かゞ先づ決定せられねばならない。この決定権は安全保障理事会にある。即ち、安全保障理事会は、紛争乃至事態の継続が平和並びに安全を危くする惧れありや否やを決定するために、国際間の軋轢（friction）に導くことのあり得るが如き、もしくは紛争を生ずることのあり得るが如きすべての紛争を審査することが出来る（第三四条）。この規定は、ダンバートン・オークス案、第八章、第一節、第一条の規定と同趣旨であつて、同案は安全保障理事会の審査権（be empowered to investigate……）といふ規定になつてゐるが憲章では審査し得る（may investigate）と修正されてゐる。この両者の間には実際上大きな相違はないと考へられる。なぜならば、両者とも安全保障理事会に審査の義務を課すものでなく、審査すると否とは安全保障理事会の意思によるのであつて、かりに理事会が審査を欲しない場合、或ひは審査の必要を認めない場合には、審査を強制せられることはない。それ故に、一定の紛争或ひは事態が平和及び安全の脅威になるか否かは理事会の発意によつて決せられるのである。そこで、理事会において一定の紛争或ひは事態が平和及び安全を脅威せずと認める場合には、かゝる紛争または事態は国際連合において平和的解決を行ふべき対象とならない。憲章第一〇条の規定により、総会は憲章の規定の範囲内に入るいかなる事項乃至疑問、或ひは本憲章に規定せられる機関の権限乃至機能に関する事項乃至疑問を審議し得ることになつてゐるから、総会にもこの問題についての審議権はあるが理事会のやうな決定権はもたない。

そこで、連合の締盟国が平和及び安全を脅威する紛争或ひは事態が存在するとして理事会に提訴し（第三五条、一項）、または総会が国際平和及び安全を危殆に陥れる惧ある事態につき理事会の注意を喚起した場合（第十一条、三項）には、理事会はそれ等の事実を調査して果して平和及び安全を脅威する紛争或ひは事態であるか否かを決定して、国際連合が平和的解決に乗出すべきや否やが決定せられる。要するに、国際連合において平和的解決を講ずる問題は国際平和及び安全の脅威となるところの紛争または事態であるを原則とする。

しかし、この原則に対しては、前で一寸触れたやうに、例外が認められてゐる。それは、如何なる性質の紛争であつても、従つてそれは国際平和や安全を脅威しないやうな紛争であつても、もし紛争当事国の総ての要求のある場合には、紛争の平和的解決を目的として勧告を行ひ得ることである（第三八条）。しかし、この種の紛争は、たとへ紛争が継続しても、国際平和や安全を脅威しないものであるから、平和的見地からは重要性をもつものでなく、また当事国の立場から観ても比較的些細な事件であり、連盟規約の用語を借りれば、国交断絶に至るやうな虞れのない紛争である。

既に述べたところで明かなやうに、国際連合において平和的解決の対象となるところの紛争は「その継続が平和と安全を脅威するが如き紛争または事態である」ことを原則とする。しかも、これ等の紛争または事態は連合憲章参加国の間に存在するものであることを要する。即ち、連合憲章参加国間に存するところの平和と安全を脅かすが如き紛争または事態が国際連合において平和的解決の対象として取り上げられることを原則とする。しかし、この原則に対しても例外として、連合の締盟国でなくとも、もし予め紛争に関して本憲章に規定せられる平和的解決に関する義務を承認するならば、安全保障理事会もしくは総会の注意を喚起し得ることになつてゐる（第三五条、二項、ダンバートン・オークス案、同節、二号）。そこで非締盟国から注意を喚起した紛争が平和的解決の対象となるか否かは理事会において決せられる。要するに、締盟国と非締盟国間または非締盟国間の紛争でも前述のやうな条件の下において、平和的解決の対象となる。この点は連盟規約第一七条の規定を想起せしめるものがある。

（ロ）解決の手続

国際紛争はすべて平和的な手段によつて解決することが憲章の原則である。全締盟国は国際平和・安全並びに正義を危ふからしめないやうな態度をもつて、平和的手段によつて国際紛争を解決せねばならない（第二条、第三号）。そこで紛争が発生したならば、当事国は必ずしも国際連合の手を煩はすことなく、紛争国自身の手で速かに自らの紛争を平和的に解決することが理想であるといつてよい。この場合の解決方法としては、外交々渉・審査・居中調停・調停・仲裁的解決及び司法的解決、地方的機関を介しての解決、その他いかなる平和的方法によつてもよい（第三三条、一項）。しかし、紛争当事国は、その継続が平和と安全の確保を危くする惧れがあるやうな紛争については、上述のやうな当事国間の平和的解決方法を講ぜずして、総会または安全保障理事会にその紛争を提出することが出来る。この場合にその紛争は理事会または総会の手で審議せられることになる。

当事国が紛争の平和的解決手段を講じない場合には、安全保障理事会は、当事国に対して、上述したやうな平和的解決方法を要請（call upon）することが出来る。よしまた紛争当事国が平和的解決方法を講じつゝある場合においても、理事会が当事国の執りつゝある解決方法よりよりよい適当な紛争調整の手続きや方法があると考へる場合には、当事国に対しその適当な紛争調整の手続きや方法を勧告し得る（第三六条、一項、ダンバートン・オークス案、前掲、同節、五号)。この場合においては、理事会は紛争当事国がその紛争解決のために如何なる方法を既に執つたか、また執りつゝあるか等のことを考慮に入れるべきであることは当然である(第三六条、二項)。そしてまた、紛争調整の手続や方法を勧告する場合に、法律上の紛争は通常国際司法裁判所に提訴されることを考慮に容れた上で勧告が行はれる(第三六条、三項、ダンバートン・オークス案、前掲、同節、六号、参照)。

こゝに注意すべきは、紛争の継続が国際平和及び安全の維持を脅威する危険の極めて大きな場合には、安全保障理事会は、適当な紛争調整の手続乃至方法を勧告するか、或ひは解決の手続や方法でなく、理事会の適当と信ずる解決条件を当事国に提示して、この条件で紛争を解決するやうに勧告するか、何れの方法を執るかを決定し、この決定に基いて行動することである(第三七条、二項)。

以上概観したやうに、国際平和及び安全を脅威するやうな紛争或ひは事態が存する場合には、理事会が中核となつて紛争の平和的解決に当るのであるが、この場合に理事会が当事国に対して執る方法は勧告であつて、それ以上のものではない。尤も、第三三条第二項は、理事会が紛争当事国に対し、第一項に規定する方法で紛争を解決することを要請する(call upon)といふ文字を用ひ、勧告(recommend)といふ文字は使用してないが、要請にしても、勧告にしても、これによつて要請せられた国、勧告せられた国がその要請や勧告に応じなかつた場合に理事会或ひは国際連合の執るべき態度について規定してゐない。しかし、これ等の点につき明確な規定が望ましいと考へる。尤も、理事会の平和的解決の勧告に応ぜずして、平和を脅威し、または平和を破壊し、或ひは侵略行為に出る国家に対しては、国際連合は第三九条以下の規定によつて強力的措置を執り得る故に、侵略的意図に基く平和破壊は断固抑圧し得るわけであるが、理論的には、侵略行為に出でず、さりとて平和的解決にも応ぜず、そのために平和及び安全の脅威となるが如き紛争または事態が容易に解消されない場合が生じ得ることがありとすれば、世界平和のため好ましくない。この点につき、ダンバートン・オークス案は紛争当事国に紛争の平和的解決の義務を負はしめてゐる。即ち should 或ひは should obligate themselves といふやうな文字が用ひられてゐるので、筆者の見解ではこの方が平和機構としては進歩した規定であると考へる。

三、平和に対する脅威、平和の破壊及び侵略行為に関する措置

憲章第六章に記されてゐる紛争の平和的解決にいふところの紛争は、かゝる紛争または事態の継続が平和と安全を脅かすところの紛争であるが、第七章に規定するところのものは、紛争が一段と進んで、所謂平和的解決を為し得なかつたために、現実にそれは平和の脅威となつてゐるか、或ひは、当事国の一方または双方の行動により平和が破壊されたか、或ひはまた紛争が発展して当事国の一方が相手方に対して侵害行為に出たか、紛争は存在しなくとも、突然に或国家が侵略行為を行つたか、これ等の場合に対する措置を規定する。連合憲章は多くの目的をもつが（第一章、参照）、その目的の中で最も主要なものは平和と安全の確保である。更に平和と安全の確保手段の中で最も重要な、中核的なものは第七章の規定である。即ち、国際連合は平和と安全を維持するために、必要に応じて強力的措置をとり得ることである。この実力行使は連盟規約中にも規定せられてゐたことは、こゝに述べるまでもないが、連盟における理事会の決定は、連盟国に対して拘束力をもたない大きな弱点があつた。国際連合においては、この欠陥を補ひ、安全保障理事会の決議は実力行使に関し加盟国を拘束する故に、かくてこそ真に実力行使を為し得るのであつて、国際連盟の平和機構としての欠陥は国際連合によつて充塡せられた。平和破壊国或ひは侵略国に対して現実に制裁を加へ得ることなしには世界平和は決して維持出来ない。この意味において、国際連合は国際連盟よりも平和機構として一段の進歩を遂げたものである。このことは世界平和のために祝福せられねばならぬ。

（イ）　暫定的措置

平和に対する脅威、平和の破壊並びに侵略行為に関する措置の決定は理事会を中心として行はれる。このことは紛争の平和的解決の場合と同様である。理事会がその構成から観て迅速な活動を為し得ることからして、これは当然であるといへるであらう。

或紛争または事態が平和を脅威するか、平和の破壊であるか、或ひは侵略行為であるか否かは理事会によつて先づ決定せられねばならぬ。理事会の目的は国際平和並びに安全の維持または回復にあるのであつて、実力行使はやむを得ざる場合の手段に外ならない故に、たとへ或事態が平和の脅威であり、或ひは平和の破壊であり、または侵略行為であると決定しても、直ちに強力措置を執るとは限らない。強力措置を執るに先立ち勧告を為し（第三九条、ダンバートン・オークス案、第八章、第二節、二号）、そして必要或ひは好都合なりと考へられる暫定的措置に従ふことを当事国に要求することが出来る。これ等の勧告乃至暫定的措置は事態の更に悪化しないやうにすることを目的とするものであつて（第四〇条）、紛争の内容に立入り当事国の主張や権利を考慮に容れて行ふものではないのである。従つてかゝる措置は紛争の解決手段ではなくして専ら悪化を阻止することを目的とする。この理事会の勧告或ひは暫定的措置に当事国が服する場合は、事態は悪化することなく進行を停止するのであるから、そこで、事態の実質を検討して、当事国の権利なり主張を考慮した上で事件を解決に導き得るわけである。しかし、当事国が理事会の勧告なり暫定的措置に服しない場合は、こゝに始めて理事会は強力的措置を講ずることになる。尤も、理事会は総ての場合において、先づ勧告或ひは暫定的措置を講じ、これによつて目的を達し得ない場合に、第二段の方法として強力的措置を執るといふ順序を踏むことは要しない。理事会が必要と認める場合には、その決議に基き直ちに強力的措置を執り得る。この何れの態度に出るかは、具体的な事態を考慮した上で理事会が決定する。この暫定的措置はダンバートン・オークス案には第八章、第二節、一号に、平和的解決の出来なかつた紛争で国際平和及び安全を脅威するものと認めるときは本機構の目的及び原則に従つて国際平和及び安全保持のため必要なる措置をとることが規定されてゐるだけであつたが、憲章ではこの点が更に詳しく規定せられた。

（ロ）　強力的措置

強力的措置は二種に分つことが出来る。その一は、経済・交通及び通信関係の全部または一部の遮断であり、その二は、武装兵力（armed force）の使用である。この何れの方法によるかは理事会の決定による。第一の経済・交通及び通信関係の遮断とは、経済関係、鉄道、海路、空路、郵便、電信、ラジオ及びその他の通信手段並びに外交関係の断絶を含むのであつて理事会はかゝる手段を執ることを連合加盟国に要求し得る（第四一条、ダンバートン・オークス案、前掲、同節、三号）。理事会がかゝる手段では不充分であると考へ、またはかゝる手段を実施したが、理事会の決定を実現するには不充分であることが実証せられたならば、陸・海・空軍を動員して国際平和及び安全の維持或ひは回復に必要な行動を執らしめ得る。この行動の中には連合加盟国の陸・海・空軍の示威・封鎖及びその他の行動が含まれる（第四二条、ダンバートン・オークス案、前掲、三号）。

連合加盟国は国際平和と安全の確保を目的として理事会が兵力の行使を決定した場合には、連合の兵力的措置の実施について凡ゆる便宜を供与する義務のあることは当然であるが、これ等の相互の援助の中で最も重要なことは、各締盟国は如何なる程度において自国の兵力を連合のために提供するかといふことである。この点に関しては、国際連盟は大きな弱点をもつてゐたことは人の知る通りである。連盟の場合には、連盟理事会において、各国の兵力分担が決定せられたとしても、その決定は連盟国に対して分担の義務を課すものでなく、単に勧告としての性質しかもたなかつた。そのために、現実に兵力的制裁を実施する際に、これが大きな障害となることは必然である。この欠点を補ふために、連合では、予め安全保障理事会と各連合国或ひは連合国の集団との間に協定を結んでおいて、その協定の中に、各連合国の提供すべき兵力の数並びに種類、その用意の程度並びに一般的所在、与へらるべき便宜及び援助の性質等を定めておく（第四三条、二項、ダンバートン・オークス案、同節、五号）。この協定中に定められたところの提供すべき兵力量その他は、連合が兵力的措置を執る際に、常に全幅的に使用せられるとは限らないのであつて、これは連合国が連合に提供すべき兵力量並びに便宜及び援助供与の最大限を定むるものと解すべきであらう。もし事情により、この協定中に規定せられる以上の兵力量の提供・援助及び便宜の供与を要するやうな場合には、その協定が修正せられねばならないであらう。安全保障理事会と連合国とのこの協定は、連合国において憲法上要求する条約締結の手続を経て批准されたもので、これによつて連合国は兵力の提供その他につき条約上の義務を負担することになり、国際連盟の場合とは平和機構として大きな躍進を遂げたものである（第四三条、三項、ダンバートン・オークス案、前掲五号）。

国際平和並びに安全の確保のためにいかなる措置をとるべきやは理事会が決定する（第四八条、ダンバートン・オークス案、同節、六号）。この理事会の決定を実施するために連合国は相互援助の義務がある（第四九条、ダンバートン・オークス案、同節、一〇号参照）。理事会の決定は連合国が直接実施する場合もあれば、適当な国際機関を通して実施せられる場合もある（第四八条、二項）。連合国が直接実施する場合にも、連合国の全部がこれに当る場合もあれば、一部だけが実施に当る場合もある。要は周囲の事情に応じて適切充分と考へる理事会の決定がこれを定めることになる。理事会が実力行使を決定した場合に、理事会に代表を出してゐない国家に兵力の提供を求める場合には、その国に対し理事会は兵力提供の決定前に、もしその国が参加を欲するならば、理事会への参加が要請せられる（第四四条）。兵力の提供を求められたる国が理事会への参加を欲したに拘らず、参加せしめずして理事会が決定したところの兵力の提供要求は、兵力提供の義務を生じないと解すべきであらうか。また理事会が兵力提供を要求する国に理事会の決定に参加する意思ありや否やを確かめずして、一定の兵力量の提供を要求した場合にも要求量の兵力提供の義務があるか否か。これ等の問題は、結局、連合国の兵力提供の義務履行は、提供国に関する限り、その国の理事会の兵力提供の決議への参加を要件とするか否かといふことが問題の焦点となる。この点について、憲章の規定は単なる未来形（shall……invite）といふ形をもつて規定してゐるので、兵力提供国を招請することが理事会の義務と解するには文字上は疑問の余地があるやうに思はれる。

理事会は、事情に応じ緊急なる軍事措置（urgent military measures）を講じねばならぬ場合がある。この緊急軍事措置に使用するに最も適した兵種は空軍であることは明かである。そこで、この緊急軍事措置に直ちに使用し得るやうに、連合国は自国空軍の分遣隊を保有しておかねばならぬ。これ等の分遣隊の兵力並びに用意の程度及びその綜合作戦計画は、理事会と連合国との間に存する特殊協定の範囲内で安全保障理事会が、次に述べる軍事参謀委員会の輔佐の下に決定する（第四五条、ダンバートン・オークス案、第八章、第二節、第六号）。

国際連合が強制的措置として武装兵力を使用する場合は、その兵力使用計画は理事会が軍事参謀委員会（Military Staff Committee）の輔佐を得て作成することになつてゐる（第四六条、ダンバートン・オークス案、第八章、第二節、第八号）。

軍事参謀委員会は常任理事国の参謀総長またはその代表者をもつて構成せられる（第四七条、二項、ダンバートン・オークス案、同章、同節、第九号末段）。しかし、委員会の任務を有効に遂行するために、特に或国の参加が要求せられる場合には、常任理事国以外の締盟国が委員会に協力することを要請し得る（同条、二項、ダンバートン・オークス案、前掲、第九号）。この中央的な軍事参謀委員会の外に、理事会が承認するならば、軍事参謀委員会は適当な地域的機関（regional agencies）と協議の上で地域的小委員（regional subcommittees）を設けることが出来る（同条、第四項）。

軍事参謀委員会の任務は、国際平和及び安全の維持のために理事会の措置に委ねられた兵力の使用並びに指揮、武装の統制及び予想せられる軍備縮小等に関する総ての問題について安全保障理事会に助言しかつ輔佐する（同条、一項、ダンバートン・オークス案、前掲、九号前段）。そして、それ等の兵力の戦略的指揮について責任をもつ。か丶る兵力の指揮に関する諸問題については、後にこの憲章以外の規定をもつて定められることになつてゐる（同条、三項）。

国際連合は、以上記したやうな方法によつて強力的措置を執るのである。この国際連合の強力的措置を特定国に対して理事会が決定し、そしてこれを実施する場合には連合国は相互援助を提供することになつてゐる（第四九条、ダンバートン・オークス案、同節、第一〇号）。実際問題としてこれ等の諸措置を実行することから或国が経済的に困難な問題をひき起すやうな場合がないとは限らない。そこで、そのやうな場合には、連合国と否とを問はず、これ等の問題の解決に関して理事会に諮問する権利がある（第五〇条、ダンバートン・オークス案、前掲第二号）。この諮問により理事会は、か丶る特殊経済問題を克服する方法を講じて、その決定した措置をあくまで実施するか、或ひは、他の方法により強力的措置を実施するか等の点につき更に考慮すること丶なるであらう。

実際上紛争が発生し、その紛争が国際連合に提出せられ、理事会が本憲章の規定に従つて国際平和並びに安全の維持に必要な措置を講ずる前に、連合国の一国に対し武力攻撃が行はれた場合には、攻撃を受けた国は個別的或ひは集団的に自衛権を行使することが出来るのはいふまでもないことであつて、憲章の規定は、決して国家固有の権利であるところの自衛権を害するものではない。しかし、この自衛権の行使においてとつた措置は、直ちに理事会に報告されねばならぬ。理事会はこの場合に、各種の事情を考慮にいれた上で、国際平和並びに安全の維持または回復のために必要と考へる行動をいつでもとることが出来る（第五一条）。

第七章の平和に対する脅威・平和の破壊並びに侵略行為に関する措置についての諸規定については、更に次のやうな諸点が考慮さるべきであらう。

(1) 理事会がその決定を実現するために或措置をとることを決定し、そしてその措置の適用を連合国に要求した場合に、連合国がそれに服しなかつた場合。例へば、理事会の決定に基き或国と経済関係断絶の措置をとる場合に、理事会の要求あるにも拘らず、或国が経済関係を断絶しないやうな場合である(第四一条参照)。

(2) 連合国と理事会との特殊協定により、国際平和並びに安全の維持に必要な兵力、その他通行権を含む援助並びに便宜を提供するものとなつてゐるが(第四三条、一項、参照)、かゝる特殊協定の違反の場合が考へられる。

連合国のこれ等の憲章の規定或ひは憲章の規定に基く協定違反については、先づ憲章第一章の目的並びに原則、殊にその第二条の原則に関する規定が想起さるべきである。それによれば、全締盟国は本憲章により負担した義務を忠実に履行せねばならぬ(第二号)。また全連合国は国際平和及び安全並びに正義が危くしないやうな方法で平和的手段によつて国際紛争を解決せねばならぬ(第三号)。総ての連合国は、連合国が本憲章に準拠してとるすべての行為にあらゆる援助を与へ、連合国の防止措置或ひは強制措置の対象たるものに援助を与へることを避けねばならぬ(第五号)。これ等の原則的規定を考慮するならば、連合国が理事会の決定し実施せんとする措置に協力することは、連合国としての原則的な義務であり、この義務に忠実であつてこそ国際連合の目的が達せられるのである。

憲章の規定に違反したり、或ひは憲章の規定に基く協定の規定に違反する連合国は、とりもなほさず憲章の原則を侵犯するものであるが、このやうな国家に対する制裁としては、理事会の勧告に基き総会によつて除名せられることになつてゐる(第六条)。この場合注意すべきは、「憲章の諸原則をしつこく侵犯した(persistently violated)」国といふことである。この persistently といふ文字の具体的な場合における適用には議論の分れる可能性がないではないが、憲章の諸原則を反復侵犯する場合及び一原則の侵犯でも国際連合の注意があつたに拘らず、その態度を改めずして、依然として侵犯の態度を固執する場合等も矢張り「しつこく侵犯」するものと解すべきであらう。

法学研究　第二二巻二・三、五号　昭和二四年

仲裁々判制度の発達

一、はしがき

紛争の解決を第三者に委ねて平和的に処理する方法は非常に古くから実行せられた。その解決の基準としては、当事者間に行はれてゐる共通の法規が適用せられたこともあるし、共通の法規の存しない場合には、解決を委ねられた第三者が適当と信ずる基準を見出して当事者の承認を得て、それによつて処理した場合もある。紛争を平

和的に解決した個々の場合についてみれば、仲裁々判の場合もあるし、調停に属する場合もあり、仲裁々判と調停との混合せられたような場合もある。いづれにせよ、紛争の平和的処理が行はれることは例外的なことであつて、古代の政治団体間では、彼等の厳格な排他性と他の政治団体に対する敵対心と優越観は、殆んど総ての紛争を武力的解決に導いたのである。この間にあつて、紛争の平和的解決が比較的多く実行せられたのは古代ギリシャであることは一般に認められてゐる。殊に、古代ギリシャにおいては、いわゆる仲裁々判がしばしば行はれた。厳格な意味における仲裁々判が行はれるためには、紛争当事者が法的に平等な基礎の上に立つことが認められたところの自治的な国家（政治的に独立した団体）の存在を前提とするのであるが、古代の人民間には、この平等観念は一般的には存在しなかつた。それ故に、古代国家の中で限定せられた範囲において、そして、それらの国家の中でも、例外的な場合においてのみ、紛争が仲裁々判その他の平和的な方法で解決せられたに過ぎない。有史以前においても、神と神との間の紛争が仲裁によつて解決せられたことについての神話はあるが（註一）もとよりこれは、史実として採用することはできないので、一つの思想の表現としての価値しか認められないであろう。

仲裁々判に関する歴史は非常に古い。そしてこの制度は、現在でも国際紛争の平和的処理方法としては、有力な方法である。現在の仲裁々判制度は、永い歴史的発展の結果形成せられたものであり、そしてその結果、この制度に関しては国際慣習法が成立してゐる。本稿は、仲裁々判制度の歴史的発展の経過を辿り、その結果成立した仲裁制度に関する国際慣習法の輪廓を描かんとするのが目的である。

（註一） Coleman Philipson, The International Law and Custom of Ancient Greece and Rome, 1911, Vol. II. p. 127-128.

二、古代ギリシアの仲裁々判

古代において、仲裁制度の最も発達したのはギリシャであつたことについては異論のないところである。古代ギリシャでは仲裁々判の観念が最も発達し、その結果、当時の如何なる国よりも、紛争解決の手段として、しばしば、この方法によつたことは事実である。古代ギリシャに行はれた仲裁制度が、近代的意味の仲裁々判であるか否かについては議論がある。しかし、多くの著名な学者はこれを是認する。例えば、フィリップソンによれば、ギリシャにおいては、厳格な意味においての仲裁々判、即ち、人種学上の意味におけるばかりでなく、政治上及び法律上の意味においての仲裁が存在したといつてゐる（註二）。かように、古代ギリシャにおいて、当時の他の地方よりも仲裁制度が発達し、実行せられた理由としては、次のやうな諸点を列挙することが出来るであらう。

(1) 主権的に独立した都市国家が分立してゐたこと。
(2) 同一の文化をもつたこと。
(3) 相互に牽連関係をもつてゐたこと。
(4) 法的観念の共通によつて結ばれてゐたこと。

これ等の理由によつて、古代ギリシャの都市国家の間には或程度において、国際法類似の共通法規の存在が可能であつたので、従つて仲裁々判の行はれ得る余地があつたのである。

ギリシャにおいては、その神話時代（超人時代）に仲裁々判が存したことが記されてゐることは既に述べた。われわれはもとよりその真否を争ふことは出来ないが、このやうな神話の存在自体が、仲裁制度なる観念は既に神話時代に存在したといふ事実だけは認め得る材料となる。

ギリシャで仲裁々判が行はれたのは、大体紀元前八世紀から紀元前一世紀までの七世紀間で、レーダー（Raeder）によれば、この間に少くとも、八十一件の仲裁事件があつたといつてゐる。これ等の紛争事件の中で、最も多いのは国境に関する事件であるが、その他、宗教上の事件、領域の占領及び領有に関する問題、殊に、ギリシャ海中に散在する島嶼に関するこれ等の問題、商業上の紛争、港湾に関する特権の侵害事件、同盟及び連合条約の侵犯、及び一般に主権或いは自治に反することを理由とする紛争等もあつた。従つて、これ等の仲裁々判で解決された事件の中には、近世に発達した仲裁々判では除外されてゐたところの国家の重大なる利害関係事項が裁判の対象となつたことは注目すべきであると思ふ。

仲裁々判が行はれるには同盟条約その他に規定せられた仲裁条項により或いは紛争発生の際に当事者が締結した仲裁規約により行はれたことは近代と同様であつて、いづれも当時国の合意により行はれたのであつた。しかし、注意を要することは、仲裁々判が行はれたのは、ギリシャの諸都市が略々同様な水準の力と独立を保つてゐた間であつて、この力の平衡が破れてからは、その性質が異つて来た。即ち、アテネ及びスパルタがギリシャにおいて競争的な大都市となつてからは、この二つを中心として、これに同盟或いは従属する二団体が形成されることになり、その結果として、二個の注目すべき現象が生じた。その一は、アテネ或いはスパルタを中心とする二団の間には仲裁々判が殆んど行はれなかつたこと、その二は、これに反し、各集団の内部では仲裁々判が、永続的・義務的な実質をもつに至つたことである。この点は、仲裁々判制度の行はるべき条件を考慮するに際し、大きな示唆を与えるものである。

これと同様な事実は、ギリシャ都市のリーグの間においても大体認めることが出来る。即ち、同一のリーグに属する都市間にはその紛争を仲裁に訴えねばならぬ義務があり、異つたリーグに属する仲裁事件は稀で、かつ義務性がないか或いは義務性が弱かつたことは事実である。

更に、ギリシャの仲裁々判の一特色ともいうべきは、その訴訟当事者についてである。即ち、仲裁事件の当事者は、政治上の独立した単位であるところの都市に限定せられてゐたわけではない。或場合には、都市の集合体であるところのリーグであつた。即ち、一方の当事者はリーグ内の都市であるが、相手方は他のリーグであることがある。例えば、エリトリア・リーグはパノルムス（Panormus）に関する紛争の当事者となつてゐる。また、二個のリーグが各自のリーグ内の都市の境界に関する紛争事件に関係した例もある。例えば、ペルヘビヤ人（Perrhaebian）のリーグに属するアゾラス（Azorus）とテッサリア人のリーグに属するモンダイアとの事件の如きがそれである。また、直接にリーグ間の紛争事件もあつた。例えば、マグネシア人のリーグ（Magnesian League）とペルヘビア人のリーグとの事件の如きがそれである。このリーグ間の事件においても、仲裁々判はリーグの授権によつて行はれたのである。これ等の事実から綜合すると、訴訟の当事者たる資格は、政治団体たる都市自身のみならず、都市の集合体たるリーグも資格をもつてゐたのである。このことは、リーグ自身が訴訟権の主体を為したことを示すものであつて、近代的意味の国家間の仲裁々判として後に発達したものとは多少趣を異にしてゐる。

同一のリーグに属する国家間には仲裁々判が最もしばしば行はれたことは既に述べたところであるが、リーグの指導国は、その指導下に在る都市相互が交戦しないように監視する義務があり、そして、都市間に発生した紛争は指導国の直接の提議によるか、或いは指導国の提案した仲裁々判によつて、出来得る限り平和的に処理せられた。この場合の仲裁的方法は、当事者の全く選択的性質のものでなく、義務的な仲裁々判に近いものであつた（註二）。

（註一）　Philipson, op. cit. p. 129-130.

（註二）　Ralston, International Arbitration from Athems to Locarno 1929, p. 155-156.

以上述べたところは、古代ギリシャにおける仲裁々判の概観であるが、更に、その実際の方法について述べることとする。

(1) 仲裁条項

ギリシャの仲裁々判は、同一リーグに属する都市間の紛争の場合の如く、その平和的解決に委ねることが義務的な性質をもつてゐるような場合もあるが、これはむしろ例外であつて、原則としては、当事者が仲裁に附することについて合意の成立した場合に限ることは、近世の仲裁々判の場合と異らない。当事国が仲裁に附することについての合意は、具体的な紛争の発生前に条約中にその旨を規定すること、即ち、仲裁条項を含む条約の締結によることもあるし、或いは具体的に紛争が発生した後にその紛争を仲裁に附することについて合意を遂げ、それによつて仲裁に附す場合もある。

紛争の仲裁的解決のための仲裁条項を含む条約で最古のものを確めることは困難であるが、比較的古いものとしては、紀元前四四四年に締結せられたスパルタとアテネ間の同盟条約であるといはれる。この条約より多少後れて、紀元前四二一年にスパルタとアテネ間に締結せられた条約には次のように規定せられてゐる。即ち「如何なる口実によるを問はず、ラセデモニア人（Lacedemonians）及びその同盟者はアテネ人及びその同盟者と交戦し、或いは損害を加えることを禁ぜられる。これと同様な禁止はアテネ人及びその同盟者がラセデモニア人及びその同盟者に対する場合にも課せられる。しかし、もし彼等の間に紛争が生じた場合には、彼等はその解決を彼等が合意する方法による手続に委ねる」と。また紀元前四一八年にスパルタとアルゴス（Argos）との間に締結せられた五〇年間の平和条約（第二回目の条約）には、

第一条　批准後に生ずべき如何なる紛争も、彼等の祖先の慣習に従ひ、公平にして且平等なる条件に基き、仲裁々判に附託せらるべし。

第五条　ペロポネスの内外を問わず、如何なる国家も、国境或いはその他の事件につき紛争を有するときは、その紛争は適性に解決せらるべし、しかし、もし紛争が同盟国中の二国間に発生したるときは、その両都

市が公平なりと信ずる或都市に提訴すべし」（註四）。ヒエラピトゥナ（Hierapytna）及びプリアンソス（Priansoas）間の条約には、共通の裁判所の設置について規定するのみならず、その裁判所によつて満足に事件が調整せられなかつたときは、第三の都市の裁判に委ねらるべきことが規定せられてゐたそうである。

この外に、更に精密な規定をもつ仲裁条項としては、紀元前九八年にサルディス（Sardis）とエフェサス（Ephesus）間の条約に見出し得ることが挙げられてゐる。それによると、「もし、当事者の一方が平和及び友好を定めた条約を侵犯したときは、他方は告訴権をもつ。遅くとも三〇日以内に常設調停者たるペルガモス（Pergamos）に両当事者は特使を差遣せねばならぬ。次の五日間にペルガモスは抽籤で裁判官たるべき都市を選択せねばならぬ。この抽籤は予め当事者が準備したリストに基いて行はれる。それから六〇日以内に、当事者は判決を尊重する旨の宣言を文書に認めて裁判官の前に出頭する義務がある。もし当事者の一方が出頭しなかつた場合には、欠席者は、それによつて敗訴する」と。

右に挙げた仲裁条項の中で、最も着目すべき点は、これらの仲裁条項には仲裁に附すべき紛争の種類を限定してゐないことである。この点は、近世に発達した仲裁々判よりも、むしろ、仲裁機構としては有力なものであつたということが出来る。この仲裁条項を含むところの当事国間の条約、即ち、仲裁条約には具体的に紛争が発生した場合に、何人によつて、如何にして解決せられるかを規定したものであることはいうまでもないが、メリニャック（Mérignhac）によれば、通常の仲裁規約には、㈠仲裁者、㈡紛争の客体、を約したといひ、レーダー（Raeder）は、㈠決定さるべき問題、㈡裁判所は当事者の委任した範囲を越えないこと、を記したといふ。これによつて観れば、総ての紛争が、その解決を無条件に仲裁者の仲裁に委ねるのでなく、条約中に規定せられたる一定の事項に限り、また、その事項に関しても、仲裁者は当事者から委任せられた範囲内においてのみ解決の権限を与えられてゐたようである。

実際において、ギリシャ都市間の紛争の大部分は国境問題であつた。これ以外の問題としては、財産権の不法な剝奪、攻撃、アポロ神殿の管理権の問題等が主なるものであつたことは歴史上明かである。

(2) 裁判官

レーダーの説によると、同一のリーグに属する都市間の紛争では、リーグ内の第三の都市が原則として裁判官になつた。しかし、他のリーグの都市が裁判官となつたやうな例外もあつたという。しかし、これに対し、アムフィクチオン（隣邦同盟）の評議会が都市間の紛争解決に重大な役割を果したことを強調する説もある。隣邦同盟の評議会は事実上宗教上の紛争についての調整機関となつたことは明かであるが、それ以外の事件についても、常に紛争解決の機関として働いたか否かは疑問である。しかし、隣邦同盟制度の基礎を成してゐる条約、或いは同盟の条約によつて課せられてゐる義務に違反した場合には、この事件は同盟評議会の裁断に附されたことは明かである。それ故に、一般的な形式としては、仲裁々判は都市が依頼によつて裁判官として行動したといえるであらう。

裁判官選任の方法としては、仲裁規約にこれに関する規定のある場合には、裁判官の任命問題は、当事者の意思に委ねられた。実例として、アケニア同盟（Achaean League）では、リーグ自身は仲裁者となる都市を決定するだけで、誰をまた幾人の者を裁判官に任命するか等の点は、選ばれた都市に一任し、かくて、メガラ（Megara）は、コリント対エピダウラス（Corinto v. Epidaurus）事件では、一五一人の裁判官を送つたとのことである。即ち、裁判官の数については統一的な規則はなく、たゞ第三の中立的な都市に紛争解決が委ねられ、その委ねられた都市は、必要に応じて、自己の市民中から裁判官を任命したのである。そのために、スパルタとメシナの仲裁を委ねられたミレシヤ（Milesians）は六〇〇人を裁判官として任命して大法廷をつくつた。これは恐らく最大の法廷であつたらうとのことである。

仲裁者として選れた都市が、市民を裁判官に任命する方法は、その都市の意思に従うのであるから、指命、抽籤、或いはこの二個の方法の併用等、何れによつてもよい。しかし、二三百人より成る大法廷をつくつたことは稀でなかつたようである。また少い場合には、一人或いは数名の場合もあつた。しかし、通常の場合は、三名乃至五名であつたといはれてゐる。

このように、個人が仲裁者となつた外に、ある場合には、デルフィの託宣所（Delphic Oracle）或いはリーグの総会（Assembly）及び二個或いはそれ以上の都市の代表者、婦人、都市人民の全体、オリムピックの勝者等、種々の者が仲裁者となつてゐる（註五）。

（註四）　フィリップソン、前掲、一三六頁。
（註五）　ラルストン、前掲、一六〇―一六一頁。

(3)　訴 訟 手 続

裁判官は先づ裁判を行う前に、適正、公平なる裁判をすべきことを神に宣誓する。この宣誓文の一例としてラルストンの挙げるところによれば「当事者間の事件につき、宣誓の下に、余は最も適正なりと思惟せらるゝよう裁決すべきことをジュピター（Jupiter）、リシアン（Lycian）、アポロ（Apollo）及び地球に誓ふ……」（註六）、というように、畏敬する神々に宣誓して裁判を行うのである。原告及び被告である都市は、その都市の代理人を法廷に出頭せしめて裁判が行はれる。この場合に裁判官が仲裁々判官として行動するためには、紛争事件に適用すべき法規が存せねばならない。しかも、その法規は原告・被告の都市に共通な法規でなければならぬことは当然である。当事者の一方の都市にのみ妥当する法規の適用は、当事者の他方を納得せしめ得ないであろうから、厳格な意味の仲裁々判が行はれるためには、当事者間に共通の法規が存することは必要条件の一つとなるのである。もしまた、当事者間に共通な法規が存しない場合には、具体的な事件の処理に適用すべき基準に対し、具体的にこれを適用する以前に当事者双方の同意を得ねばならない。かくて仲裁々判は法規を適用して為す裁判であるから、この法規が存しない場合には、仲裁々判は存し得ない。そこで、ギリシャの仲裁々判の場合にも、仲裁々判という以上、この条件を具備したことはいうまでもないが、裁判官が実際に事件を処理するに当つては、法規は勿論唯一無二の解決の基準ではない。仲裁者は法規の適用によるよりも、他の方法によつてよりよく、より容易に解決の方法を発見する場合があるので、従つて、仲裁裁判官は実際には事件の調停者として活動した場合もあることは注目すべきである。

裁判官が宣誓した後、原告の告訴理由及び相手方の回答はそれぞれ矢張り宣誓の後に行はれる。また証拠をもつて争うことも許される。証人は宣誓することを要しないが、その証言が採用せられる場合には宣誓せねばならぬ。かゝる場合には、その証言は、定められたる日に相手方の町で、町の官憲によつて、相手方の代理人に出席権を認めた上で述べさせる。そして、その証言は公印された上で送られる。欠席する証人は、ギリシャの実行によれば、裁判所に出席し得なかつた理由を宣誓の上立証する義務がある。アテネにおいては、証人の証言は文書に作成されねばならぬことが明瞭に規定されてゐる。

(4) 証　拠

証拠の点については、ギリシャの仲裁々判は、近代のそれと極めて類似した点があることをラルストンは指摘してゐる（註七）。このような古代においてすらも、考古学的主張が為されてゐることは驚異に価することである。

また、古文書、条約、その他事実を証明すべき色々のものが採用せられ、土地所有権に対する時効制度の如きものも認められてゐた。

（註六） ラルストン、前掲、一六一頁。

（註七） 同上、一六三頁参照。

(5) 判 決

裁判官が一人以上である場合には、判決の大部分は全員一致で為されたらしいが、判事の意見が分れた場合には、多数決で決せられた。判決には理由を附すのが一般である。判決が文書に作成されずして、寺院或いは公開の場所で口述されて、当事者がその実行を誓つたり、また判決の実行方法について特別委員会を設けて、その委員会の決定に基いて行はれたような実例もあるとのことである。

判決書には裁判官たる個人が署名するのが普通であるが、都市が判決を与えた場合の如きは、都市の名において、或いは国家の名において公表することも行はれた。

判決が実行さるべき期間は、しばしば仲裁規約中に定められる。仲裁規約の中に、判決の尊重さるべきこと、もし尊重せぬときは科料を支払うべきことが明示的に規定せられた例は多々ある。科料の額は場合によつて同一ではないが、五タレント（古代ギリシャの貨幣の名）或ひは二〇タレント等と定められてゐる。個人が判決を尊重しない場合には五タレントと定められた。判決実施の期間について仲裁規約中に定められたものが変更される場合は、両当事者の合意によらねばならない。判決実現の期間を六ヶ月と定め、それが十二ヶ月に延長された例もある。また当事者たる都市の最高位の官吏が合意を尊重する旨の証書を入れたり、また同一リーグ内の都市の紛争の場合には、メンバーたる都市が、その事件についての手続の或規則を定めて公布するような方法を行つた例もある（クレタ島のリーグの如きはさうであつた）。

以上述べた古代ギリシャの仲裁々判から、われわれは平和機構としての観点から、次の諸点を指摘し得ると思ふ。

(1)　ギリシャ人社会を中心として行はれたこと。

仲裁々判の最も頻繁に行はれたのは、紀元前七世紀の中頃から紀元前二世紀の中頃まで、あるが、この期間中にギリシャ半島、エーゲ海及びイオニア海中の諸島並びに小亜細亜沿岸の都市に拡がつたものであつた。この小地域に局限せられて、この制度が行はれたのは、何故であるか。結論としては、古代において、この地方は小政治団体の分立があり、これ等が何れも、法的に平等な立場に立つてゐたこと、並びに、これ等の諸都市間には、或程度において近代の国際法類似の共通の法規が存したこと、要するに、仲裁々判制度の存立し得べき素地をもつてゐたことに外ならないのである。更にこの外に、ギリシャ人自体が平和を愛する人民であつたことを理由として挙げる者もある（註八）。

（註八）　例えばロックフォール（Roqufort）によれば、戦争はギリシャ人の通常の状態であつたが、ギリシャには仲裁々判が存在した。ギリシャ人の理想としての平和的傾向は多くの詩人及び哲学者の中に見出すことが出来る。サターン（Saturne）の統治時代と一致するところの黄金時代の伝統はローマにおいてもギリシャにおいても伝播してゐる。詩人ホメロスは神自身と人民とを離間した悲しむべき不和の場面を描写して、神と人民との不和を消滅さすべき希望を現してゐる。プラトンはクリティアス（Critias）において、アトランティッド（Atlantide）島の王の間には理想的な連合が存することを挙げ、それによつて彼等は彼等の間の紛争を平和的に規律し、戦争をしないと語つてゐる。

ベサス（Besace）といふ村の中でも平和が支配してゐることを犬儒学派の哲学者クラテス（Crates）は次のやうに述べてゐる。即ち「この村にはタチジャコウ草、韮、無花果、麦が生産せられ、そのために住民は決して相互に戦ひを交えない。人々は武器を執らず、貧欲でなく、野心をもたない」。これは、人道的本能の存したことの顕著な証拠である。犬儒学派が想像した市において支配してゐる特色は、そこでは平和が支配してゐるといふことである。哲学者並びに詩人によつて表現せられてゐる人道の欲求は、その将来の予言である。(Ch. de Mougins de Roqufort, De la Solution Juridique de Conflit Internationaux, 1889, p. 98-100)

仲裁々判制度が古代において一定の期間内ギリシャ人の社会に行はれ、その期間の前後にはこの制度が存在せず、またギリシャ人の間に仲裁制度の行はれてゐた時代にも、ギリシャ人社会以外の社会に行はれなかつたことは、この制度の行はれてゐた時代のギリシャ人社会が、これを実施するに適する条件を備え、ギリシャ人以外の社会及びギリシャ人社会でも、この制度の存しなかつた時代には、仲裁制度の受容に適しない社会事情にあつたことは明かである。

(2) 一般的には義務的なものでなかつた。同一リーグ内の都市の紛争は、仲裁に附すことが半義務的なようになつたが、この義務性が実施せられるには、リーグの中心勢力たる都市、即ち指導都市ともいうべきものが確立せられてからである。のみならず、リーグ対リーグの紛争は必ずしも仲裁によつて解決せられなかつた。ラルストンによれば、アテネは少くとも二回、仲裁的解決を拒絶したとのことである。

(3) 判決の履行は義務的なものであつたが、この義務不履行に対する制裁は厳格でなかつたか、或いは少くとも、義務不履行に対する厳格な一般的な制裁規定は仲裁規約中にも記されてゐないようである。既に述べたように、金銭的な制裁を加えるに止り、義務国を実力的に強制するというような方法は執られなかつたようである。

(4) 仲裁に附すべき紛争と、仲裁に適しない紛争との区別をしてはゐない。ギリシャにおいても仲裁に附された紛争は全紛争の中で極めて少数であつたに過ぎないが、近世に発達した仲裁制度では一般に仲裁的解決に附すを要しない紛争、例えば、国家の名誉または重大な利害関係事項というようなものと、仲裁に附すに適する紛争とが区別されてはゐなかつたようである。

(5) 仲裁々判官は同時に調停者ともなつた。

近世においては仲裁的方法による紛争の解決と、調停による解決との間には、その手続、解決の基準、解決者の地位等に大きな区別があり、混同されることはない。しかし、調停といひ仲裁々判というも、要は紛争の平和的解決が目的であるから、仲裁々判官として選定せられた者が、最初は調停によつて解決の道を見出さんとし、それが失敗した場合に仲裁々判官として裁定を下した実例は多くある。

(6) 常設的な仲裁々判所は存しなかつた。

これ等のギリシャの仲裁々判制度の特色が示すように、ギリシャ人は当時戦争を事とする諸民族の間において、紛争を戦争に訴えずして平和的方法で解決する機構をもつたことは、時代的に見て、他民族に見られない顕著な特色をなすものであるが、しかし、その平和機構としての組織及び運用は決して満足すべきものでなかつたことは明かである。平和機構としての理想が、戦争の絶対的拒否、即ち、総ての紛争の平和的解決にある以上、数百年間に僅々八十件余りの仲裁事件があつたに過ぎないことは、事実上この制度が差程に活用せられなかつたことを示すものである。しかし、われわれは、遠くこの時代に、しかもギリシャにおいてのみこの平和的解決方法の発生した点、これが後においてこの制度の発展する前駆となつた点に、ギリシャの仲裁々判制度の重要な意義を認め得る。

三、ローマ時代と仲裁々判

ローマのギリシャ征服によつて国際裁判制度は崩壊した。その理由としては、

(1) ローマが世界制覇を目標としたこと。
(2) ローマと平等な力及び文化をもつ他国をもたなかつたこと。
(3) ローマと他の地方との関係は法に基くものでなかつたこと。
(4) ローマは世界の裁判官をもつて任じ、他国との紛争を法に基いて解決することに同意しなかつたこと。

右のような理由によつて、ローマには仲裁々判制度は存しなかつた。尤も、ローマの初期においては、Récupérateur 及び Feciaux なるものが存し、これ等は或種の渉外事件に関与したのであるが、彼等のもつ権限は、仲裁々判のそれとは根本的に相違するものであつて、これをもつてローマに仲裁々判制度が存したと観るのは誤りである（註九）。

Récupérateur といふのは、或種の国際裁判官であつて、事件の公私を問はず、ローマと他の国民との間に生じ得る紛争を審理する任務をもつものである。この裁判官は例外的な特殊条約、同盟条約、及び友好条約等によつて設置され、そしてローマから一般的に為されるサービスに対し報償するために設けられたものである。この種の条約の一つ、即ち紀元二六一年にローマでローマ人とラティン（Latins）人との間に締結せられたもの丶中に次のやうな文句がある。「天地に異変なき限り、ローマ人とラティン人の村の間には永久的な平和がある。彼等は決して相互に戦争に訴えない」と。シセロはスペインの Cadix との間に締結された条約について語り、その条約には単に uto pia et æterna pax sit といふ文句があるだけである、と述べてゐる。ニーブール（Niebuhr）もこれ等の条約について語つてゐるが、その中には「都市は戦争や自らを正しとするが如き行為を避けんことを欲する。都市は公平なる裁判官に服せんことを欲する」と記してゐる。

これ等の条約によつて、ローマ人は外国人に対して、彼等が非常に熱望するところの民事上の特権の或るものに参加することを認め、かつ彼等は民法の形式を用いることの出来ない居留外国人の近づき得る裁判権を作つたのである。この裁判権が Récupérateur の裁判権なのである。アカリアスは「Récupérateur に関しては、その起源はローマ市民と外国人との間に生じ得る紛争と結びついてゐる。条約はこの種の事件はローマで Récupérateur と称ぶところの特別な役人によつて裁判することを規定する」と。これ等の諸家の説明によつて大体明かなやうに、Récupérateur はローマ人と外国人との間の紛争事件に対し、この事件を審理する権限を与えられた裁判官であつて、国際的な紛争を平和的に処理するために、当事国から選任され、或いは常置せられた裁判官ではない。それ故に、この制度は、平和を目的とする仲裁制度とは本質的に異るものである（註一〇）。

次に Féciaux（Fécial）の制度は Récupérateur の制度よりは汎く知られてゐる。この制度はローマ特有なものでなく、サムニット（Samnite）人の間に、また一般的には、サベリック人種（Nations Sabelliques）古代イタリーの人民、（この中には Sabins, Picentins, Lucaniens, Samnites が属する）間に存し、彼等はこの制度をペラスグ（Pélasges 非常に古代の人民で、史前時代にギリシャ、アルシペル l'Archipel 小亜細亜及びイタリ沿岸に居住してゐたものである。勿論、これ等は未開人で民族的な団体は形成してゐなかつた）から継受したと信じられてゐる。しかし、この制度はローマにおいて最も光輝を放つたのである。ローマにおける Féciaux の任務は、戦争が正当なりや不当なりやを検討することであつて、元老院や人民が宣戦するのは Féciaux の意見によるのである。Féciaux は矢張り紛争の平和的解決には努力するのであるが、それは裁判官として解決に努力するのではない。平和の表徴とせられてゐるところの長老（Pater Patratus）は、不平を鳴らしてゐるローマ人の中に多数の Féciaux と共に行つて、次のやうな演説をするのが例である。即ち「生命の父たる神よ、余が申すことを理解せられよ。この国の人民達よ、永遠の権利は余の言を聴くことを理解せられよ。ローマ人民の使節たる余は、総ての正義と公平において来た。余の言を信ぜよ」。そこで人民の前で損害に関する訴をなし、必要なる賠償を指示した後、彼は次のような言葉を神に対して述べ、彼の演説を結ぶのである。即ち「余がこゝで繰返し述べたことが衡平と法に反するならば、余をして再び祖国を見ることなからしめよ」と。相手の人民に長老の提出した要求が容れられた場合は、紛争は問題なく平和的に解決せられるわけであるが、その要求が斥けられた場合には、その報告に基き元老院で会議が開かれ、この場合戦争が正当なりや否やについて決定するのが Féciaux の団体である。開戦が正当なりと決せられるならば、長老、ローマ人及び Féciaux の一団は国境に到り、次のやうな言葉をもつて開戦を宣言する「この国民はローマ人に関する権利を侵害し、そしてその結果として元老院と人民の決定により戦争を宣言する」と、そして開戦の表徴として彼は相手国の領土に槍を投げるのである。これは開戦に至る手続であるが、戦争が正当な理由ありや否やを具申する Féciaux の団体たる collège fécial は神聖視せられる団体であつて、ローマ共和国で最も有名な市民の中から選れた二〇名によつて構成せられる。それは終身官であつて、欠員が出来た場合は、彼等自身が補充する。即ち、各人が適当と信ずる候補者を立て、その中で最適と観られる者が選出される。

Féciaux は和戦の決定権をもつものではない。彼等は戦争が正当なる理由ありや否やを検討する権限が与えられてゐるに過ぎないのである。しかし、彼等が戦争が正当なりと決した場合でなければ、元老院と人民が民会(comice)に会して戦争を宣言し得ないのである。従つて、開戦の理由なしと Féciaux が決した場合には、開戦し得ないことになる。また他方において、戦争すべき正当の理由ありと決した場合にも、元老院や人民は必ず開戦しなければならぬ義務を負ふものでなく、事情により開戦しなくともよいのである。この意味において、Féciaux は限定的な和戦の決定権があるともいえるわけである。

何れにせよ、この制度は、Féciaux が裁判官となつて、国家間の紛争を裁決するものでないことは明かで、従つて、これ等のローマの制度は、仲裁々判とは厳格に区別さるべきもので、ローマ時代には仲裁制度は存しなかつたと観るのが至当である。

ローマの目的は世界国の建設にあつたので、この目的実現のために凡ゆる可能なる手段が用いられた。従つて、この目的の実現を危くするようなことは慎重に回避したのである。ローマの前期、即ちローマ帝国の形成過程中には、ローマは仲裁々判と名のつくものを認めなかつたが、その目的を達成して後の、即ち後期のローマの歴史では、その権力が確立せられ、その力を疑うものがなくなつたので、仲裁々判が行はれ出したのである。しかし、この仲裁々判は、自己と他国或いは他民族との間の紛争を仲裁に附したのではなくて、戦場でローマのために蹂躙せられたか、或いは彼の宗主権に服するところの都市又は政治団体の間に行つたのである。これは「勝利は平和を齎し、そして平和仲裁々判を助ける」というローマ的思想の現れの結果であつた。ローマの権力下にある地域の治者の間に発生した紛争では最初は元老院、後には皇帝がこれを調整した。しかし、これは真の仲裁々判ではないので、一国家の単なる地方的団体間の紛争処理に近いものである。ローマ時代の仲裁々判と称ばれるものは、何れもローマの支配下或いは勢力下にある政治的単位間の紛争をローマが調整したのであつて、それは真の意味の国際紛争といい得ないものである。この点から観て、ポリティスの指摘するやうに、ローマ時代には真の仲裁々判は存しなかつたと観るのが妥当であろう（註一一）。

（註九） N. Politis, La Justice internationale, 1924, p. 26-27.
（註一〇） ロックフォール、前掲、一〇一―一〇三頁。
（註一一） ポリティス、前掲、二七頁。

四、中世の仲裁々判

ローマの没落後、国際仲裁々判が現れたのは十三世紀からである。殊に十五世紀においてその発展に著しいものがあるが、しかし、中世の仲裁々判は近世のものとは異つた特徴をもつてゐる。

ローマの崩壊は即ち中心権力の潰滅である。中心権力によつて引き締められて、そこに秩序と平和を保つてゐたヨーロッパは、混乱に陥ることを免れなかつた。ローマの羈絆から脱したヨーロッパの諸地域には争闘が頻発し、その争闘も主に領主の私戦的なものであつた。この君主間の私戦回避の手段として役立つたものは裁判による解決であつた。しかし、当時は未だ公法と私法との間に明確な区別はなく、公な裁判所の代りに君主間の紛争及び自治団体間の紛争には私的な仲裁々判が行はれた。

君主間の紛争が発生した場合には、その君主と親交ある君主が仲裁者として或いは調停者としてしば〳〵紛争解決の任に当つた。この時代には、仲裁々判は戦争を防止するというよりもむしろ戦争を停止するために用ひられた。時には極めて重大な問題、即ち全地域に関する問題の如きものも取扱つた。しかし、有力な君主間、大国間においては、仲裁々判が行はれることは極めて稀であつた。ローマの例を観ても、重要な地位の君主は裁判せられるよりも、自ら裁判官たらんとする。彼等は自己の属国間の関係の調整者たらんとする一般的傾向があつた。自己の干渉が促進されなかつた場合には、干渉を強制せんとした。かくて、最高の首長たる名義で、法王及び神聖ローマ帝国の皇帝が君主及び国家間の裁判官たることをもつて自任するところの封建的階級が構成されたのである。しかし、彼等の宗主権は常に必ずしも承認されるとは限らなかつた。強力なる国家は彼等の仲裁を拒否するに至るのである。しかし、中世の一般的特徴としては、法王及び神聖ローマ帝国の皇帝の二重の権力に人民及び君主が、程度の差はあるが、事実上従属したことである（註一二）。

中世において、法王の勢力が如何に大であつたかはジョセフ・メイストル（Joseph Maistre）の言葉がよく現してゐる。即ち「法王は主権の発するところの神意の代表者であることは一般的に認められてゐた。最大の君主達も戴冠式においては、法王の認可、即ち彼等の権利の補足を求めた」と。また法王グレゴリイ二世は神聖ローマ帝国皇帝レオに書き送つて「西洋はわれわれの謙譲に注目した……。西洋はわれわれを仲裁者及び公安の調停者と見る」と（註一三）。これ等の言葉は、法王と皇帝との勢力が如何に絶大であつたかを物語るに充分である。このために、諸侯は或場合には、彼等自ら法王の裁断を仰いだ。これに関する二三の実例を挙げれば、例えばペラン（Périn）によれば、ブルネハウト（Brunehaut）及びその子テオドル（Theodor）は法王庁から或宗教団体に譲与した特権を侵犯した諸侯に対し、無効を宣言するように、教会裁判権の厳重なる遂行を請願してゐる。またヴォルテール（Voltaire）によれば「領域を侵略し或いは君主は、その領有者として法王に訴える……如何なる新君主も主権者たることを自称すべきでなく、また法王の許可なくして他の領域の君主なることは承認せられない」と。法王の地位は或程度においてヨーロッパの主人であり、神と人から推定せられたところの調停者たる資格においては、彼は理非を決定し、紛争の場合の大鑑定家であり、彼等の上に如何なる裁判所をも認めない国王に関しては、心性の調査官及び保護者としての役割を果したのである。かくて、ヨーロッパにおいては、人々が必要とするときは、共通の一裁判所が存したのである。弱者は其処で支持者を見出し、強者には制動機として働いた。ワードは「後において戦争開始前に或いは平和条約締結前に中立国の支持或いは彼等の周旋を目的として中立国に訴えるところの慣行が行れたのは、この法王の古い調停に始る」としてゐる。また有名な新教徒ギゾー（Guizot）は、中世における法王の行為を次のやうに判断してゐる「結局、法王そして法王のみが宗教、道徳、人道たる自然法及びキリスト教主義の一般法の名において、国家間、君主と人民間、強者と弱者間において、正義、平和、条約の尊重、義務及び相互的調整を想起し、かつ勧告し、かくて実力の主張及び紊乱に対し国際法の原則を置くために介入したのである」と。

或時期においてかくも有力であつた法王の権力は、その後二個の原因によつて弱められる結果となつた。それは、法王と神聖ローマ帝国皇帝との争闘及びキリスト教徒の統一を破つて人民を分割したところの宗教改革である。この時期以来、法王はもはや争ふべからざる優越的な裁判官ではなくなつた。しかし、矢張り、法王は君主間では最も尊敬せられた調停者であり、そして君主は非常にしばしば法王の賢明に訴えて彼等の紛争の解決を法王に求めたことは事実である。

法王が仲裁者となつた事件の有名なものを拾つてみれば次のようである。

一二九八年に法王ボンフィス八世はフィリップ・ル・ベル（Philipe le Bel）と英国王エドワード一世との紛争で仲裁者たる役割を引き受けた。

一三一九年にフィリップ・ル・ロン（Philipe le Long）とフランダースの人民は法王ジャン十二世を仲裁者として選定した。

第十五世紀に法王レオ十世はヴェニスの大侯（doge）と皇帝マキシミリアン一世との仲裁者となつた。

一四九三年に法王アレキサンドル六世の下した判決は最も一般的に知られてゐるものである。ポルトガルとスペインのアメリカにおける所領の画定に関し、法王はこの問題を一般的な法王教書によつて解決した。即ちそれによれば「発見の冒険的な精神がアメリカ及び印度において、この両国民に与え或いは与え得るところの土地をポルトガルとスペインに分割する」とする有名な教書である。

法王の後に神聖ローマ帝国皇帝が君主間の紛争に裁判官とならんとしたが、しかし、その勢力は法王に遠く及ばなかつたことはブルンチュリイの確言するところである。皇帝の勢力はその属国以外には承認せられなかつた。しかし、皇帝は事実上仲裁者として行動した場合もある。例えば、一三七八年に皇帝チャールス四世はフランス王シャルル五世の求めにより、英仏間の紛争解決のためにパリーに行つたこともある。法王の支配力は精神的方面であるに反し、皇帝の権力は世俗的なものであるから、その権力に属することは、自国の独立の脅威となる故に、人々は皇帝は歓迎したが、しかし皇帝が外国の国王に優越的な裁判権を及ぼし得るとの観念は極力避けんとしたのである。

中世においては、法王及び皇帝の外に、一般の君主が仲裁者に選ばれたこともある。例えば、フランス王サン・ルイ（Saint Louis）は英国王ヘンリイ三世とその諸侯との間に紛争の仲裁者として選ばれ、彼はアミアンで双方の主張を聴いた後、一二六三年に判決を下した。

法王、皇帝、君主の他に議会が仲裁者として選ばれた例もある。例えば、皇帝フレデリック二世は、当時フランスに居つた法王インノセント四世との争ひのときに、この事件をパリーの議会に訴えた。また、オーストリアの大公及びヴェルテンベルク公はモンペリアール伯（Monbériard）との間の紛争をグルノーブルの議会に提出してその解決を委ねたこともある。

更にまた大学及び大学の法学部が紛争解決者としての名誉をもつたこともある。カルヴォ（Calvo）によれば、ペルース（Perouse）、ボローニュ（Bologne）及びパドウー（Padoue）大学の博士達はポルトガルの王位継系に関する紛争についてファルネーズ（Farnèse）家から相談をうけ、その後イタリアの法律家はモンフェラー（Monferrat）に関するミラノ侯及びサヴォイ侯の間の紛争を解決したとのことである（註一四）。

しかし、中世における仲裁々判なる観念の発達は、最も明瞭に教会の勢力下にある諸国にのみ局限せられたものでないことはラルストンの指摘するところである。たとえば、スヰスの諸州間の結合の極初期においては、ウリイ（Uri）シュワイツ（Schwytz）及びウンターヴァルト（Unterwald）間の同盟条約中に「もし連邦国間に何等か紛争の起つた場合には、最も賢明な人達が適当なりと信ずる如くに、その紛争を鎮めるために介入する。そして、もし一方或いは他方の当事者が、その判決を破つた場合には、他の連邦国は違反国に対し所信を述べる」としてゐる。その後、スヰスはその諸州間及び他国との条約に、彼等の間で友好的に調整し得ない事件を仲裁に委ぬべき方法について予め合意を遂げるという注意振を示してゐるので、この賢明な手段はスヰスの独立の保障と、ヨーロッパ諸国からの尊敬を博する上に少なからず寄与したのである。

スヰスの外に、ハンザ同盟がある。ハンザ同盟は一二一〇年にリュベックとハンブルクとの間に結成せられたことは人の知る通りであるが、一三六〇年には五二都市が、そして一五世紀にはバルチック、ライン及びフランダースの八〇都市を包含することになつた。一四一八年以来、これ等の諸都市間の紛争は、総て仲裁々判によつて解決することを規定する。例えばリュベックは紛争解決の義務を負う四都市を指定し、そして、判決に服しない都市は同盟から追放することをもつて制裁とした。この同盟は一二八九年のカルマール（Calmar）条約の特別条項によつて二個のスカンヂナビヤの王国間、即ちノールウエーとデンマークとの間の総ての紛争の仲裁者と定められたこともある（註一五）。

以上述べたやうに、中世における国際的紛争は主として法王及び神聖ローマ皇帝の介在によつて仲裁または調停せられ、例外的に紛争国と友好関係にある第三国の君主或いは、君主以外の者も仲裁者として選ばれたのである。しかし、法王及び皇帝が仲裁者或いは和解者として、総ての紛争が解決せられたものでないことは、中世に戦争が頻発した歴史的事実がこれを証明してあまりあるし、また現実に仲裁者或ひは和解者として行動し得たのは法王の精神界における力、皇帝の実力が紛争当事国を精神的或いは実力的に圧倒し得た期間に限られるのであつて、その何れかゞ欠けた場合には、紛争解決者としての役割を果し得なかつたのである。しかも、実際において、法王の精神的力、皇帝の剣が圧倒的であつた場合は短期に限られたのである。この点をウォーカー（Walker）は次のやうに指摘してゐる。「皇帝は実力が欠けてゐたし、法王は公平性が欠けてゐたのだ。皇帝の剣は、それを振り廻さんとする弱い手には余りに重すぎた。法王の権力は対価をもつて行使されるとき、その魔力を失つた。皇帝と法王庁とはその外部的形式は一つの立法者及び一つの法に象徴化されたが、しかし、彼等は全く強力な国際的な代表者としては失敗した」と（註一六）。

これを要するに、中世においては国際紛争が平和的に解決せられた例は相当あるが、その具体的な事実が余り明確でないし、また解決せられた問題も余り重要性をもたないものである。のみならず、ギリシャの場合と異り中世諸国間に共通の国際法規が存しなかつたことも事実である。従つて、中世における国際紛争の平和的解決は、仲裁者が法を適用してこれを解決するといふよりも、仲裁者は紛争の平和的解決そのものを重視し、法の適用による解決ということは重視されなかつたようである。従つて、仲裁々判官として行動する前に、先づ調停による和解を遂げしめんことに努力し、それが失敗に帰した場合に、そこに始めて何等か解決の規準を見出して、これによつて仲裁者として行動したようである。スヰスの諸邦間及びハンザ同盟諸都市の場合のように、右に対する例外と認められるような場合もあるが、一般的には、調停者であり仲裁者であることが、中世の紛争解決者の役割であつたようである。仲裁々判が法を適用して紛争を解決するものである以上、共通の法規をもたない中世諸国間に、この仲裁々判制度が発達する余地のないことは自明の理である。


(註一二) Waheed Raafat, Le Problem de la Securité internationale, 1930, p. 13.

(註一三) ロックフォール、前掲、一一二頁。

(註一四) ロックフォール、一一七―一一九頁、なほ実例については、カルヴォ「国際法」第三巻、四三五頁以下を参照せられたし。

(註一五) ラルストン、前掲、一七六―一七七頁。

(註一六) Walker, History of the Law of Nations, Vol. I, 1899, P.94.

五、近世の仲裁々判

近世に入つて、十六世紀から十八世紀の終り頃までの間には仲裁々判は稀にしか行われなかつた。これには主として二個の理由を挙げることができる。

第一に、この時代においては、主なる国家は絶対君主国であつた為に、人間の裁判に国家なり君主なりが服従するという観念は否認せられたのである。第二に、この時代に行われた観念によると、裁判は王のもつ権利であり、主権の主なる属性を成すものであつて、優越せる権力の最も実際的な発現である。それ故に、国家間の事件に仲裁者が介入することは異常な事柄であるのみならず、不快なること、考えられたのである。（註一七）このような理由によつて、仲裁々判の発達は近世初期においては阻まれたのであるが、十八世紀の末葉に至つて国際仲裁々判に新たなる時代が訪れた。それには二個の重要な理由がある。その一はフランス革命であり、その二はアメリカ合衆国の独立である。

先ずフランス革命は、専制主義及び国王の神権に対する顕著な反動である。この革命は人間と国民の近代的自由に基礎を与えたものである。そして、平等と博愛の観念を普及した。その結果、裁判は最高権の保持者である王の権利のために存するとの考えは放棄せられた。そして王の主権は人間の理性と混合せられた。理性は自由の最終の承認として現れることになつた。何となれば、理性は合法性の基礎となつて、合法性の勝利を保障したからである。法の透滲するところでは何処でも裁判がそれに従つた。国際関係も法に基礎を置かねばならぬものである故に、裁判が国際関係に及ぶことは極めて論理的であり、かつ自然であると考えられるに至つた。

次に、イギリスから独立したアメリカの十三州は、連邦を形成し、彼等はその連邦条款（Articles of Confederation）において、仲裁々判の原則を規定して、連邦の構成員は彼等の間の紛争を利害関係州或いは国会（Congress）によつて任命された委員達の裁判に委ねることを約した。アメリカの対内的に定めたこの制度が、対外事件に拡張せられるに至つた。その当時英米間の懸案となつていた事件、即ち、⑴英国人のもつ債権の支払い、⑵カナダの国境画定、⑶アメリカ人に対しイギリス船舶の為した不法な捕獲、⑷最近の英仏戦争において中立たるアメリカの責任問題等がこれであつた。これ等の事件を仲裁々判によつて決定するとの合意が米英間に成立した。一七九四年十一月十九日にこの条約が調印せられた。これが近世仲裁規約の嚆矢として知られるところのゼイ条約(Jay Treaty)で、アメリカの全権委員ゼイの名を冠したものである。

この仲裁々判において採られた手続がその後の仲裁々判に大きな影響を及ぼすことになつた。即ち、その手続とは、当事国が同数の委員を任命して、それに決定投票をする委員を加えて混合委員会を造り、意見の一致しないときは、決定権をもつ委員によつて決せられることになる。ゼイ条約では三個の混合委員会を造り、これが一七九八—一八〇四年までに、米英間の紛争事件の総てを規律した。紛争解決手段としての仲裁々判のこの成功は、勿論この制度の普及に貢献した。ポリティスの計算によれば、ゼイ条約(一七九八年)から有名なアラバマ号事件(一八七二年)までの七四年間に七〇回の仲裁々判が行われ、一八七三年から一八九九年の第一回平和会議で常設国際仲裁々判所が設立せられるまでの二七年間に八六回、一九〇〇年から第一次大戦の勃発まで一五年間に五一回、計二〇七件が仲裁に附せられたとのことである。なお、仲裁事件を主要国別に観ると、イギリス—七一件、アメリカ—六九件、フランス—三三件、イタリア—一九件、ドイツ—一五件、ロシア—三件、日本及びオーストリア—二件ということになつている。(註一八)

(註一七) ポリティス、前掲、三四—三五頁。
(註一八) ポリティス、前掲、同所。

右に挙げたように、第一次大戦の勃発までに行われた多くの仲裁事件の中で、その事件の重要性から観て、三個のものが最も注目すべきである。第一に「アラバマ号事件」、第二に「ベーリング海の海豹漁猟権に関する事件」、第三に、「チリー及びアルゼンチンの国境アンデス地方の境界画定事件」である。これ等の三事件は当事国の利害関係から観て相当に重要性をもつものであることは一般に認められているところであるが、いずれも仲裁々判による解決に成功した。第一のアラバマ号事件については、英米間に相当長期に亙る折衝の結果、一八七一年五月八日のワシントン条約により、五人の仲裁々判官によつて構成せられる混合委員会の解決に委ねることになつた。即ち、その五名の中各一名は当事国たる米英より、他の三名はブラジル、イタリー及びスヰス政府より指命せられることになつた。この条約は「ワシントン規則」と称ばれるところの三個の重要な規則を規定した。

(1)政府は友好国に対し戦争に入り或いは敵対行動に出でんとする疑いある総ての船舶の進水、武装、艤装を防止するため適当な注意をなすべきこと、

(2)中立国政府は交戦者をして自国港或いは自国領水を作戦動作の根拠地として使用せしめ、軍需品、武器或いは人員等、戦力の更新又は増大せしめることを許さざる義務を有すること、

(3)中立国政府はその管轄権の行使において、かつ総ての人に対し、義務に対する総ての侵犯を防止するため適当なる注意を行使する義務のあること、

右の三個の規則はワシントン条約において最初に創設せられた法規ではないが、中立国の義務に関する慣習的な規則が明確に確認せられた点において注意すべきである。

条約の規定に基き、アラバマ号事件の法廷は英国のサー・アレキサンダー・コックバーン（Sir Alex. Cockburn）、米国のフランシス・アダムス（Francis Adams）、ブラジルのイタヂュバ伯（Itajuba）、イタリー王の選任したスクロピス伯（Sclopis）、スヰスのシュテムプリ（Staempfli）によつて構成せられた。ここでは何人が仲裁者として選れたかという点よりも、法廷の構成が委員会の方法によつた点が、裁判所自体の構成上注意を要する点なのである。また第三国の裁判官が多数を占めて、純然たる裁判上の手続により真の法廷を構成した最初の事件であることも注目に価する。

第二のベーリング海の漁猟権に関する英米間の仲裁事件は、その仲裁々判所の構成は一八九二年二月二九日に調印せられた仲裁規約により七名の仲裁々判官によることになり、その中で四名は当事国が二名づつ選任し、他

の三名はフランス、イタリー及びスウェーデン、ノールウェーが一名づつ合計三名選任することが規定せられている。そして、その判決は二対五の多数決をもつて与えられ、当事国アメリカの選任した二名の判事の反対にも拘らず判決は確定したのである。

第三のチリー、アルゼンチンの国境確定事件では、一八九六年四月一八日の合意により、当事国は英国の女王ヴィクトリアの仲裁に事件の解決を委ねた。そこで女王はこの事件を検討し、判決案を作成するために四名の官吏をもつて委員会を構成せしめたのであるが、事件の解決を見ざるに先立ち一九〇一年に女王は崩御したので、その後継者エドワード七世がその解決の任に当つた。エドワード七世は一九〇二年一一月一九日の委員会報告に基き、同月二〇日に決定し、同月二十五日にこれが当事国に移牒せられたのである。この場合には、いうまでもなく仲裁者は英国の元首であつて、彼の任命した委員会は彼の仲裁者としての仕事を助けるために任命したものであつて、前掲アラバマ号事件、ベーリング海の漁猟権に関する場合の委員会とは性格を異にするものであることはいうまでもない。

十九世紀の後半に入つてから多くの事件が仲裁々判で解決せられたことは既に述べた通りである。この傾向に刺戟せられて、万国国際法学会（l'Institut de droit international）が一八七五年に二七カ条より成る「国際仲裁々判所案 Projet de règlement pour la procédure arbitrale internationale」を採決したことは注目すべきである。

六、仲裁々判に関する慣習法

十八世紀及び十九世紀を通じて行われた多くの仲裁々判の事例は、そこに自ら仲裁々判に関する慣習法を成立せしめるに至つた。紛争事件を仲裁に附すか否かは全く当事国の自由である。事件を全面的に仲裁に附すか、或いは紛争事件中の或点のみの解決を仲裁に附すか、何人を仲裁者とするか、如何なる手続によつて仲裁するか、仲裁の規準として適用するものは何であるか、仲裁々定は如何なる効果をもつか等、凡そ仲裁に関する総ての条件乃至手続は当事国の合意により仲裁規約の中に規定せられるのが通常であり、その規約の規定によつて取り扱われるのであるが、そのためには仲裁規約自身が条約として完備すること、即ち条約として必要なる条件を具備して、条約としての効力を有せねばならぬことは自明の理である。もし仲裁規約中に仲裁々判の実施に必要なる種々の点につき規定を欠く場合、或いは規定を有するも当事国の意思が不明瞭な場合には、始めてこれを慣習法によつて補充せねばならぬ必要が生ずる。それ故に、仲裁に関する慣習法の内容を確定することが仲裁々判を実施する上に必要である。のみならず、一方において、仲裁々判制度を成文化し、しかもその成文化した仲裁制度に多数国を参加せしめんとする場合には、慣習化せられた仲裁制度を参照して現実に行われつつある仲裁制度の長を採り短を捨てて徒らに理想に走らないことが現実性をもつ制度の確立に必要なことである。この意味において、諸国家間の実行において慣習化せられた仲裁制度を確めることは、この制度の研究上是非とも必要なことである。

一　紛争の客体

仲裁規約においては、先ず紛争の客体が明かにされねばならない。紛争の客体が明瞭でなければ、仲裁によつてこれを解決することに事実上不能だからである。当事国にとつていかに重大な利害関係をもつ紛争であつても、当事国の合意によつて、その紛争を仲裁に附し得ることは勿論であるが、しかし、仲裁々判は法を適用して事件を判断するところの裁判であるから、紛争の客体は法の適用によつて解決できるような性質のものでなければならぬ。いいかえれば、その紛争は法的性質のものでなければならぬ。しかるに、紛争の中には法を適用して解決し得ないような性質のものがある。政治的紛争と称ばれているものがこれである。この種の紛争は、単に対立するところの利益の調停が必要なのであつて、法の適用によつて解決に導き得ないような性質のものである。従つて、かかる紛争は仲裁々判の客体と為し得ない。何となれば、それは法に関する問題といい得ないからである。更にこの外に、法秩序に関する紛争であつても、仲裁から除外されるものがある。それは国家の名誉及び重大利益と結ばれた紛争である。これ等はその国の存立と将来に関するものである故に、第三者の判断に委ねるに適しないとの理由によるものである。即ち、かかる紛争を第三者の仲裁に委ねることは、その仲裁者に国家の運命を委ねる結果となるからである。しかし、このような考えの生ずるのは、紛争国が仲裁者に対し不信であることが原因となつていることは否定できない。仲裁者の判断が公平にしてかつ合理的であることを信頼すれば、たとえ国民の名誉に関し、或いは国家の重大な利害に関する事項でも、これを仲裁に附し得ない理由はないわけである。かかる事件を仲裁に附さずして、当事国の実力的な解決に委ねる場合には、仲裁に附するよりもより合理的な解決方法が見出されるであろうか。否、むしろ反対に紛争の原因となつた事件において明かに強国が不法である場合においても、弱国は強国の主張に屈服を余儀なくせられるに至る場合があるかも知れない。その結果、国民の名誉と国家の重大利益が侵害せられるのみならず、国家の存立が脅威せられ、或いは滅亡せしめられることとすらある。それ故に、これらの重大事件を仲裁に附さないことは、結局仲裁者に対する不信にその理由を求めねばならぬ。これ等の事件を仲裁より除外することについての適否は暫く措き、実際においては、これらの事件は仲裁に適しないものとして仲裁々判より除外せられている。従つて、仲裁々判の客体となり得るのは、第二次的な重要性をもつ紛争であつて、しかも、その紛争は法的性質をもつ紛争に局限せられている。

しかし、既に述べたように、もし当事国が国民の名誉或いは国家の重大な利益に関する紛争でも、仲裁に附することに同意するならば、仲裁々判によつて解決し得ることは勿論であつて、実際においても、国民の名誉に関する事件であつて仲裁により解決せられた例はある。例えば、アラバマ号事件、イギリスとブラジル間のフォルト事件（Forte）、独仏間のカサブランカ（Casablanca）事件等がある。一般の傾向として、仲裁々判に附される事件の範囲は次第に拡大されつつある。それ故に、国家の重大なる利害に関する事件も、次第に仲裁に附されることになりつつあることが認められる。

二　仲裁者の選任

当事国は紛争事件を何人をして仲裁せしめるかを決せねばならぬ。仲裁規約は仲裁者を指定する場合もあるが、単に仲裁者を選任する方法のみを合意する場合もある。十九世紀の初頭までの慣習としては、仲裁者に関し二個の制度が存したことを認め得る。その一はアメリカに起源をもつところの混合委員会を仲裁者とする方法である。その二は古くからヨーロッパで行われたところの主権者を仲裁者とする方法である。この両者にはそれぞれ得失がある。混合委員会は当事国から選れたところの同数の委員の外に、裁判長となるべき者が選任せられる。裁判長は最初は当事国の一方から選ばれたのであるが、後には第三国から選任せられることになつた。そしてその選任は委員会自身によつて行われるのが普通である。委員会で意見が一致しない場合には抽籤或いは第三者によつて選ばれる。第三者による選任の方法は十九世紀の中頃から一般化せられる傾向を示した。裁判長が委員によつて選任せられるにしても或いは委員の指名した第三者によつて選任せられるにしても、仲裁手続の最初から委員と共にあるのでなく、後に参加するものであることは明かである。かくして構成せられた委員会は、紛争事件について大いに議論を戦はせること、かつその議論は専門的な性質のものである点において長所をもつているが、しかし、一方においては、大きな短所がある。それは、委員は各当事国が独立して直接に任命するものであるからして、その任命した国家の代表者の如く行動し、裁判官というよりも、むしろ弁護士となるのである。その結果として、あくまで厳正に、法的見地から与えらるべき判断が、稍もすれば当事国の利益の妥協を外交的方法で解決する結果になり易い。

次に、主権者による仲裁々判は、国家の元首のなす裁判であるが故に、実際上判決のために必要な調査を為し、或いは研究を遂げるのは元首自身ではなくて国務大臣その他の官吏である。元首は判決に署名するだけである。この方法による利益は、手続を簡易化し、裁判官の独立を完全に保障するにある。しかし、欠点としては、元首はしばしば裁判官たる能力を欠き、判断を誤る結果を生じ易い。仲裁者は、決して自己が国家の元首であることを忘れはしない。彼は判決の結果が他日自己に不利を齎すような判決を与えることは回避せんとする。のみならず、彼は自国の固有の法により自己の特殊な利益に有利なるような判決を与えようとする傾向のあることは否めない。これらの理由により、主権者の仲裁々判なる古い形式は発展しなかつた。

上述の二個の制度はそれぞれ欠点をもつ故に、第三の新しい方法が発生した。それは、仲裁々判所を構成することで、当事国によつて任命せられる裁判官の外に、それ等の裁判官の多数決により第三の裁判官を置くという方法である。

従来の仲裁事件における裁判官選任の方法を挙げれば、アラバマ号事件まで約七〇の仲裁事件で、四〇件（混合委員会）、一七件（個人）、一二件（主権者）、一件（仲裁々判所）。次に、一八七二年—一八九九年まで約八六件の仲裁事件中で、三五件（混合委員会）、三〇件（個人）、一六件（主権者）、五件（仲裁々判所）。一八九九年—一九一四年まで約五一件の中で、九件（個人）、一一件（混合委員会）、九件（主権者）、二二件（裁判所）。この実例で明かなように、古い二個の制度は次第にその影響を薄め、新しい方法であるところの仲裁々判が次第に勢力を得つつあることが窺われる。

三　仲裁者の権限

仲裁者は仲裁規約によつて一定の紛争に介入して仲裁する資格を与えられるのであるから、仲裁者のもつ能力は仲裁規約によつて定められる。仲裁規約によつて仲裁者に与えた能力の範囲を越えて仲裁者が行動した場合、殊に、仲裁者の能力外の点に関して判決を与えた場合には、そのような判決は越権の判決として無効である。仲裁規約中に仲裁者の能力について規定はするが、その能力の内容について疑問の生じた場合には、仲裁者自身がその内容を決定し得なければならぬ。総ての裁判所と同様に、仲裁者は自らの能力の判断者であるべきである。しかし、この点については色々問題の生ずる余地がある。先ず、当事国の一方が、仲裁者が自らの能力の内容について決定することに反対する場合もあるからである。更にまた、仲裁者が自ら決定したところの能力は、仲裁規約の解釈上不当であると当事国の一方が主張するかも知れない。このような場合には、仲裁者は仲裁規約を解釈して、その主張の当否を判断し、正当な主張は勿論是認した上で、自己の権限を自ら定め得ることが認められている。この点については現在では疑問のないことであるが、過去において、これに反する実例がないではない。例えば、十八世紀末のゼイ条約による委員会及び一八七二年のアラバマ号事件において、イギリスは上述の点につき異る主張をなした。即ち、仲裁者の権限につき疑問の生じた場合には、仲裁者自ら自己の権限を定立することは得ないのであつて、仲裁者は当事国が仲裁規約の内容につき合意を遂げるのを待たねばならないとするのである。この考え方の根拠となるのは、仲裁者は受任者（mandataire）と解するのである。それ故に、受任者は委任の範囲を逸脱して行動することは出来ないので、いかなる範囲において委任せられたかを自ら決定し当事国をこれに服せしめることは出来ない、と解するのである。

この理論は、実際において採用せられなかつた。ゼイ条約による一七九七年の委員会は多数をもつてこれを拒否した。また一八七二年にジュネーヴで開かれた法廷でも、この主張は回避せられた。そしてまた、多くの他の事件の場合にも、結局この主張は非難せられた。これは充分理由のあることである。仲裁者は受任者ではない。仲裁者は独立した司法官であり、そして総ての司法官の如く、訴訟の裁判官であり、抗弁の裁判官である。もし、仲裁者が受任者であるとすれば、そこには二個の当事者があり、複数の委任者があるので、その委任者の間における一致を確立することは困難であるのみならず、一旦仲裁規約を結びながら、後に至つてそれを欲しない当事国は、規約の内容について相手国と反対意見を述べることによつて、容易に仲裁を拒否する結果を生ぜしめ得る。

右のような解釈は、仲裁者をして権利を濫用せしめるような可能性がある。しかし、この危険は、当事国一方の反対に会つて忽ち裁判が停止してしまう危険よりはましである。この危険に対しては、勿論救済方法がある。もし越権的な解釈によつて、紛争が変質させられたならば、判決は越権により無効となり、敗訴した当事者は、判決を履行することを要しない。しかし、この場合に、判決が越権であるか否かを断定するのは各当事国であるとするならば、自国に不利な判決に対しては、その判決の無効を主張する根拠として、仲裁者の越権を挙げるような危険が絶無とはいえない。これに対しても、適当な方策が考慮されねばならない。

適用すべき法――仲裁者の権限が確定せられたならば、仲裁者は法並びに当事国によつて決定せられた事実に基き判決を与えねばならぬ。この場合に、仲裁規約はしばしば仲裁者の判決の規準となるべきものが法規であるか、衡平の原則であるか、或いはこの両者であるかを指示する。また或場合には、仲裁の規準として特殊な規則を定めることもある。アラバマ号事件において、当事国が所謂ワシントン規則と称ばれるところの三個の有名な中立に関する規則を定め、これを仲裁裁判の規準とした如きはこれである。その後一八九七年にイギリスのギヤン（Guyane）事件において、イギリスとヴェネズエラが適用し得べき規則として、取得時効の完成期間を五〇年とした如きもこれに属する。

また或場合には、仲裁規約は仲裁者に通常の裁判官よりもより広汎な権限を与えることがある。即ち、規約は仲裁者に和解的な仲裁人として裁決すべき権限を与え、これによつて、仲裁者が当事国の一方或いは他方の要求に充分の理由を認め得ない場合には、当事者の各自に部分的な正当性を与えるところの妥協的（和解的）解決を採用せしめる。仲裁規約中のかゝる条項は仲裁裁判の性質を失わしめて、調停たらしめるものであり、仲裁者は当事者の一方の主張を全面的に是認し、他方の要求を斥けるよりも、好んでかゝる方法を採る傾向があるとして非難せられる。この批評は全く理由のないものではないが、仲裁規約中のかゝる条項は訴訟手続において、事実上争うべからざる利益を与えるものである。即ち、もし仲裁者は厳格に法によつて判決を下し得るとするときは、当事者のいずれを合法とも認め得ずして徒らに訴訟を永引かす惧のある場合に、一刀両断的に紛争を解決し得ることになる、実際の場合には、これは決定的な重要性をもつものであつて、かゝる和解的仲裁人としての条項は一八六九年にイギリス、ポルトガル間の紛争において始り、充分その効果を発揮した。殊に、領域的紛争の場合に顕著な効果を現すものである。かゝる条項は十九世紀の終り及び二十世紀の始めの仲裁規約中にしばしばその例を見出すことが出来る。

もとより、この条項のある場合においても、仲裁者は法に基き判決することが第一に要求せられるのであつて、事情がそれを許さない場合においてのみ、仲裁者は補助的にこの条項によるのである。それ故に、仲裁者はこの条項によらなければ義務を実行し得ないことを証明せねばならぬ。判決中にその必要のあつたことにつき証拠が与えられねばならぬ。もし、そうでない場合は、厳格な意味においては、越権の判決とせねばならぬ。

仲裁規約は仲裁者に更に広汎な権限を与える場合がある。即ち、仲裁者に現存する紛争の解決権を与えるのみならず、将来の紛争、当事国の将来の利益の規律をもなさしめることがある。一八九三年のベーリング海の漁業権事件、一九〇一年のギリシャ、トルコ間の領事事件、一九一〇年の大西洋漁業権事件の如きはこれである。

このような和解条項及び利益規律条項によつて、仲裁者の役割は漸次に拡大せられこの権限の拡大は、一見したところ純粋な裁判の観念と反するようであるが、しかし、これは事実上われわれの懐いている司法の観念と合致するのである。国内裁判所においても、これと同様なことが行われている。

仲裁者のこのような広汎な権限は仲裁規約に規定のある結果であつて、もし、そのような規定のない場合には、仲裁者の役割は裁判官としての役割に限定せられる。仲裁者は国際法に基いてのみ判決し得るに過ぎない。即ち、仲裁者は当事国の間に存する条約、慣習法、もしこれ等が存しない場合には、法の一般原則によつて裁判し得るに過ぎない。一部の学者の主張するように、当然に正義・衡平に基き裁判し得るものではない。当事国は衡平により裁判すべきことを仲裁規約中に定めるときは、衡平に基き判断し得ることは勿論であるが、この場合には、衡平に基き裁判した旨が明示されねばならぬ。ポリティスは仲裁規約中に正義・衡平に基き仲裁者が裁判し得ることの規定のない場合には、法の欠陥を補う場合においてのみ正義及び衡平の一般原則により裁判し得る（註一九）というが、常設司法裁判所規程第三八条にも規定する通り正義及び衡平は、当事国がこれを裁判の規準として認めた場合においてのみ適用し得るのであつて、法の欠陥を補う意味において当然にこれにより裁判し得るものではないと考える。況して、仲裁においては、後に述べるように、裁判の規準を見出し得ない場合には、仲裁者は事件の解決を拒否し得るのであるから、法の欠陥を補うべき何等かの規準を必要とするものではない。従つて、この説には賛し得ない。

法の適用に当つては、仲裁者は学説或いは特定国の解釈に基き判断すべきではない、一般に承認せられたる観念或いは当事者に共通な概念によるべきである。もし仲裁者がそのように為さないときは、仲裁者は当事国に対し、その国家が自ら承認しない法規を適用するという不合理を招く結果となるからである。

紛争が発生したときと、仲裁者がその事件を審理するときとの間に法の変遷があつた場合には、仲裁者は紛争発生当時に行われている法により審判すべきである。しかし、仲裁規約中にこれと異る規定を為す場合はこの限りではない。

（註一九）　ポリティス、前掲、八三頁。

裁判の拒否——国内裁判所においては、裁判の規準となるべき法の不存在を理由として裁判を拒否し得ないことは各国の一般的に認める原則であるが、仲裁裁判においては、この原則は認められない。仲裁者は紛争国から特定の事件の裁判を委ねられたときは、仲裁者は仲裁規約を実施するに過ぎないのである。彼に与えられた事実或いは法が判決を下すに充分でない場合には、彼はその裁判を拒否し得る、いな拒否せねばならない。実行において、この点は確立せられている。そして、このことは仲裁規約中にも承認せられている場合がある。これに対し、仲裁裁判官に通常の裁判官と同様な義務を認める学説があるが（註二〇）、これは仲裁裁判官と国内の裁判官とを混同するものである。国内裁判所と仲裁裁判所とはその本質を異にするものであつて、一方は義務に基くものであり、他方は任意的なものである。一方は永続的な裁判官をもち、他方は臨時的な裁判官である。一方は訴訟人よりも優越する一般的な法に従い、他方は特殊な条約に従うのである。仲裁々判を国内裁判の如くすることは、好ましからざる結果を生ずることになる。即ち、当事国が仲裁者に与えた権限の範囲を逸脱し、履行せられずして放置せられるような、無価値な判決を下す危険がある。仲裁規約の範囲内では判決を与えることが不能なことが証明せられたときは、和解者として、衡平に基き判決する権限を与えるか否かを当事国に一任することが賢明である。

（註二〇）　一八七五年八月二八日に万国国際法学会で採択した「国際仲裁々判手続規則案」第一九条第一項は「仲裁々判所は、事実或いは適用すべき法の原則が充分明瞭ならずとの口実の下に判決を拒否し得ず」と規定する。

四　手　続

仲裁裁判の訴訟手続が仲裁規約中に規定されることは極めて稀である。もし、それが規定されるときでも、或一般的な規則を定めるに止る。最もしばしば行われる方法は、訴訟手続は明示的或いは黙示的に仲裁者自身に委ねることである。このような性質の条項は、特に混合委員会を構成する場合において多い。この条項は混合委員会が訴訟手続を規律する規則を作成することを勧告するのである。十九世紀の中頃まではこのような規則は甚だ簡単なものであつたが、その後においてより詳細な規定が為されるようになつた。後から起つた事件が、前の事件の場合を模倣することによつて、次第に一つの類型を造るに至つた。

手続は書面をもつてするを原則とする。一般に覚書、その覚書に反対する覚書、最後的な説明書の交換等がそれである。各種の文書の提出は、原則として、同時に行われるので連続的であることは稀である。口頭弁論が行われることは例外的であつて、決して義務的に口頭弁論を課せられることはない。当事者或いは仲裁者の要求に従つて任意的なものである。

証人の訊問を行うことも矢張り稀である。混合委員会の場合にこの問題が起るに過ぎない。

仲裁規約中に正式の条項が存在する場合の外は、欠席手続ということはない。これは仲裁々判が任意的なものであることの結果である。一方の主張に対して、他方が抗弁を提出しない前に下した判決は無効である。勿論、仲裁々判に同意した政府が、その訴訟手続に尽力しない場合は、自己の結んだ約束を侵犯するものである。しかし、この仲裁規約の侵犯自体が仲裁者の判決権を奪うものである。判決権を奪わないためには、当事国の合意によつて、当事国の一方が相手の主張に対して自己を防禦しない場合にも、判決を与え得る権限を仲裁者に認めることを要する。十九世紀の中葉においては、この種の条項が仲裁規約中に挿入せられた実例がある。この条項は重要な意義をもつものである。何となれば、これが自己の自由意思によつて為した訴訟事件は障碍なく進行せしめる義務を認める第一歩だからである。これがしばしば繰返されるときは、この条項は省略されるに至り、仲裁規約中に示された合意は、総ての場合において、当事国が訴訟の目的に到達する同意を含むものと解せられるに至るからである。

五　判　決

仲裁々判の判決の形式及び効力に関しても慣習によつて成立している法規がある。

形式はしだいしだいに国内裁判所の判決のような形式に進みつつある。義務的ではないとしても、慣習は判決判決に理由を附すことにしアングロ・サクソンの混合委員会の影響によつて、委員は彼等の本国の習慣により、彼等の意見の基礎となるところの理由を個別的に述べることになつた。た。しかし、主権者の判決はこれに反している。主権者達が理由を附さないこと、或いは理由が不充分であることは、単にその慣習がないというだけでなく、それは一つの必要なる形式なのである。る。理由に言及することは、その議論の正当性を承認せねばならぬと信じない者の側から、反駁せしめることになり、終局的な論争は最終かつ最高の性質をもつ決定とは相容れないと考える。しかし、これは一つの口実に過ぎない。実際においては、主権者は自己の判決が批判せられることを好まないのである。主権者はしばしば自国の利益或いは国際法に関する自己固有の概念に影響される故に、彼の与えた判決の理由を白日の下に曝さないように慎重を期するのである。そして、むしろ理由は秘密にせんとする。

しかし、仲裁々判が一種の司法裁判であるならば、判決理由を示すことは、仲裁々判官の義務である。この点は万国国際法学会の「国際仲裁々判所手続規則案」第二三条にも規定せられている。理由を明示することは多くの点において利益がある。第一に仲裁者がこの為により注意深くなるし、より慎重になるし、法に対しより尊敬を払うことになる。第二に、判決の価値を評価することが出来、悪意の反対者を斥け、かつ法の発達に貢献し得る。しかし、理由の明示ということは、仲裁々判の慣習法としては未だ仲裁者の法的義務ということにはなつていない。単に道徳的性質をもつに過ぎない。それ故に、理由を明示しない場合においても、判決が無効の理由にはならない。かかる判決は非難さるべきであり、かつ判決の信用を減殺することになる。

形式に関する第二の規則は、各仲裁者の署名である。もし、判決が多数決で為された場合には、その判決に不同意の仲裁者は署名を拒絶し得る。このことはアラバマ号事件において行われた。更にまた、判決に不賛成の少数仲裁者は、後には、その不同意の理由を明示する権利が与えられるに至つた。

判決の効果は確定的である。しかし、それは強制的執行力を持たない。判決は先ず当事者には義務的であるが、この義務的であるというのは、仲裁規約の限界内においてそうであるのである。仲裁々判に委ねるに当つて、当事国は判決に服することを約する。判決の義務的性質はこの当事国の合意によるのである。それ故に、もし仲裁規約中にこの規定がなければ、判決は義務的ではない。もし、仲裁者がその権限を越えた判決をした場合には、その判決は拘束力をもたない。何となれば、それは当事国の合意の限界外の行為だからである。しかし、判決が有効である条件として当事国によつてその判決が承認せられることは要しない。従つて、判決の承認ということは不要である。

もし、判決を解釈する必要のある場合には、当事国の合意によつてのみ仲裁者は解釈の権限を与えられるのであつて、当事国の一方だけの申出によつたり或いは仲裁者の職権として解釈の権限をもつのではない。両当事国が共に申出でた場合でなければ、仲裁者はそれを拒絶せねばならぬ。実例としては、ポルテンディック（Portendick）事件において、英国政府はプロシヤ王に判決の意味を確定せんことを求めたとき、プロシヤ王は公的解釈を与えることを拒絶し、彼は単に公的意見を述べたに過ぎなかつた。

判決の義務的性質は既判事実に対しては当事国に効果を及ぼさない。また、判決は第三国の権利を侵害するものであつてはならない。第三国の権利尊重は当然のことであつて、このことは、判決中に明示せられることがしばしばある。英国とヴェネズエラ国のギアナ事件において、仲裁者は紛争地域におけるブラジルの権利を留保している。

次に判決は確定的な決定である。これを修正せんがためには、当事国の新たな合意が必要である。当事国がこの点について一致する場合には、修正が外交的方法で行われるか或いは新たな仲裁々判の方法による。オリノコ汽船会社事件の如きは、当事国の合意により判決が修正せられた例である。これに反し、一八六六年の英・米間のベーリング海漁業事件においては、アメリカは判決の修正を申出たが、イギリスはこれを拒絶し、そこでアメリカは忠実に判決を履行した。

しかし、判決の履行は、本質的には任意的なものであつて、それは義務国の誠実に委ねられていることは、一般の国際法上の義務と同様である。

判決の履行拒絶は、判決の無効を理由とする場合に限られる。判決の無効は仲裁規約が非合法であつた場合、或いは仲裁者が越権の判決を為した場合である。仲裁規約の非合法とは、仲裁規約が規約締結の能力のない者によつて締結せられ、或いは当事国の現行憲法を無視して締結せられた場合等である。仲裁者の越権は色々の場合において起り得るが、例えば、規約の誤つた解釈によつて判決した場合等がこれである。即ち、仲裁者が規約に含まれない点或いは既判の事実について審理し、または賠償額を決定する権限しか与えられていないのに責任に関する原則を定立する場合の如きは越権の判決である。更にまた、仲裁規約中の強行規定を無視したり、判決をしないで和解したりする等も越権である。

仲裁者の越権を理由として裁判の履行を拒否することが合法であるためには、その越権なることが確実であり、議論の余地のないものでなければならない。越権であることが明白でない場合には、越権を主張せんとする当事国は、相手方と友好的な協定を遂げるか或いは新たな仲裁々判の合意をするか以外に道はない。オリノコ汽船会社事件において、アメリカとヴェネズエラとの間にこの方法が採られた。即ち、この事件は一八九四年に最初の仲裁々判に附され、この事件は更に一九一〇年にハーグの常設国際仲裁々判所で審理された(註二一)。

(註二一) ポリティス、前掲、八七—九二頁、参照。

以上において、仲裁々判に関する慣習法のアウト・ラインを記述したのであるが、もとより、これは永い歴史的発展の結果である。この慣習法は、将来の新慣習によつて修正せられるかも知れないことは、慣習法の性質上当然のことであるが、現在のところ、これらの慣習法は未だ改変せられる兆は認められない。

国際紛争が実力によつて解決せられねばならない限り、国際正義の実現は不可能であるといつてよい。実力的解決の裏には、紛争国の一方または双方の野望、利己心、国際機関えの不信等が含まれているからである。凡ゆる紛争の平和的解決の時代は果していつ来るか。これには少くとも、現在の国際社会が更に大きな激動を経験して大脱皮を行わねばならないように考えられる。(完)

国際法外交雑誌　第五〇巻一号　昭和二六年

安全保障理事会の決議の効力

一　朝鮮事変と安全保障理事会の決議

北鮮軍は一九五〇年六月二五日の払暁（朝鮮時間）三十八度線を越えて大韓民国に対し全面的な攻撃を開始した。この事実が在京城アメリカ大使ジョン・ジェー・ムチオよりアメリカ国務省に報告せられたのは東部夏時間六月二四日土曜日午後九時二六分であつた。合衆国政府は北鮮の大韓民国に対する攻撃をもつて平和の破壊並びに侵略行動であるとし、直ちに事態を国際連合に通報し、六月二十五日午前三時安全保障理事会を即刻召集するよう要請した。この要請に基き、同理事会は六月二五日午後二時レーク・サクセスで開催せられたが、これより先、国際連合朝鮮委員会も「事態は重大であつて、漸次本格的戦争の性質を帯び、国際平和と安全の維持を脅かす惧れあるにつき事務総長の注意を喚起する」旨の報告があり、右理事会の会合において合衆国代表代理アーネスト・エイ・グロス氏は一九四五年末以来の朝鮮問題の経緯並びに大韓民国創立に関する国際連合の役割につき陳述し、更にグロスは理事会に対し決議案を提出した。

安全保障理事会は、合衆国案に修正を加えた後、賛成九票、反対〇票、棄権一、欠席一——賛成、中国、キューバ、エクアドル、エヂプト、フランス、インド、ノールウェー、連合王国、合衆国。棄権、ユーゴースラヴィア。欠席、ソヴィエト連邦——をもつて、その決議案を採択した。この決議は、大韓民国に対する武力攻勢をもつて平和の破壊となし、(一) 戦闘行為の即時停止、(二) 北鮮軍の三八度線までの撤退を要請すると共に、「全加盟国が本決議遂行のため国際連合に対し凡ゆる援助を与え、かつ北鮮当局を援助しないこと」を要請した。

六月二七日正午合衆国大統領は六月二五日の安全保障理事会の決議に従い「合衆国空海軍に対し韓国政府軍に対し援護と援助を与えるよう下令した」旨を発表した。

六月二七日火曜日午後三時、安全保障理事会の会議が開かれるに先立ち、国際連合朝鮮委員会より電報による数通の報告を受領したが、それによれば、依然として侵略は継続せられ、その攻撃は計画的な大規模のものであることが明かにせられた。そこで、六月二七日の会合では、合衆国代表、ウォーレン・アール・オースティン大使は、安全保障理事会において、北鮮当局が六月二五日の理事会の決議を無視して大韓民国に侵入を継続していることは「国際連合自身に対する攻撃」であると述べ、更に、「国際平和恢復のため断乎たる制裁を加えることは、安全保障理事会の義務である」と述べ、理事会に対し決議案を提出した。この会合において、安全保障理事会は「国際連合加盟国が大韓民国に対し、武力攻撃を撃退し、同地域における国際平和と安全を回復するに必要な援助を供与する」ことを勧告する決議を賛成七票、反対一票、棄権二、欠席一をもつて採択した——六月二五日の決議に賛成投票をした国の中で、インド及びエヂプトの代表は訓令のないために棄権したが、二日後インドは決議を受諾した。ユーゴースラヴィアは反対、ソヴィエト連邦は欠席した。

六月二七日の安全保障理事会の決議に基き六月二九日に国際連合事務総長は加盟諸国が大韓民国援助のために供与し得る援助の形態について通報することを要請した。これに対し加盟諸国は安全保障理事会の決議を諒とし、その国力に応じて物質的・または精神的援助を提供する旨を回答したが、ソヴィエト連邦、チェッコスロヴァキア及びポーランドの三国は、理事会の決議は法的に無効であるとして、決議に反対した。ここに安全保障理事会の決議が有効に成立するための条件に関し相反する見解が対立するに至つた。以下において、これ等の二個の主張を検討する（註一）。

（註一）　韓国白書、外務省調査局、四―六頁、参照。

二　決議の効力に関する米・ソの主張

前記の六月二五日及び二七日の安全保障理事会の決議は、いうまでもなく国際連合憲章第二七条三項の規定に従つて行はれたものであるが、これ等の決議が法的に無効であることをソヴィエト連邦、チェッコスローヴァキア及びポーランドが国連事務総長宛の通告で述べている。これ等の国が安全保障理事会の決議の違法性を主張する根拠は次のようである。即ち、ソヴィエト社会主義共和国連邦外務次官Ａ・グロムィコより国連事務総長宛の通告で「ソヴィエト政府は、南鮮官憲のため朝鮮事件に干与する必要につき国際連合加盟国の注意を喚起した一九五〇年六月二七日附安全保障理事会決議の正文を貴下より接受した。ソヴィエト政府は、国際連合憲章が安全保障理事会の決議採択に、合衆国、連合王国、フランス、ソヴィエト社会主義共和国連邦、中国の五常任理事国を含む七票を要するとしているに拘らず、本決議が六票により採択され、七票目は中国を代表する法的権利を欠く国民党代表蔣延黻博士によつたことに注意するものである。かつまた、国際連合憲章によれば、重要事項に関する安全保障理事会の決議は合衆国、連合王国、フランス、ソヴィエト社会主義共和国連邦、中国の五常任理事国全部の同意投票のみによつて行はれ得るに拘らず、前記決議がソヴィエト社会主義連邦及び中国二常任理事国欠席の下に可決されたことは周知の通りである。以上に鑑み、朝鮮問題に関する安全保障理事会の上記決議が行う法的拘束力を有しないことは極めて明瞭である」(註二)。右の通告文に明瞭なように、ソ連が六月二七日の理事会の決議の不法性を主張する根拠としては、第一に、安全保障理事会の決議は七カ国以上の賛成投票を要するにも拘らず、六カ国の賛成投票で行われた。それは、七カ国の賛成投票の中で一票は投票権のない中国国民政府の代表者の投票であるから、実質は六カ国の賛成投票による決議であるから、この決議は実は正式に成立しないはずの決議であつて違法であること。第二に、実体的事項に関する安全保障理事会の決議は、五常任理事国の賛成投票を含む七理事国の賛成投票を要することは、憲章第二七条第三項の規定上明瞭であるが、この決議はソ連及び中国なる二常任理事国の欠席の下に行はれたものであつて、従つて、五常任理事国の同意投票を含まない故に無効であるとする。

チエッコスロヴァキアの副首相兼外務大臣ヴィリアム・シロキーから国連事務総長宛の六月二九日の通告も(註三)、国際連合に派遣されているポーランド首席代理キン・ガレヴィソチより国連事務総長宛の六月三〇日附の通告も、安全保障理事会の決議が中国及びソ連の二常任理事国の欠席の下に採択せられたものであるから、拘束力がないとしている(註四)。

(註二) 前掲、韓国白書、八六—八七頁。

(註三) 同書、五四—五五頁。

（註四） 同書、七八―八一頁。

右のようなソヴィエト及びチェッコスロヴァキア及びポーランドの主張に対し、合衆国は一九五〇年六月三〇日附の国務省声明で次のような論旨の反駁を行つている。即ち「ソヴィエト社会主義共和国連邦は、全常任理事国の全員一致の投票がないから、朝鮮に関する安全保障理事会の行動は不法であると主張している。……更に安全保障理事会に参加した中国代表が北京政府の代表でないが故に、安全保障理事会の行為は不法であると主張した。安全保障理事会の投票を規定する憲章第二七条によれば、実体的問題は、常任理事国全員一致の投票を含む七つの賛成投票によつて決定すべきことを規定している。しかしながら、一九四六年以来の幾多の先例によつて、理事会常任理事国の棄権は拒否権の行使とならないという慣例が確立される。簡潔に述べれば、このソヴィエトの主張より以前に、ソヴィエト社会主義共和国連邦をも含む全国際連合加盟国は、全員一致でない安全保障理事会の決定を、安全保障理事会常任理事国の全員一致の賛成投票によつて表明せられたものと同様に合法的であり拘束力を有するものとして来た。中国の投票に関するソヴィエトの要求については、安全保障理事会の手続規則により、安全保障理事会における信任された代表の議席獲得の方法が規定されている。北京政府の代表が安全保障理事会における中国代表として認めらるべきであるというソ連の論に効力を与え得るような肯定的行為は、どんな無理に想像力を働かせても、現在まで採択されていない。中国国民政府代表の信任状は理事会において承認されて居り、その後におけるこの承認を取消さうとするソヴィエトの企図は挫折した。従つて、六月二五日及び二七日の国民党代表の投票は、中国の公式投票である。」として、実体的問題に関し、ソ連の賛成投票による賛同なしで、採択された安全保障理事会の行動をも含む若干の重要な先例を列挙している。先例としては、バレスタイン問題に関して四件、カシミール事件に関して四件、インドネシア事件に関して五件、以上一三件の重要な先例を挙げ、安全保障理事会における常任理事国の任意欠席は明かに棄権に類似するものであるとし、更に、合衆国の主張を根拠づけるものとして憲章第二八条の規定が引用され、第二八条は「安全保障理事会は、即時機能を発揮し得るよう組織さるべきである」と規定するから、もし、一常任理事国代表の欠席が理事会による実体的行動を阻止する効力を有することとなれば、第二八条の規定は破棄されることになる。なお、六月二五日及び二七日の会議に参加した一〇の理事国の中一カ国も、六月二七日に不賛成を表明した国でさえも、行動の合法性に関し異議を提起しなかつた、というのである（註五）。

以上のアメリカ主張を法的に観て、重要な点を要約すると、次の諸点であると考えられる。

一、常任理事国の棄権は拒否権の行使ではないことが先例により確立せられている。

二、憲章第二七条三項は、実体的問題の決定には、全常任理事国の賛成を要することが規定されているが、或常任理事国が棄権した場合は、常任理事国全員一致の賛成がないのであるが、全員一致の賛成があつたと同様な合法的な拘束力がある。

三、常任理事国の任意欠席は棄権に類似する。

四、憲章第二八条第一項の規定の趣旨から考えて、右のように解することが合理的である。

五、安全保障理事会で公式に信任された代表のみが投票権をもつ。

これに対し、ソ連を中心とする国の主張は、

一、安全保障理事会の実体的事項に関する決定には、常任理事国全部の賛成投票を必要とする故に、一常任理事国の欠席も決議の成立を妨げる。

二、中国の代表は北京政府の代表でなければならぬ故、国民政府代表の投票は中国の投票とは看做れない。

右のような二個の見解の対立があるが、この中で、中国代表の問題に関しては、形式的にはアメリカの主張に異論を挿む余地はないように考えられる。安全保障理事会において、或国家の代表として投票を行い得るために

は、その代表が、或国家の代表として公式に承認されたものでなければならないことは疑問の余地はない。中国を真に代表するものは北京政府であつて国民党政府でないとの主張は、投票権を獲得するための主張とはなるが、現実に投票し得るためには、この主張が安全保障理事会で承認せられた後でなければならないので、ソ連側の主張には、この点に関し、論理的飛躍があることは否定出来ない。それ故に、以下においては、専ら、憲章第二七条第三項の解釈に論点を集中して検討することにする。

（註五）アメリカが常任理事国の棄権は拒否権の行使ではないとことは先例によつて確立せられたとして、挙げる重要な先例は次のようなものである。

バレスタイン問題

一九四八年四月一六日、バレスタインにおける休戦を要求する決議にソ連は棄権した。

一九四八年五月二二日、バレスタインにおける停戦を要求する決議にソ連は棄権した。

一九四八年七月一五日、バレスタインにおける停戦を命じ、現地における調停機関に指令を与える決議にソ連は棄権した。

一九四八年一一月四日、関係諸政府に対し、バレスタインにおいて、一九四八年一〇月一四日に保持せる地点まで撤退することを要求する決議にソ連は棄権した。

上述の場合、ソ連は一回も安全保障理事会により採択せられた行動の合法性に異議を中立てなかつた。

カシミール事件

一九四八年一月一七日、情勢を悪化するような行動を避けるよう当事者に要求する決議にソ連は棄権した。

一九四八年一月二〇日、インド及びパキスタンに関する国際連合委員会の設立に関する決議にソ連は棄権した。この決議は、同委員会に対し広汎な権限を与えるものであつた。

一九四八年四月二一日、インド及びパキスタンに関する国際連合委員会の権限を拡張し、停戦条件及び一般投票の必要条件を設定する決議にソ連は棄権した。

一九四八年六月三日、以前の決議を確認し、国際連合委員会に対し現地進発を命じた決議にソ連は棄権した。

上述の場合、ソ連は一回も安全保障理事会により採択された行動の合法性に異議を申立てなかつた。

インドネシヤ事件

一九四八年一二月二四日、当事国に対し戦争停止を要求し、インドネシア官憲の釈放を命ずる決議にソ連とフランスは棄権した。

一九四九年一月二八日、インドネシアに関し広汎な権限を有する国際連合委員会設置に関する決議の多数の項において、ソ連は棄権した。

上述の場合、ソ連は一回も安全保障理事会により採択せられた行動の合法性に異議を申し立てなかつた。更に、ソ連は、他の常任理事国が棄権し、ソ連が多数国と共に投票した場合に、安全保障理事会によつて採択せられた行動の合法性について異議を唱えなかつた。即ち、それは次のような三つの本質的事項の決定の場合であつた。

一、一九四八年一二月二八日、オランダに対し、インドネシヤにおける政治犯人の釈放を要求する決議を通過した理事会の行動（決議は偶然にも、中国代表によつて提案された。）。この決議には、フランスとイギリスが棄権した。

二、一九四九年三月四日、イスラエルの国際連合加盟を総会に勧告する理事会の行動。この決議にイギリスは棄権した。

三、一九四八年三月五日、パレスタインの情勢に関連して、常任理事国の協議を勧告する理事会の行動。イギリスはこの決議に棄権した。前掲、韓国白書（全訳）九四―九七頁参照。

三　憲章第二七条第三項の解釈

憲章第二七条の規定が実現せられるに至つた経緯は周知のことであつて、ここに説明の要を認めないが、五大国に拒否権を認めたところの、いわゆるヤルタ方式（Yalta voting formula）とよばれるところのものは、

(1)安全保障理事会の各理事国は、一個の投票権を有すること、

(2)手続事項（procedural matters）に関する理事会の決定は、単に七理事国の賛成投票でなされる。

(3)その他の事項（実質的或いは実体的事項 substantive matters）の決定は、常任理事国の同意投票を含む七理事国の賛成投票で行はれる。但し、ダンバートン・オークス案の第八章第一節（紛争の平和的解決）及び第八章第三節（地域的取極め）第一項後段（憲章、第五二条第三項）に基く決定については、紛争当事国は投票権がない。

右のヤルタ会談で成立した決議方式が、そのまま憲章第二七条となつたことはいうまでもないが、この第二七条第三項に表現せられるところのものが、常任理事国一致の原則（the rule of unanimity of the permanent members）とよばれるものである。この原則の認められる所以は、大国一致の協力なくしては、国際連合はその目的を実現することが不可能であるとの考え方に基くものであるが、この根本的な考え方は大国が一致して認めたのみならず、サンフランシスコ会議においても、この思想に基礎を置く大国の拒否権については、多くの小国から反対意見が現れたが、結局、この問題の附託された第三委員会第一専門委員会では、憲章の修正が国際連合の他の会議で可能であるならば、大国の特殊的地位を認めたこの案を承認しようとの考え方に傾き、かつ、憲章の修正は安全保

障理事会の常任理事国一致の原則に従はないことを希望した（註六）。憲章第一〇九条第一項の規定は、憲章第二七条第三項の規定に記されない例外の一つであることに思い至るのである。この点はとにかくとして、憲章が、実体的事項の決定には、安全保障理事会の常任理事国の全員一致を要求していることは疑う余地はない。英文のテキストでは、常任理事国の同意投票（concuring votes of the permanent members）とあつて、出席し投票する常任理事国の同意投票を意味するか否か不明であるが、仏文では全常任理事国（tous les membres permanents）となつているので、全部の常任理事国の賛成投票を得なければ、安全保障理事会の決議は有効に成立しないことになつている。

そこで第一の解釈によれば、安全保障理事会の決議が有効に成立するためには、常任理事国の全部の賛成投票を必要とする。一常任理事会の棄権、或いは欠席の場合も、全常任理事国の賛成投票を欠くことになるから、そのような場合は安全保障理事会の決議は成立しないことになる。この解釈によると、大国の拒否権というのは、常任理事国が理事会の決議の際に、一定の提案に不同意である故に不賛成の投票をする意思を表示する必要はなく、単に投票しない事実があれば、その不投票が会議に出席して投票を棄権する場合でも、欠席して投票しない場合でも無投票ということは即ち拒否権の行使と解せられることになる。これは、常任理事国一致の原則から考えると、一常任理事国の無投票なる事実は、少くとも、その無投票の常任理事国は積極的に賛意を表したものでないから、総ての常任理事国の意思が一致しているか否か不明である。しかし、いづれにせよ、賛成投票は行はないのであるから、全常任理事国の賛成投票という事実は無い。そこで、憲章第二七条第三項を形式的に解釈すれば、一常任理事国でも、棄権または欠席によつて賛成投票を行はない場合は、安全保障理事会の決議は有効に成立しないことになる（註七）。ソ連の主張は、この説と一致するものである。この説は、安全保障理事会の決議で五常任理事国の同意投票を含む七理事国の賛成投票のない実体的事項に関する決定は、原則として無効であると解するのである。

右の解釈に対しては私見によれば、次のような批判が加えられると信ずる。この解釈は憲章第二七条第三項の表現を根拠とするものであるが、この表現の行われた思想的根拠は、常任理事国一致の原則にあると考える。常任理事国の意思は、安全保障理事会の決議に当つては、その投票によつて表示せられるのであるが、棄権或いは欠席による無投票は必ずしも、提案に対する反対の意思表示と解せられない。無投票は、積極的な賛意の表明でないことは事実であるが、積極的に反対の意思を表示して決議を不成立に終らせるほどに強くない反対のために、理事会に出席したが投票を棄権する場合も考えられるし、会議に欠席したが、もし出席していたら賛成投票を行つたであろうというような、欠席したが、決議案には賛成の場合も考え得る。このように観るならば、投票の棄権または欠席は、必ずしも、不同意を意味するものでなく、むしろ、拒否権を行使するほどでない弱い反対、従つて、もし、決議が成立すれば、それに従う意思のある場合と解することが出来る。これは積極的な賛成ではないが、消極的賛成であり、反対ではない。このように観るならば、棄権及び欠席は、或提案に対し、賛成と反対との二種に分類すれば、むしろ賛成の範疇に属するといえる。何となれば、或決議の成立に反対であるとすれば、常任理事国は拒否権の行使によつてその決議を不成立に終らせ得るからである。しかるに、拒否権を行使せずして、その決議の成立を傍観することは、消極的な賛意の表明と解することも、あながち実際を無視したものとはいえない。常任理事国の棄権または欠席は即ち拒否権の行使であると解するならば、棄権しながら、「この棄権は拒否権の行使でない」ことを棄権国が特にことわることによつて、棄権が拒否権の行使を意味しない実例は説明に窮することになる。何となれば、常任理事国の棄権は、大国一致の原則を破るものであるから、棄権は即ち拒否権の行使であり、拒否権を行使しながら、拒否権の行使でないことをことわることは理論的矛盾だからである。一九四六年四月二九日の安全保障理事会でソ連が拒否権を放棄して以来、拒否権放棄の実例は多数あるが、棄権するが拒否権は放棄するということは、拒否権を行使するほどに強い反対でなく、拒否権の放棄により決議が有効に成立するならば、その決議には服するとの意思の表示である。

（註六） The United Nations Conference On International Organization, Selected Documents, p. 741.

（註七） 芳賀四郎「国際連合憲章の解説」一五五―一五六頁。

第二の解釈は、棄権は議決権の放棄であるから、棄権は拒否権の行使を意味しない。従つて、常任理事国が棄権した場合には、それは拒否権の行使ではないのであるから、同意投票をする常任理事国の賛成投票を含む七理事国の賛成投票があれば、決議は有効に成立すると解するものである。この解釈は理論的には批判の余地はあるが、安全保障理事会を実際上運用するためには、実際に即した解釈であるということが出来る。既に記した反対説の主張するように、大国全体の協力一致なくしては、国際連合は充分に機能を発揮出来ないとの見地に立てば、大国が或提案を積極的に支持しないことは、大国の一致を欠くものと観ることが出来、常任理事国の全部の賛成投票が無いのであるから、実体的事項に関する決議は有効に成立しないとの解釈を容れる余地は充分ある。しかし、この解釈の強味は、安全保障理事会の実行によつて裏づけられている点である。グットリッチ及びハンブロはこの点について、次のように述べている。即ち「理事会に出席し投票する理事国の多数決或いは三分の二の多数決の代りに、七理事国の賛成投票を要求するのは、棄権が決議に必要な賛成投票の数に影響を及ぼさないことを意味する。」と。常任理事国の棄権は極めて重要性をもつているので、サンフランシスコの会議でも、この点が問題となつたのであるが、大国の棄権も決議の成立を妨げないとの保障が与えられた。実際において、安全保障理事会の決定は、大国の拒否権行使によつて、しばしばその成立が妨げられた。そしてこれに対する非難の声が放たれたことは一般に知られていることであるが、実行としては、棄権を反対投票（negative vote）と計算しないで、常任理事国の同意投票と非常任理事国の賛成投票とを合計して七票以上である場合は、安全保障理事会の決定を成立せしめるという融通性ある方法が実行せられるに至つたのである。実際において、常任理事国は棄権することによつて、自国が全面的に支持し得ないような提案の決定に対する責任を回避すると同時に、他の理事国がその提案を支持するならば、決定の成立を妨げないという場合に棄権が行われるのである。それ故に既に指摘したように、或常任理事国が或提案の成立に絶対に反対であるとするならば、棄権せずして反対投票を行うことによつて決議の成立を拒否し得るのである（註八）。常任理事国が棄権していたにも拘らず、安全保障理事会の決議が成立した多くの実例は、既に挙げた通りである。これ等の多くの先例によつて、理論上はとにかく、実際においては、「常任理事国の棄権は拒否権の行使にあらず」との慣行が確立せられたものといえる。

次に欠席はいかに解さるべきであるか。前掲のアメリカの解釈では、常任理事国の任意欠席は棄権に類似するとせられている。憲章第二八条第一項は、安全保障理事会は継続して任務を行い得るように組織されねばならず、そのために安全保障理事会の各理事国は、この機構の所在地に常に代表者を置かねばならないことを規定する故に、各理事国は安全保障理事会に出席し得る状態にあらねばならぬわけである。会議開催の時日の通告が、常任理事国の責に帰すべからざる事由で未着であつた為に、理事会開催の事実を知り得なかつた場合、或いは代表者が出席を妨害された為にその常任理事国が欠席し、その時に成立した決議の効力等については、法的に困難な問題が生ずることが予想せられるが、安全保障理事会開催の事実を知りながら、任意に欠席した場合は、自ら議決権を放棄するもので、棄権と同様に取扱うことが当然であると考えられる。一九四六年五月八日にイラン問題が安全保障理事会で審議せられたとき、ソ連は欠席したが、欠席は投票に関する限り、棄権と同様な法的効果をもつものと解すべきであろう。それ故に、常任理事国の欠席は、安全保障理事会が実体的問題に関し決議することを妨げるものではないと解すべきである（註九）。

（註八） M. Goodrich and E. Hambro, Charter of the United Nations, 1949, p. 223.

（註九）　Goodrich and Hambro, op. cit. p. 223.

国際法外交雑誌　第五一巻二号　昭和二七年

交戦権の放棄

一　はしがき

日本憲法第九条第二項末段は「国の交戦権はこれを認めない」と規定することは周知のことである。元来交戦権という言葉は国際法上の用語である。これは交戦権という言葉が、この解釈が分れる可能性があるとしても、国家の他国に対する権利、能力、或いは地位、資格、或いはこれ等の中の一つを表現するものとして当然のことであるといわねばならない。しかし、憲法中の用語として交戦権という言葉を用いる場合に、この言葉の意味が国際法で用いる交戦権と同一の意味でなければならないという制約はないわけで、憲法はその独自の立場から、独特な用法をしても差支えないわけであるが、国際法上の概念である交戦権という言葉は、国際法上の用法に従つて国内法でも用いられることは、誤解を避け、理解を容易ならしめる点から考えて望ましいことである。国内法で国際法の術語を使用する場合は、その術語に国際法上の術語と異つた意味を与えるのならば、特にその特別な意味を明かにする方法がとられることが望ましい。もしそうでないならば、国際法上の術語は、国内法に用いた場合にも、同様な意味をもつものと解され、またかく解することが一応是認せられなければならないからである。憲法で国際法上の術語をそのまま使用することは決して稀ではない。条約の締結（第七三条、九八条）とか、国際法規（第九八条）とかいうような言葉は、やはり一応は国際法にいうところの条約の締結であり、また国際法規という言葉も、国際法上国際法規とせられるものを指していると解すべきで、これ等の言葉が国際法的な意味を離れて、憲法独自の内容をもつて規定されていると解することはできない。しかし、憲法の解釈上、このような国際法上の概念をそのまま国際法の与える内容を盛つたのでは、憲法の合理的な解釈は不能であるというような場合にも、憲法独自の解釈を否認するものではないが、国際法上の術語を国内法で使用する場合には、国際法で用いる意味に使用さるべきであり、もし異つた意義を与えなければ合理的な解釈が不能であるというような場合には、そこに立法者の手落ちがあるといえる。

そこで、憲法第九条に規定する「国の交戦権はこれを認めない」という規定にいうところの交戦権という言葉は、国際法上の用語であり、国際法上の概念であるとすれば、これに国際法的な内容を与えた場合に、この憲法の規定を合理的に理解し得るか否か。「国の交戦権はこれを認めない」という規定は、通常「交戦権の放棄」と解せられているが、交戦権は放棄し得るか。交戦権とよばれるものは権利であるか。また、このような国内法の規定、即ち国内立法は、国際法的法律事実であるか、等の諸点について考察したいと思う。

二　憲法学者の見解

日本の新憲法に対する解説書は雨後の筍のように現れているが、交戦権について説明を省いているものが非常に多い。交戦権に触れている著述では、殆んど例外なく、交戦権とは「国家が戦争を行う権利である」と説明している。(1) これ等の憲法註釈書の中で、法学協会編の「註解日本憲法」は「国の交戦権には二つの意味が考えられる。第一には、国家が戦争を行う権利のことであり、第二には、国家が交戦国として国際法上有する権利のことである。これを第二の意味にとると、戦争をする権利は認めながら、交戦国として国際法上有する権利を認めないことになつて、前後が矛盾する。従つて、これは第一の意味にとらなければならない。故に交戦権を認めないということは、国家の戦争を行う権利を否認することになる。次に、交戦権といつた場合の「戦」とは、常識的な意味での戦争であり、その中には国際法上の戦争ばかりでなく、それに至らない武力の行使も含まれると考えてよい。従つて「戦争」も武力の行使も、ともに第二項後段によつて、凡ゆる場合を通じて放棄されることになる」(2) としている。日本憲法の解説書では、この著述が交戦権について最も詳細に説いているようであるが、この記述にも色々の問題点が含まれている。第一に、国家は戦争を行う権利をもつかという点である。この点は、国家は戦争を行う権利があるとする他の著者にも共通の問題であるが、国家は権利として戦争を行うことが認められているか否か。第二に、戦争を行う権利というのは、いかなる内容の権利であるか。第三に、国家が戦争を行う権利があるという意味での交戦権の中には、国際法上の戦争でないところの武力行使の権利も含まれているか否か。少くとも、これ等の諸点が考慮されなければならぬと考える。これに対しては、直接・間接に後に述べることとして、右のような、憲法学者の殆んど一致した見解に反する解釈が憲法制定当時に政府委員によつて述べられていることも注目せねばならぬ。即ち、昭和二一年九月一三日の貴族院委員会の速記録によれば「……不戦条約の趣旨を明かにするような規定は、世界の諸国の憲法中類例を若干見得るのであります。日本ばかりが先駆けをしているのでは御座いませぬ。が併し其第一項の規定、詰り或種の戦争をやらないということを明言するだけではどうも十分なる目的は達し得ないのであります。さうなりますと更に大飛躍を考えて、第二項の如き戦争に必要なる一切の手段及び戦争から生ずる交戦者の権利をもなくするという所まで進んで、以てこの画期的な道義を愛する思想を規定することが適当なことゝなつたと思うのであります……」と政府委員は説明している。(3) この説明では、交戦権というのは明かに戦時において交戦者として国家がもつ権利を指しているのである。交戦権という言葉に対し、この二つの相対立する解釈があるが、交戦権を「国家が戦争を行う権利」という意味に解する場合に、まだ明瞭を欠く点がないではない。国家が戦争を行う権利をもつと仮定して、戦争を行う権利をもつからには、国家は交戦の主体であることがその前提とならねばならない。国家が交戦の主体たる法的資格をもつことは疑問の余地はないが、交戦権というのは、国家が戦争の主体となつて戦争を行う権利を指すのであるか。それとも、単に戦争を行う権利のみを指すのであるか。この点は、憲法学者の説明では明かにせられてはいない。このいずれであるかを区別する必要は、交戦権の放棄の解釈に決定的な重要性をもつものである。交戦権の放棄ということは、国家が戦争の主体となる資格を放棄すると同時に、戦争を行うことをも放棄するのであるか、或いは戦争の主体となる法的資格は放棄しないが、単に戦争を行うことのみを放棄するのであろうか。このいずれであるかは実際上重要な法的結果を生ずる。このことを具体的に説明するならば、交戦権という概念が、交戦の主体となつて戦争を行うことであるとすれば、交戦権の放棄は国家が交戦の主体たる資格をも放棄することになるから、交戦権を放棄した国と他国とは戦争状態に入ることは不可能となる。即ち、交戦の主体でないものと交戦の主体たるものとの間に、法律上戦争状態の存在を考えることはできないからである。従つて、日本が交戦権を放棄すれば、たとえ外国が日本に対して開戦を宣言しても、法的に戦争状態の存在は考えられない。また日本との間に存する戦争状態は、日本が交戦権を放棄することによつて消滅しなければならぬ筈である。それ故に、日本が交戦権を放棄すれば、それによつて日本と連合国との戦争状態は終了しなければならない。日本は平和条約を要せずして、日本と連合国とは平和状態に入つたはずである。この解釈は、少くとも実際とは合致しないことは明かである。この点から見れば、交戦権という言葉は、国家が単に戦争を行う権利だけを意味するものと解さねばならない。従つて、交戦権を放棄するということは、国家が戦争の主体である法的資格を保ちながら、単に戦争を行うことを自ら止めたに過ぎないのである。国家が国際法上許された場合に、戦争を行い得ることについては疑問はない。国家が戦争を行うということは、国家の権利であろうか。このような権利は、果して国際法上認められているであろうか。戦争を行う権利という意味は、国家が外国と戦争状態に入る権利があることを意味する。従つて、国家が戦争を行う権利があるか否かは、国内法上の問題ではなくて、国際法の問題である。少くとも、交戦権を国家が戦争を行う権利であると解する限り、それは国際法の問題である。それ故に、国家がこの意味の交戦権をもつか否かは国際法的に考察されねばならぬ問題である。従つて、その交戦権の内容も国際法的に決定されねばならない。交戦権を国家が戦争を行う権利であるという解釈をとるにしても、これには同時に戦争以外の実力行為をも含むか否か。交戦権を放棄することは、同時に戦争以外の実力行使をも放棄することになるか否かも国際法的に検討する必要のある問題である。日本憲法第九条一項は、国際紛争を解決する手段として、戦争や武力による威嚇や武力の行使を永久に放棄している。戦争を行わないということと、戦争以外の武力の行使、例えば、武力による復仇等を行わないこととは別個の問題である。この点も亦国際法的に考察されなければならない。

交戦権という憲法の言葉は、英訳では right of belligerency となつている。日本憲法の解釈は正文たる日本語によるべきであることはいうまでもないが、日本憲法成立の経緯から判断すれば、英訳も解釈上相当参考になるものといえるであろう。この right of belligerency という言葉は、国際法上の術語であるか否か。もし術語であるとすれば、何を意味する言葉であるか。これ等の諸点も日本憲法の戦争放棄と関連して一応考究さるべきである。

次に、交戦権という言葉の第二の意味、即ち「交戦者の権利」とする解釈に対する非難は、国家に戦争を行う権利を認めながら、交戦者としての権利を認めないことは矛盾するというにある。(4) この意味での交戦権は right of belligerency ではなくて rights of belligerent 或いは belligerent rights である。交戦権を戦争を行う権利と解し、この中には国家の交戦者たる資格を含まないものとすれば、この非難は正当のようである。しかし、交戦権の中に、国家の交戦資格も含まれるとすれば、この非難は当らないであろう。何となれば、このような意味の交戦権の放棄は認め得ない故に、むしろ交戦権は交戦者の権利と解せねばならぬからである。

(1) 横田喜三郎「新憲法講座」第一巻、一八二頁。
浅井清「憲法精義」七〇頁。美濃部達吉「新憲法逐条解説」三五頁。「日本国憲法原論」二三一頁。宮沢俊義「憲法入門」一五頁、註。大石義雄「憲法」一五二頁。牧野英一「日本国憲法講話」一二九頁。国家学会編「新憲法の研究」四九頁。法学協会「註解日本国憲法」一二〇頁。佐々木惣一「日本国憲法論」一九八頁。
(2) 法学協会「註解日本国憲法」一二〇頁。
(3) 岡田亥之三朗「日本国憲法審議要録」二二八―二二九頁。
(4) 横田喜三郎「戦争の放棄」六〇―六二頁。法学協会、前掲、一二〇頁。

三　国際法から観た交戦権

交戦権は国家が戦争を行う権利と解されているが、国家は国際法上戦争を行う権利を認められているであろうか。この問題は、国家は合法に戦争を行い得るかという問題とは区別して考えねばならない。いうまでもなく、合法なるものは総て権利とはいえないからである。即ち「戦争の合法性」と「戦争を行う権利」とは区別されねばならない。しかし、法によつて権利と認められ、或いは権限であるとせられるものは、もとよりその権利や権限内の行為は合法である。戦争を或場合に行うことが合法であると認められることは、必ずしも、その場合に戦争を行う権利があると認めるものではない。例えば、フォーシーユは「国家の独立、自治、安全、名誉を守るために用いられるときは、実力の行使は合法である」[1]と説いているが、彼は国家が戦争を行う権利があることは認めない。国家が戦争を行う場合の動機（cause）を正当なもの（juste）と不当なもの（injuste）とに分けて、正当な原因による戦争を合法なものとし、不当な原因に基く戦争を不法なものと観る見解は非常に古くから、多くの学者によつて述べられている。これ等の学者の中では、国家は特定の原因に基いて戦争を行う権利があると主張する者は可成り多い[2]。代表的な者のみを挙げれば、サン・オーギュスチン（Saint Augustin）は「人類の平和を求める自然の秩序は国王はもし彼が適当と考えるときは、戦争を行う権利をもつべきであり、かつ兵士は共同社会（community）の平和と安全のために、彼等の軍事的義務を遂行せねばならぬことを規定する」[3]と記し、ヴィトリア（Vitoria）も「各国は戦争を宣言し、戦争を行う権限（authority）がある……国家はその権利として自らを防禦するのみならず、自己及び自己の人民のために復讐し、不正を救済する権利がある」[4]と。またスアレズ（Suarez）も「俗界の事件に対して自己よりも優越者をもたない主権的な君主、或いは自らのために同様な管轄権を留保している国家は、自然法によつて、戦争を宣言する合法な権限をもつ」としている[5]。グロチウスが戦争の動機に正当なものと不当なものとあることを認め、自衛のための戦争、奪われたものを奪還するための或いは制裁のための戦争を合法と認めていることは周知のことである。[6] 降つて、モンテスキューも、その「法の精神」の中で「国家の生活は個人の生活と同様である。即ち、個人は自然的防衛（la défence naturelle）の場合には殺す権利をもつている。国家は彼等の自存（propre conservation）のためには戦争をする権利（droit de faire la guerre）がある」[7] と。

このようなクラシックな学者の見解のみでなく、十九世紀後半から現代の国際法学者の中でも、国家は戦争を行う権利があるとするものが無いわけではない。明治初年にわが国語に翻訳せられたウールジイ（Woolsey）の著述でも、彼は本文の説明では、国家が戦争を行う権利について明瞭に述べていないが、戦争の権利という言葉を第二編第一章の見出しに記しているし、書物の名前に War right 或いは right of war という言葉を用いている者もある。[8] 殊に、ストウルゾー（Sturzo）は「戦争は兵力による国家間の紛争を解決する権利であるとわれわれは理解する」と述べている。[9] クラシックな戦争観を最もよく表現しているのはベーコン卿（Lord Bacon）の言葉である。彼は「戦争は虐殺や混乱ではなくて、権利の最高の試練 the highest trial of right である。この国際行為権 international right of action）は、一般的な同意を意味する永い慣習から、事物の合理性から、そして疑いもなく、騎士道の特殊の制度から成立し、その行為のための規則や原理をもつている[10]」と。このように、国家に戦争を行う権利を認めることは、十九世紀末までは通説といえるのではないかと思う。

（1） Fauchille, Traité de Droit International Public, Tome II, p. 7.
（2） 正当な戦争と不当な戦争に関する学説を歴史的に述べた著述は相当ある。私が参照したものとしては Robert Regout, La Doctrine de la Guerre juste de Saint Augustin á nos jours, 1935; Redslob, Des Principes du Droit des Gens Moderne, 1937; Scott, Law, the State, and the International Community, Vol.II. 等である。
（3） St. Augustin, Contra Faustum, XXII, lxxv, (Scott, op. cit. p. 290): Regout, op. cit. p. 39-44.
（4） Vitoria, De jure belli, nos. 5-6. (Scott, op. cit, p. 290) Regout, op. cit. p. 152-185.

(5) Suarez, De bello; sec. ii, no. 1. (Scott, op. cit. p. 291); Regout, op. cit. p. 152-185. Redslob, op. cit. p. 225.
(6) Grotius, De jure belli ac pacis, Lib. II. Chap. J.; Regout, op. cit. p. 275. 一又正雄訳「グロチウス戦争と平和の法」第一巻、二四二頁以下。
(7) Montesquieu, Esprit des lois, liv. X, Ch. 11.
(8) Woolsey, International Law, p. 187. 例えば、J. M. Spaight, Air Power and War Rights, 1924; Don Luigi Sturzo, The International Community and the Right of War, 1929.
(9) Sturzo, op. cit. p. 89. スペイトは War rights については本文中に何も説明していない。right を複数にしているところから考えると、戦争を行う権利ではなくて、国家が交戦者としてもつ権利かとも考えられるが、この点は不明である。
(10) Philimore, International Law, Vol. III. p. 78.

戦争の動機を正当なものと不当なものとに分け、正当な動機に基く戦争のみが合法な戦争であるとする伝統的な学説は、国家主権の絶対性が次第に確立せられて、戦争の動機の正当性を判断するものが、その国家自身であるとせられ、一方国際法も次第に実証主義が勢力を占めて、戦争が開始せられるならば、その戦争は正当な原因によるものか不当な原因によるものかによつて、交戦国を区別しては取扱はない。不当と認められる動機で戦争を開始した国も、国際法上は相手国と全く同一の取扱いをうける。それ故に、戦争の原因の当・不当を論ずることは、少くとも国際法上は無用なこととなつてしまつた。そこで、国家は自ら欲するときに、いつでも戦争を行う権利があるとの見解が現れるに至つたのである。このような、国家は戦争を行う権利があるとする学説に対して、有力な反対説を最初に唱えた者にハイルボルンがある。彼は「戦争自体は行為であり、物理力の行使である。法律上の能力について述べない限り、物理的なものであつて、法とは関係がない。何となれば、禁止せられない実力行使が同時に他人の人格の侵害である場合には、それは法的立場からは特別な許容(Dürfen)である――イエリネックがいうように、許容に類似するものでなく、彼のいう意味ではないとしても、真の許容である。戦争の権利、実力行使の権利が存在するであろうか？　いかなる主張がこれを支持するか？　各権利は一人或いは多数人に向つての要求（Anspruch）、他人の一定の態度の要求をもつものであるが、権利者自身の一定の態度の許容に関する要求をもつものではない、何となれば、許容は権利の内容を構成するものではないからである。戦争行為の場合は、決して相手方の一定の態度に関係するものではない。相手方は、或行為或いは不行為または忍容の中のどの義務をも負はない。特に、相手方は自分に対して攻撃を加えさせたり、撃退する義務はない。法的な意味からは、各場合にただ固有の行為、即ち、彼自ら戦争を行わねばならぬだけである。彼はそれによつて何の権利も行使するのではなくて、彼の自然的自由を用いるだけである。その自然的自由は、戦争の開始と共に、戦争を規律する国際法規範によつて彼に与えられている。常に各自の手中にあるところの戦争の開始、自然的自由の回復は国際法の特色である」[1]として、国家が戦争をするのは、権利としてするのではなくて、自然的な自由であるとしている。ハイルボルンが戦争を自然的自由と解する、この自然的という意味は、法の領域外の自由という意味か否か、この点は必ずしも明瞭でないが、国際法秩序の下において、国家が法の主体として許容せられる行動の自由は、法によつて与えられた自由と解すべきで、法から命令せられたり禁止せられたりしない領域における法の主体の自由は、自然的自由というよりも、法の許容した自由である。ハイルボルンは戦争行為を許容であるとするのであるから、彼の自然的自由という表現が妥当か否かの疑問が産れる。ハイルボルンの説を継承する者としてはホールト・フエルネックを挙げることができる。フエルネックは「戦争と国際法との関係を詳細に決定するには、一般国際法と特別国際法（特に条約）を区別せねばならない。特別国際法は戦争行為を禁止したり或いは命名したりする、一般国際法は国家に戦争の自由 Kriegsfreiheit を与えている[2]」と述べている。クンツも「戦争は実証法上許された自力救済の手続である[3]」として、権利の行使であるとは観ていない。オッペンハイムはハイルボルンの影響をうけたと信ぜられるが、彼は「少くとも、この問題を論ずる著述家達は大部分国家が戦争をなす権利ユス・ベリ jus belli について述べる。しかし、もしかくよばれる権利を検討するならば、それは権利でないことが明かになる、何となれば、この権利に対応する義務は存しないからである」[4]と。オッペンハイムは、彼の主著「国際法」の初版以来この考えを変更していない。ハーシエーも「戦争は、承認せられた或範囲で、国際法によつて規律せられる政治的事実である。しかし、法律上の権利や義務の淵源ではあるが、通常の法律上の意味の権利ではない」[5]としている。

外国の国際法学者の教科書で、国家は戦争を行う権利をもつか否かの点に触れていないものが多いが、この点に触れている最近の多数の学者は戦争を行う権利を否認しているようである。

(1) Paul Heilborn, Das System des Völkerrechts entwickelt aus den völkerrechtlichen Begriffen, 1896, S. 333.
(2) Hold-Ferneck, Lehrbuch des Völkerrechts, 2 Auf. 1932, S. 238.
(3) Kunz, Kriegsrecht und Neutralitätsrecht, 1935, S. 5.
(4) Oppenheim, International Law, First ed. 1906, p. 84.
(5) Hershey, The Essentials of International Public Law and Organization, 1927, p. 545.

次に、わが国の国際法学者の見解を見るに、わが国の国際法学界に最も大きな影響を与えた学者としてはオッペンハイムであると考える。従つて、オッペンハイムの学説はそのままわが国の多数の国際法学者の学説に反映している。オッペンハイムがその著「国際法」の初版で、国家が戦争を行う権利を否認したのは一九〇六年であつて、わが国の学者で、この点に触れている者は、大多数が国家は戦争を行う権利を有しないとの説である。そして、その理由として、オッペンハイムが述べているように、これに対応する義務が存しないことを挙げている[6]。この中にあつて、国家は戦争を行う権利があるとする者も皆無ではない[7]。

(6) 立博士は「国家の戦争状態に立つ権能又は能力をもつて交戦権と称することがある。然れどもこの意義の交戦権は義務に対応すべき真の権利には属せぬ」としている。「戦時国際法論」五七頁。
松原博士も「戦争ヲ為スノ権利 right to make war, jus belli ナルモノハ権利トシテ存在セズ何トナレバ之ニ対応スル義務ナルモノハナケレバナリ」としている。「現行国際法」下巻、第一分冊、一五九頁。
(7) 横田喜三郎「戦争放棄と自衛権」法学協会雑誌、第六八巻、第三号、一頁以下。「戦争の放棄」四七頁、六〇―六二頁。「新憲法講座」第一巻、一八二頁。稲垣守克「戦争権の消滅」、国際知識(大正一四年二月号)四一頁。

以上のように、国際法学者の見解は内外を問わず、国家に戦争を為す権利があるということは、少くとも、主流としては否認せられているようである。

四 結語

(イ) 交戦権という言葉

交戦権という日本語には二つの意味があり、一つは、国家が戦争を行う権利を指し、他は国家が交戦者として国際法上与えられた権利を示すとせられるが、国家に戦争を為す権利があると仮定して、これを表示するに「戦争権」という言葉を用いる者もある。(1) ところが、前述のように、国家が戦争を行う権利を認めない者は、交戦権という言葉をこの意味に使用する筈はないので、交戦権なる言葉は第二の意味、即ち、交戦者の権利を表示するために用いられる。法律学上の用語として、一つの言葉に全く内容の異つた二個の意義を与えることは、概念の混乱を来す結果となるから、なるべく回避すべきである。外国語では right to make war, right to wage war, droit de faire la guerre, das Recht zur Kriegsführung というように、戦争を行う権利という意味が明確に表示されている。交戦者の権利の場合には right of belligerent, belligerent right という語で表現している。外国語でかくも明瞭に区別して表現せられるところの二つの異つた内容を日本語で同一語をもつて表現することは実に不可能である。日本憲法の英訳では、交戦権を right of belligerency としていることは既に述べたが、このような権利が国際法上存することを私は未だいかなる著述中にも見出す機会に恵まれない。日本の憲法学者の見解は、既に述べたように、交戦権という言葉の解釈については、大体一致しているといえるが、少数の反対説が無いではない。この不一致はやはり交戦権という不明瞭な用語から来るのである。国家が戦争を行う権利があるとの見解を採るならば「国の戦争をする権利は、これを認めない」規定すれば、交戦権という言葉から来る混乱は避けられるのである。

交戦権という言葉を第二の意義、即ち交戦権の権利の意義に用いることがあるが、これも用語として甚だ不正確である。(belligerent right) の訳語であるならば、「交戦者の権利」であつて交戦権ではない。しかし、国際法学者で、交戦権という言葉をこの意味に使用する者がないではないが[2]、法律学上の用語としては、このような曖昧な言葉は極力避くべきである。殊に、日本憲法にこのような言葉を用いたことは立法者の不用意であるといつてよいと考える。

(1) 遠藤源六「国際法要論」六〇〇頁。稲垣守克、前掲。

(2) 松原一雄「国際法要義」三三一頁には交戦権(交戦者間の権利・義務)として誤解を避けている。篠田治策「宣戦布告と交戦権の発動」外交時報、昭和一四年一〇月一日発行(九二巻)四六頁以下。泉哲「交戦権と中立権の極限」外交時報、大正一二年二月一五日号、三五頁以下。

(ロ) 交戦権放棄の意義

日本憲法は交戦権を放棄するとは規定していない。「国の交戦権はこれを認めない」と規定するのであるが、これが交戦権が放棄せられたものと説明せられるのである。交戦権を戦争を行う権利と解するならば、交戦権を認めないということは、戦争する権利を認めないということで、これは交戦権の放棄といつても差し支えないわけである。交戦権が権利であるとするならば、この権利は、その放棄が同時に日本の国際法上の義務の放棄を伴はない限り、放棄することができるであろう。しかし、国家は果して国際法上戦争を行う権利を認められているであろうか。日本が交戦権を放棄しても、世界のいかなる国も日本に対する或義務から解放せられるものではない。国家が戦争を行う権利といつても、この権利はこれに対応する義務の存しないことは、多くの学者の指摘する通りである。日本の交戦権の放棄によつて外国は義務から解放されることが無いばかりでなく、国際法上何の権利も取得するものでもない。日本自身も日本が交戦権を放棄することによつて、国際法上権利を取得することが無いし、義務から解放されることもないし、また外国に対し将来戦争を行わない義務を負担するものでもない。日本は将来憲法を修正することによつて、交戦権放棄の規定を抹殺することがあつても、外国は日本に対し、国際法上の義務違反であるとしてその責任を追及することはできない。即ち、日本憲法の交戦権の放棄なる事実は、国際法上外国に対しても、日本に対しても、なんら国際法上の効果を帰属せしめる事実ではない。即ち、国際法上の法律事実ではないのである。国際法上の権利放棄は、いうまでもなく、放棄国に権利喪失の法的効果を帰属せしめる。この点から観ても、交戦権の放棄は決して権利の放棄でないことは明かである。国家は戦争を行う権利をもつものではないから、これはむしろ当然のことである。

次に交戦権の放棄ということを戦争を行う権利の放棄とする説の、戦争を行う権利というのはいかなる内容のものであろうか。「戦争を行う」という言葉は、少くとも三つの要素から成ると考えられる。第一に、国家が戦争の主体性をもつこと、第二に、戦争を開始すること、第三に、交戦者として行動することである。即ち、戦争を行うということは、戦争の主体性をもつ国家が、戦争状態に入つて、戦争を遂行することである。交戦権の放棄は前述の三個の要素を全部放棄することであろうか。それとも、その中の一つ或いは二つを放棄することであるか。第一の要素、即ち、国家が戦争の主体となる法的資格は放棄し得ないことは既に述べた。もし、これを放棄し得るとすれば外国は日本に対し戦争に訴え得ないことになるから、これは一方的に日本が外国の自由を拘束する結果になるからである。それでは、第二の戦争を開始する自由の放棄であろうか。日本はこの自由を放棄しても、外国が日本に対し開戦の宣言を行つたり、或いは戦争の意思をもつて敵対行為を行つたりした場合は、そこに戦争状態が発生することになる。この場合に、第三の要素、即ち交戦者の権利を放棄していなければ、日本は外国から仕かけられた戦争に対しては、交戦国として応戦することができる。つまり、交戦権の放棄ということを、戦争開始の自由の放棄であるとするならば、これは単に日本から外国に向つて戦争を仕かけないが、外国が日本に戦争をしかけた時は戦争をする、ということになる。

次に、交戦権の放棄ということを第二、第三の要素を共に放棄したと解するならば、日本からは外国に対し戦争を仕かけないが、外国から日本に戦争を仕かけた場合は、その外国と日本との間には戦争状態が存在することになるが、日本は交戦者の権利をも放棄したのであるから、敵を攻撃したり、海上捕獲を行つたりしないのみならず、一切の敵対行為を行わない。また、中立国に対しても交戦国として振舞はない。つまり完全に無抵抗であるということである。

戦争放棄ということが第三の要素のみの放棄であるとすると、これは、交戦権の放棄とは交戦者の権利の放棄と解する説と同説になるわけである。交戦権の放棄は国家が戦争を行う権利の放棄であるとする説を主張する者は、この第三の要素のみの放棄に賛同しないのはいうまでもない。

以上述べたような理由によつて、交戦権の放棄が「戦争を行う権利の放棄である」との説を採る者は、交戦権の放棄とは、(1)日本側から戦争を仕かける自由の放棄である。とするか、(2)日本側から戦争を仕かける自由を放棄すると同時に、戦争状態が発生した場合にも交戦者の権利を行使しない、とするかのいずれかでなければならない。戦争放棄を論ずる学者によつて、この点は全く明かにされていないのである。しかし、国家が戦争を行う権利があるか否かというテーマの中には、戦争状態の存在があつて交戦国のもつところの交戦者の権利は含まれないと観るのは至当のように考えられる。果してそうであるならば、交戦権の放棄というのは、戦争を仕かける自由の放棄ということになる。これは国際法的にはナンセンスであるが、国際政治的には意義をもつであろう。

平和条約の綜合研究　下巻　昭和二七年

紛争の解決、最終条項、不講和国との関係

第一節　紛争の解決

第二二条前段は、「この条約のいずれかの当事国が特別請求権裁判所 special claims tribunal への附託又は他の合意せられた方法で解決されない条約の解釈又は実施に関する紛争が生じたと認めるときは、紛争は、いずれかの紛争当事国の要請により、国際司法裁判所に決定のため付託しなければならない」と規定している。この規定は甚だ明確な如くで、実際には色々の疑問を含むように考えられる。

一　解釈又は実施に関する紛争

この平和条約の解釈又は実施について当事国間に紛争が先づ存在し、この種の紛争を解決するために、当事国が何等かの方法を合意する場合には、その紛争解決機関として例えば、仲裁裁判によることを合意したとすれば、この仲裁々判所が特別請求権裁判所であることは明かである。このような裁判の形式を採らなくても、例えば、調停とかその他の解決方法を合意する場合は、いわゆる「他の合意せられた解決方法」である。このような方法で解決されない紛争は国際司法裁判所に付託することになるのであるが、この紛争解決のための当事国の合意は、日本と連合国との間に紛争発生前に協定されてもよければ、紛争発生後に紛争の解決方法について合意してもよい。しかし、注意すべきは、例えば、日本と連合国の一国との間の賠償に関する協定（第一四条）、国際民間航空輸送に関する協定（第一三条）等が成立する場合に、その中に、それ等の協定の解釈又は実施に関する紛争の解決方法を予め規定することもできるであろうが、このような協定から生ずる紛争は、勿論平和条約の解釈に関す紛争ではない。しかし、平和条約の実施に関する紛争であるか否か。平和条約は例えば、国際民間航空輸送の場合に、日本が連合国の要請があつた場合には、国際民間航空輸送に関する連合国と協定を締結するため交渉することは規定するが、その交渉の結果成立したところの国際民間航空輸送協定は平和条約とは別個のものであつて、従つて、この協定の解釈又は実施に関する紛争は、平和条約の実施に関する紛争ではないと解すべきであろうか。これに対して、条約の実施という意味を広く解して、平和条約の規定を実施した結果として生じた協定は、やはり平和条約の実施とし、従つて、その協定の解釈又は実施に関する紛争は、平和条約の実施に関する紛争の範疇に入るべきであろうか。前掲の国際民間航空輸送の場合、或いは日本が戦争中与えた損害を賠償することに関する協定等は、平和条約は単に日本が、これ等に関し連合国の或国と交渉を開始することを命ずるに過ぎないのであつて、日本が連合国と賠償協定或いは国際民間航空協定等を締結する義務を負担するものではないから、これ等の協定の解釈又は実施に関する紛争は、平和条約の実施に関する紛争ということはできない。解釈又は実施に関する紛争とは平和条約そのものの解釈又は実施に限定さるべきである。

二　特別請求権裁判所

「特別請求権裁判所（special claims tribunal）への付託又はその他の合意せられた方法で解決されない紛争」という場合の、特別請求権裁判所とは何であるか。この規定の文理解釈では、特別請求権裁判所への付託は、合意せられた方法の中に含まれるか否か明瞭でない。即ち、特別請求権裁判所への付託が合意せられた一つの解決方法であり、この合意せられた方法によるか、又は他の合意せられた解決方法による、という意味であるならば、紛争当事国は紛争の発生した場合に、その紛争を付託すべき特別請求権裁判所を合意することができるが、特別請求権裁判所への付託は合意せられた解決方法でないとすれば、平和条約中に、或いは他の方法で、特別請求権裁判所は存在しなければならないことになる。これに該当すると思はれるものに、平和条約第一八条(a)及び第一七条(a)(b)の規定その他がある。第一八条(a)によれば、戦争状態存在前の金銭債務について日本人と連合国人との間に意見が岐れ、これを解決するためには、その債権関係の性質に従つて、当事者たる日本人或いは連合国人の本国のいずれかの国内法がこれを解決することになる。その決定は渉外私法によらねばならない。しかし、その準拠法に関しては争いはないとしても、その国の法の解釈について争いがあるかも知れない。このような場合には、これを決定するのは、その準拠法国の裁判所である。この種の裁判所がいわゆる特別請求権裁判所であろうか。また、第一七条によれば、いずれかの連合国の要請があつたときは、日本国政府は、当該連合国の国民の所有権に関する関係のある事件に関する日本国の捕獲審検所の決定又は命令を国際法に従い再審査して修正せねばならぬ。又日本国政府は、いずれかの連合国の国民が原告又は被告として事件について充分な陳述ができなかつた訴訟手続において、一九四一年一二月七日から日本国と当該連合国との間にこの条約が効力を生ずるまでの期間に日本国の裁判所が行つた裁判を、平和条約の効力発生後一年以内に再審査を要求したならば、再審査せねばならぬことになつている。このような、捕獲審検所の検定に対する再審査及び国内の通常裁判所の判決の再審査を行う機関は、前者は実質上は国際法を適用して裁判する機関であり、後者は日本の国内法を適用して裁判する機関であるから、いずれも実質上は裁判所である。このような裁判所が特別請求権裁判所であろうか。右の再審査は、平和条約の解釈又は実施に関する紛争があつて、これを解決するための再審査ではないが、平和条約の実施に関し、管轄権を認められた裁判所である。これと同様なことは、戦争状態の存在前に存在した債務及び契約、並びに戦争状態の存在前に取得された権利から生ずる金銭債務関係等についても言うことができる。第二二条前段の規定は、条約の解釈又は実施に関する紛争で、特別請求権裁判所や、当事国が他の合意した方法で解決し得ないものを当事国の意見によつて、国際司法裁判所に付託することになつているから、先づ当事国間に紛争が存することが前提条件で、その紛争が特別請求権裁判所に付託せられるという解釈をとれば、再審査のための裁判所は、紛争があつてこれを特別請求権裁判所に付託したのではなくて、条約を実施するために裁判所に付託したのである。しかし、その日本の裁判所での再審査の結果が、相手方を納得せしめることができず、その再審査について、当時国間に更に紛争が生じた場合には、この紛争は、条約の実施に関する紛争である。そして、この紛争は、当事国が合意によつて、例えば、仲裁裁判に付託することにすれば、この仲裁裁判所が特別請求権裁判所であつて、日本の再審査裁判所は特別請求権裁判所でないのであろうか。これ等の諸点は、第二二条の文理解釈によつては解決されない問題である。

他方において、特別請求権裁判所への付託が合意せられた解決方法の一つであるとすれば、前掲の日本の再審査裁判所、その他日本や、連合国の国内裁判所は、少くとも、紛争当事国だけが合意した特別請求権裁判所とはいえないであろう。しかし、このような裁判所の裁判権は平和条約によつて合意されたものであるから、この意味からいえば、広い意味で、合意された解決方法といえないこともない。この解釈では、特別請求権裁判所というのは、合意された解決方法の一つを例示したものと解すべきであろう。

以上述べたように、特別請求権裁判所についても、文理解釈からいえば色々の問題がある。

第一説　ここで特別請求権裁判所という意味は、或請求権に関して管轄権を認められている裁判所のことで、その裁判は当事国の合意によつて特に設けられた法廷（例えば、仲裁裁判）のようなものでもよければ、既に存在する国内裁判所でも、その国内裁判所がその事件について管轄権をもつものであればよい。戦前に発生した個人的な法律関係や戦争中において日本政府の処置によつて外国或いは外国人に財産上の損害を与えた場合に、日本政府がこれを補償することになるであろうが、その決定せられた補償金額に対して異議申立があつた場合に、これを再審査するための、連合国財産補償審査会の如きものが設置せられれば（昭和二六年七月一三日閣議決定）、この種の裁判所は、補償再審査のために管轄権をもつ裁判所であり、この裁判所は平和条約（第一五条）の実施に関する紛争であるから、特別請求権裁判所といえるであろう。日本の捕獲審検所の決定を再審査し、或いは国内裁判所の判決又は決定を再審査するために設置せられた機関も同様な意味で、特別請求権裁判所であり、またこの外に、平和条約第一八条(a)の規定に基づいて、生ずるところの、戦争状態の発生前に存在した債務及び契約並びに戦争状態の存在前に取得された権利から生ずる金銭債務、及び戦争状態の存在前に財産の滅失もしくは損害又は身体傷害もしくは死亡に関して生じた請求権に関する紛争を審理する機関も、特別請求権裁判所と解せられる。

第一説に対する疑問　以上のように解すると、特別請求権裁判所は国際裁判所の場合もあり、国内裁判所の場合もある。国内裁判所である場合には、捕獲審検所の決定を再審理する機関の場合を除いて、国内法を適用して紛争事件を判断するのである。このような国内裁判所の判決に対しては、相手国は、たとえその判決に不服である場合にも、これに服すべきであろうか。通常の場合においては、外国の裁判所の管轄権に属する事項に対して、その判決が、国際義務に違反したり、外国又は外国人に関する事件であるために悪意を含むものであつたり、或いは判決が不当に遅延せられたりした場合の外は国際法上の問題たり得ない。しかし、平和条約によつて、このように国内裁判所が特別請求権裁判所であるとするならば、この特別請求権裁判所の解決し得ない紛争、即ち、当事国の一方が、判決に不服である場合には、これが国際司法裁判所に付託せられることになる。国際司法裁判所は、国際法を適用して裁判する裁判所であるが、このような場合には、特定国の国内法を適用して裁判するのであろうか。もし、国際司法裁判所が、裁判所規程第三八条に掲げる基準外のものを裁判の基準となし得ないものとすれば、或国の国内法を適用して下した判決に対し、当事者の一方又は当事国が不服であるとして、この事件を国際司法裁判所に提訴しても、事実上国際司法裁判所は裁判を行い得ないことになる。もしそうであるとするならば、平和条約にいう特別請求権裁判所に国内裁判所が含まれるとする解釈に疑問が起ることになる。もし又、特別請求権裁判所に或種の国内裁判所が含まれることに疑問がないとすれば、平和条約第二二条の規定が矛盾した規定となるのではないかとの疑問が起る。

国際司法裁判所においては国のみが事件の当事者となり得るのであるから（国際司法裁判所規程、第三四条一項）、日本人と連合国人の事件であつて、それが国内裁判所に付託せられ、それに対する国内裁判所の判決に対し、当事者の一方が不服である場合には、その国の最高裁判所まで進んで裁判を受け、最高裁判所の判決が確定して、それに不服である場合に、始めてその当事者の属する国家が国民のために、他の当事者の属する国を相手方としてその事件を国際司法裁判所に付託するのであるか、それとも、第一審裁判所の判決に不服であるならば、直ちに国際司法裁判所に提訴することができるのであろうか。平和条約第一七条(a)及び(b)及び第一五条の規定による再審査のための裁判については、この疑問は生じない。このような再審査機関の決定に不服である当事者の属する国家は、直ちに国際司法裁判所に事件を付託することができることは明かである。何となれば、この再審査機関の上級国内裁判所は存しないからである。しかし、第一八条の規定によつて、通常の国内裁判所が特別請求権裁判所となる場合は、その判決に不服な当事者は、更に上級審の判決をうけ、結局、その国の最高裁判所の判決確定後においてのみ事件を国際司法裁判所に付託できるのであるか否かの疑問が起る。特別請求権裁判所は特別請求権（即ち、平和条約の規定により特に認められた請求権）の管轄裁判所であつて、請求権の特別裁判所（平和条約の規定により認められた請求権のために通常裁判所以外に特に設立せられた裁判所）ではないと解するなれば、通常裁判所に付託せられた事件は、その国の最高審の確定を待つて、それに不服である場合においてのみ国際司法裁判所に付託し得ると解すべきであろう。

第二説　一方から観れば、国内裁判所の管轄に属する事件については、当事者の一方が外国又は外国人であつても、その判決に服すべきである。従つて、この判決に不服である当事国が、これを国際司法裁判所に付託し得ないとの解釈も成立する。この解釈を貫けば、特別請求権裁判所は当事国が合意した国際裁判所のみが特別請求権裁判所であつて、平和条約第一七条の再審査機関等も、国内裁判であつて、特別請求権裁判所とは言えないことになる。既に述べたように、国内裁判所は、国内法を適用して裁判する裁判所で、その裁判所の判決に不服であるからといつて、国際法を適用する国際司法裁判所に事件を付託することは、理論上においても首肯できないからである。しかし、国際司法裁判所は管轄すべき事件の範囲を限定してはいない。当事国が裁判所に付託するすべての事件及び国際連合憲章又は実施中の条約に特に規定されたすべての事項に対し管轄権をもつことを規定する（規程、第三六条）[1]。従つて、特定国の国内法の適用に関する事件を裁判所に付託することが禁ぜられているわけではない。通常国際司法裁判所は、国際法の適用に当つては、国内法の問題を取扱うことを欲しない。もし、国内法が考慮せられねばならない時は、国内法は裁判所の判決や行政手段と同様な方法で、国家の意思を表示し、かつ国家の行為を成している単なる事実と看做れるのである。しかし、ブラジル人の借款事件におけるように、国際司法裁判所が特定国の国内法を適用しなければならないような場合には、裁判所はその特定国の国内法を、その国で適用されているように適用せんと努めねばならぬのである。それ故に、裁判所は、その特定国の判例に指導せられることになる。セルビヤの借款事件（Serbian Loans Case）の判決の中で裁判所は次のようにいつている「裁判所が、その国の最高裁判所がその法に与えている解釈と矛盾する危険を犯し、現行判決を退けて、裁判所自身が合理的であると考える解釈をとることは、裁判所が設置せられた任務と合致せず、かつ裁判所の判事選任の原則と合致しないであろう。かくすることは、最もデリケートな事柄であろう」と。裁判所は又判決中で

「国内法はその国で適用せられているように適用せねばならない」、それ故に、「その国の裁判所の判決に最大の注意を払はねばならない」とし、「もし国内裁判所の判例が不確実で、分れている場合には、裁判所は最もその法に合致すると考える解釈を選択せねばならない」としている。(2)

このように、国際司法裁判所は、例外的には、国内法の解釈・適用に関する事件を取扱うことはあり得るが、この場合には、国内裁判所の解釈や、最高裁判所の判例に従うことになるとすれば、この種の事件を国際司法裁判所に付託することは、殆んど無意味なことであるというべきである。果してそうであるならば、特別請求権裁判所に日本の国内裁判所を入れることは、実際上いかほどの効果があるか疑問である。これ等の国内裁判所は、平和条約、第一五条及び第一七条の再審査のための機関であつても、捕獲審検所の検定に対する再審査機関を除いては、国内法を適用して裁判する機関であるから、その判決を国際司法裁判所に付託することは、日本の裁判に対する不信の表明である。捕獲審検所の検定に対する再審査機関は、国際法を適用して再審査すべきであることが条約に明示されているから、この再審査に対する不満は国際司法裁判所に付託することによつて解決できるわけであるが、他の再審査機関を特別請求権裁判所となさずして、この機関のみを特別請求権裁判所とする理由を発見することができない。元来国内裁判所の管轄に属する事項は、その国の国内事項である。国内事項を国際司法裁判所に付託することは理論上承認しがたいことである。(3)

（1） 常設国際司法裁判所規程第三六条一項の規定は「裁判所の管轄は、当事国が裁判所に付託する総ての事件及び実施中の条約に特に規定せられた総ての事項に及ぶ」とあり、国際司法裁判所規定は、国際連合憲章という字を途中に挿入しただけである。

（2） Hudson, The Permanent Court of International Justice, 1934, p. 533-534.

（3） 一九四六年八月一日の「強制管轄権受諾に関するアメリカ合衆国の宣言」においても、その(二)において、「アメリカ合衆国が決定するところに従い、本質上アメリカ合衆国の国内管轄権内にある事項に関する紛争」は、たとえ法律的紛争であつても、国際司法裁判所の強制的管轄権から除外している。

この第二説を採るならば、特別請求権裁判所とは、通常の国内裁判所や、国内裁判所の判決その他を再審査するための国内機関ではなくて、紛争当事国が合意によつて設立した国際裁判所を指すものと解せねばならぬ。この解釈の方がより合理的であると考えられる。

そこで、この説によると、第二二条の前段の解釈は次のようになる。即ち、この条約の解釈又は実施について紛争が生じた場合には、当事国は合意の上で特別請求権裁判所を設けて紛争を付託するか、或いは特別請求権裁判所以外の解決方法を合意する。このような方法で、なおその紛争が解決されない場合には、紛争当事国の要請によつて、国際司法裁判所に付託せねばならない。

第三説、特別請求権裁判所とは、請求権の特別裁判所であると解する。即ち、講和条約の規定に基く請求権のために特に設けられた裁判所のことである。この目的のために設けられた裁判所であるならば、国内裁判所でも国際裁判所でもよい。この解釈を採る場合に起る不合理は、通常の国内裁判所で、平和条約の規定に基く請求権を審理するものは、特別請求権裁判所でないが、特に設けられたもののみが特別請求権裁判所であるとする根拠が薄弱である。

以上のように、特別請求権裁判所については、三つの解釈に大別することができると信ずるが、この中で、最も合理的な解釈は第二説であると考えられる。条約の解釈は、いうまでもなく、条約締結当時における当事国の意思を発見することにあるのであるから、当事国がこの言葉に特殊の意味を与えているのかも知れないが、平和条約が効力を発生すれば、日本も連合国も平等な主権国となるのであるから（平和条約、前文参照）、日本の国内裁判所の管轄に属する事項はいうまでもなく、日本の国内事項であるから、これに対しては、日本の専属管轄権を認め、その判決又は決定に信頼すべきであり、これを更に国際司法裁判所で審理することは、日本の裁判所の行動に対する不信の表明であるのみならず、国際法上も本質的に国内事項である事件に外国が干渉することになり、又国際司法裁判所が特定国の国内法を適用して裁判する結果となる故に、第二説を採りたい。

三　国際司法裁判所の管轄権の受諾

平和条約第二二条後段は、「日本国及びまだ国際司法裁判所の当事国でない連合国は、それぞれがこの条約を批准する時に、且つ一九四六年一〇月一五日の国際連合安全保障理事会の決議に従つて、この条に掲げた性質をもつすべての紛争に関して一般的に同裁判所の管轄を特別の合意なしに受諾する一般的宣言書を同裁判所書記に寄託するものとする」と規定する。

日本はこの国際司法裁判所規程の当事国ではないが、規程の当事国であつても、裁判所はその当事国間の紛争事件について強制的管轄権をもつものではない。況して、規程の当事国でない国に対しては尚更である。しかし、裁判所は規程の当事国でない国でも、一定の条件の下にこの裁判所で訴訟することを認める。その条件は安全保障理事会によつて定められることになつている（規程、第三五条、二項、三項）。

国際司法裁判所の強制的管轄権、即ち、規程の当事国側からいえば義務的管轄権を認めるか否かの問題は、常設国際司法裁判所の設立当時からの問題である。そしてこの問題は、サンフランシスコの会議においても非常に論議せられた[4]。規程第三六条二項によつて、規程の当事国は、(イ)条約の解釈、(ロ)国際法上の問題、(ハ)確証されたならば、国際義務の違反となる事実の存否、(ニ)国際義務の違反に対して行うべき賠償の性質又は範囲の四個の問題に関しては、裁判所の管轄を特別な合意なしに、義務的なものとして認める宣言を、無条件に、多数国若しくは特定国との相互条件で、又は一定の期間についてなすことができ、この宣言書は国際連合事務総長に寄託することになつている。この宣言書は、裁判所規程の当事国たる連合国によつてなされて居り、対日平和条約に関する紛争でここに挙げた四個のものに包含される問題については、連合国は義務的管轄権を認めているといえる。

第二二条にいうところの「平和条約の解釈」に関する紛争については問題はないが、「平和条約の実施」に関する紛争の総てが、規程第三六条二項に挙げられる紛争の範疇に属するか否かについては疑問があるように思はれる。例えば、日本の専属管轄に属するような事項、即ち、平和条約の規定を実施するために、日本の裁判所が日本の法を適用して裁判し、その判決の当否に関する紛争で、この判決に日本の国際義務の違反が争はれるのでなく、法の解釈・適用が問題となつているような場合には、この紛争は国際司法裁判所に義務的管轄権を認めたものの中には含まれないであろう。(5) この点は、とにかくとして、連合国が義務的管轄権を認めても、日本及び国際司法裁判所規程の当事国でない国が義務的管轄権を認めねば、国際司法裁判所は、事実上平和条約の解釈又は実施に関する紛争を裁判し得ないことになるから、裁判所が規程の当事国でない国に開放するための条件を安全保障理事会が決定するという規程第三五条二項の規定に従つて、一九四六年一〇月一五日に安全保障理事会が採択した条件に従つて、平和条約の解釈又は実施に関する紛争で特別請求権裁判所への付託又は他の合意せられた方法で解決されないものは、いずれかの紛争当事国の要請によつて、一般的に国際司法裁判所の管轄権を特別な合意なしに受諾する一般的宣言書を同裁判所書記に寄託せねばならぬわけである。その安全保障理事会で採択された決議というのは、国際司法裁判所規程の当事国でない国に、裁判所が開放せられる条件を定めたものであつて、予め裁判所書記に宣言を寄託し、その宣言の中で、その国で国際連合憲章に従い且つ裁判所規程及び規則の条件に従つて裁判所の管轄権を承認し、裁判所の判決に忠実に従うことを受諾し、そして憲章第九四条に規定する判決の履行に関する国際連合加盟国の総ての義務を承認することである。(6) このような宣言は、安全保障理事会の決議では個別的でも一般的でもよいことになつている。個別的宣言というのは、既に発生している特定の紛争に関してのみ裁判所の管轄権を承認する宣言のことであり、一般的宣言とは、既に発生し又は将来発生するかも知れない総ての紛争又は特定の種類又は幾種かの紛争に関して一般的に管轄権を承認する宣言である。従つて、平和条約の解釈又は実施に関する紛争を総括的に国際司法裁判所に付託するとの宣言は一般的宣言であつて、このような一般的宣言を同裁判所の書記に寄託することによつて同裁判所の管轄権を承認することになる。

(4) 国際司法裁判所の義務的管轄権に関する問題は、常設国際司法裁判所の設立せられる当時から論議の的となつたものである。国際連盟規約第一四条の規定によつて、連盟理事会で任命せられた法律家委員会で提案せられた常設国際司法裁判所規程の草案では、義務的管轄権の規定があつたのであるが、連盟理事会や総会での審議で、それは行き過ぎであるとせられた。そこで、原則として、任意的管轄権(voluntary jurisdiction)ということになつたが、附属議定書で、義務的管轄権を認めることができることにした。

この問題について、サンフランシスコ会議でなした決定及びその理由は、第一委員会第四分科委員会が、第四委員会に提出した報告書の中に、手際よく要約されている。更にそれを要約すると『一般問題についての討論は、意見が尖鋭に対立していることを示している。一方の主張は、一九二〇年以来常設国際司法裁判所がなし遂げた進歩に重点が置かれている。大体四五カ国が強制的管轄権を裁判所に与えることを選んでいるが、これには時間的な制限があり、かつ留保が認められている。第一委員会における討議は、分科委員会がいうところの「新機構の全員が裁判所の強制的管轄権を認めることによつて国際法秩序を拡大することに対しては大きな支持がある」ということを示した。

他方において、或国々の代表者は、今裁判所の強制的統轄権を承認することは、彼等の政府では困難或いは不能であるとして、第三六条の選択的特色を支持するとの意見を表明した。彼等は、この選択は一般的管轄権なる最終目標へ実質的に進む道が開かれ、かつもし国家による承認が彼等の自由意思による承認に基くならば、裁判所はより鞏固な基礎の上に置かれると感じたのである』。ここに示されたように、大多数の国は義務的管轄権の承認に傾いているが、これに対し反対意見の国もあるので、第四委員会は、会議が全国際連合加盟国に、裁判所に義務的管轄権を認める規程第三六条の宣言をなるべく行う勧告を要請する決議を全会一致で採択した。一九四五年六月二五日の総会でこれに賛成したのである。

(5) 入江啓四郎「日本講和条約の研究」三八三頁では、平和条約第一五条(a)に規定する連合国財産補償法で予定する請求権再審査機関も特別請求権裁判所の一種であろうとせられているが、この再審査機関が日本の国内裁判所であつて日本法を適用するものならば、特別請求権裁判所と解すべきであるまいと考える。

(6) 一九四六年一〇月一五日に安全保障理事会が採択した決議は次のようなものである。

(1) 国際司法裁判所は、国際司法裁判所規程の当事国でない国家に、次のような条件で開放せられる。即ち、国家が国際連合憲章に従い、かつ裁判所規定及び規則の条件に従つて裁判所の管轄権を承認し、かつ裁判所の判決に忠実に従うことを受諾し、そして憲章第九四条の下における国際連合加盟国の総ての義務を承認する宣言を予め裁判所書記に寄託すること。

(2) このような宣言は個別的でも一般的でもよい。個別的宣言は既に発生している特定の紛争に関してのみ裁判所の管轄権を承認する宣言である。一般的宣言は、既に発生し又は将来発生するかも知れない総ての紛争又は特定の種類或いは幾種類かの紛争に関して、一般的に管轄権を承認する宣言である。

国家はそのような一般的宣言をするに当つて規程第三六条第二項に従つて、当然に、特別な合意なくして、裁判所の管轄権を強制的なものとして承認し得る。但し、そのような承認は、明示的な合意なくしては、国際司法裁判所規程第三六条第二項に従つて宣言をなした規程の当事国に対しては効力をもたない。

(3) この決議の条件の下になされた宣言の原本は、裁判所の慣例によつて、裁判所書記によつて保管せられる。その認証謄本は裁判所の慣例によつて、国際司法裁判所規程の総ての加盟国及びこの決議の条件に従つて宣言を寄託した総ての国及び国際連合事務総長に交付せられる。

(4) 国際連合の安全保障理事会は、決議によつて、この決議を廃止したり修正したりすることができる。この決議は裁判所に通告されねばならぬ。そして決議の受領により、かつ新決議で決定された範囲で、既存の宣言は、既に裁判所に繋属する紛争を除いて効力を失う。

(5) この決議に基いてなされた宣言の有効性或いは効力に関する総ての問題は裁判所で決定せられる。

国際司法裁判所規程の当事国でない国が一九四六年の安全保障理事会の決議に従つてなした一般的宣言は、裁判所規程の当事国に対しては明示的な合意なしには、裁判所の管轄権を主張し得ないわけであるが(決議第二項)、平和条約二二条の規定で、裁判所規定の当事国も、裁判所の管轄権に同意しているから、この点については問題

はないわけである。(7)

(7)　一九四七年一月一〇日のイタリア、ブルガリア、ハンガリー、ルーマニア及びフィンランド等と連合国との平和条約では、条約の解釈又は実施に関する紛争で、特に条約中に規定された方法で解決されないものに対しては、当事国の外交交渉により、外交交渉で解決されないものは、それ等の国の首府に駐在する大国の外交使節会議——イタリアの場合はローマ駐在の、ソ連、英国、米国及びフランス、ブルガリアの場合は、ソフィア、ハンガリーはブタペスト、ルーマニアはブカレスト駐在の米、英、ソの外交使節会議、フィンランドの場合はヘルシンキ駐在のソ、英の外交使節に付託する。この外交使節会議で二カ月以内に解決されない場合は、次の解決方法として、各当事国の代表者一名と、両当事者の合意によつて第三国の国民から選んだ委員から成る委員会に付託する。第三者たる委員の任命について一カ月以内に当事者間に合意が成立しない場合は、国際連合の事務総長に任命を要請することができることになつている。この委員会の多数決で最終的に決定せられる（イタリア平和条約第八七条、ブルガリア平和条約第三六条、ハンガリア平和条約第四〇条、ルーマニア平和条約第三八条、フィンランド平和条約第三五条）。

対日平和条約における紛争の解決方法と、イタリーその他の国の平和条約に規定する紛争解決方法といずれが優つているかは断言できない。それぞれ一長一短がある。委員会による解決方法の長所は、取扱う紛争の範囲が広く、法律的紛争も政治的紛争も、又経済的なものすらも取扱い得るし、その手続も簡易であるが、その反面においてい、政治的影響を受ける危険が大である。これに反し、国際司法裁判所による解決はこの欠点を避けることはできるが、手続が簡易ではないし、紛争の種類が限定せられる短所がある。

第二節　最終条項

一　批　准

この条約は署名国が批准せねばならない。批准というのは、国家が条約書に記載されている権利及び義務の引き受けに同意する意思の表示である。条約は批准を要しないで効力を発生さす場合もあるが、条約の締結に批准手続を省略する場合は、当事国がこの手続を省略することに同意した場合に限るのである。条約書えの署名は、全権委員が条約を国家の名において承認するのではあるが、この承認は最終的なものでなく、国家は自国の全権が署名した条約を批准しなければならぬ義務を負うものではない。従つて、署名後における事情の変動、その他の理由によつて、その条約に拘束せられることを欲しなければ、批准を拒否することによつて、その条約の拘束から免れ得る。批准手続を省略するには、比較的重要性をもたない条約とか、緊急に実施を必要とする条約とか、或いは憲法上批准権をもつ者が全権委員として署名する場合とか、その理由はいろいろあるが、要するに当事国が批准を省略することについて合意がなければならない。平和条約のような国家にとつて重大な利害関係をもつ条約は、署名後批准手続を省略するというようなことはない[8]。

（8）　重要性をもつ条約については、署名、批准の段階を踏むことが、条約締結の正常の方法であるが、これには例外がある。例えば、一九二八年九月二六日に「国際紛争の平和的解決に関する一般議定書 General Act for the Pacific Settlement of International Dispute」は、国際連盟総会で採択されたが、その第四三条で、この文書は署名も批准も必要とせず、各国の加盟のために開放している。これと類似の手続は国際労働機関によつて採用されたことも、一般に知られる通りである。

二　不正規或いは違憲の批准

条約の批准が国内法上合法に或いは憲法の規定に従つて行われた場合には、その批准の効力に関する問題は起らないが、非合法な批准の場合には、その批准の効力が問題となる。国際法上もこの点については学説が岐れている。例えば、アンチロッティによれば、彼は国際法と国内法との区別を強調し、国際法では国家の行政の首長が国家の意思を表明する資格があるものとするから、国際法の立場からは国家の元首の意思表示が必要な唯一の行為であるとする。従つて、憲法上元首の批准権に一定の制限を規定していたり、或いは、元首以外の国家機関が批准することを定めているような場合でも、元首の批准があるならば、それによつてその条約は、その国に拘束力をもつと解するのである。[9] この説に対しては、国際法上並びに憲法上の非難がある。第一に、憲法上制限があるにも拘らず、元首は国家に対して義務的な条約締結権があるという国際法規は存しないという点である。これに関しては多数の実例を示すことができるとする。即ち、国際法は条約締結に関する各国の国内法の規定に影響されるのである。例えば、条約に関するハバナ協約の第一条は、条約は「各国の国内法に従つて、国家の資格ある官憲或いはその代表者によつて」締結される、とし、又第六条は批准は「国家の立法に従つて文書によつて行われねばならぬ」としている。これと同様な規定は国際連合憲章第一一〇条にもある。即ち「この憲章は、署名国によつて、それぞれの憲法上の手続に従つて批准されなければならない」としている。一九二八年の不戦条約にも同様な規定がある。これ等の実例から考えて、条約中に憲法の規定に従つて批准する意味の規定のない時でも、同様に解すべきであるとするのである。[10]

アンチロッティの学説に対する反対説によれば、批准の概念は近代において非常に変化し、国家の元首のみが条約の締結権をもつていたときは、批准は既存の合意を確認するに過ぎないのであるが、それは正常に形成せられた国家の意思を指示する単なる形式であつたのである。現在では、批准はもはや単なる形式ではない。それは最高の重要性をもつ行為である。即ち、それは国際的な立場からは、締約国が条約のもつ義務に拘束せられることを指示する行為である。この事実は批准権と批准の交換権とを区別する最近のアメリカ大陸諸国の憲法に見ることができる。憲法上の制度では、国家の意思の形成と宣言の双方を批准手続の本質的な重要な部分と考える実行が成立しつつあることは明かである。それはとにかくとして、批准は元首が憲法上の制限を越えていようがまいが、国家を拘束する無制限な権限を意味するものでないことは明かであるとする。

右のような学説の対立はあるが、実証国際法の立場からは、国際法は元首に、その国の憲法の規定に関係なく、条約を締結する能力を与えるものとは解し得ないであろう。[11] この見解を採るならば、対日平和条約の署名国は、それぞれの国の憲法上の規定に従つて批准を行わねばならない。違憲の批准を行つても、それは批准としての効力を認め得ないことになる。

（9） Anzilotti, Cours de Droit International, Paris, 1929, p. 362-7.

（10） Francis O. Wilcox, The Ratification of International Conventions, 1935, p. 44-45.

（11） 国内法に違反した批准が行われて、条約の効力が争はれた例としては、一八三一年のアメリカとフランスとの条約で、フランスはこの条約で二千五百万フランの支払いをアメリカに約したのであるが、この条約は当事国によつて批准され、批准書は交換されたのである。フランスの議会は必要な金額の支払いを議決せず、従つて、この条約は履行せられなかつた。フランスの法によれば、金銭の支出を要する条約は議会の承認を必要とするので、国王の批准だけでは条約を完全なものとし、それを義務的なものとするには不充分なのである。

一八三六年にペルーは一八三五年一月二〇日のチリーとペルー間の条約は無効であることを宣言した。その理由は、同条約は批准の資格なきものによつて批准せられたというにある。

ルーマニアも一九二一年に、一九二〇年八月一四日に調印せられたオーストリアとの通商協定の効力を否認した。その理由はこの条約はルーマニア政府によつて適法に承認せられなかつたというにある。これと同様な理由でギリシャ議会は一九二五年にギリシャのポリティスと連盟理事会との間の一九二四年九月二九日の議定書の承認を拒否した。

連盟理事会はギリシャがこの議定書を廃棄することには同意したが、条約は国内法の規定に準拠して結ばれねばならないとの原則は認めなかつた。

一九二〇年にルクセンブルグが国際連盟に加入するときに、条約締結の憲法上の能力に関する問題が起つた。この場合に、ルクセンブルグ代表から連盟宛の書簡でルクセンブルグが連盟加入についてかつて要求したところの一定の留保を放棄した。その後になつて、この行為は議会の同意なしに行はれたので、憲法上拘束力がないことが主張せられた。この事件は決定的に解決せられなかつたが、少くとも、実際上は、ルクセンブルグは国際連盟の一員として止つていた。(Wilcox, op. cit. p. 42-43.)

三　認証と批准

日本の憲法は内閣に条約締結の資格を認めている（第七三条三号）。条約の締結ということは、条約に関して外国と商議し、署名し、批准することを含むものと解せねばならない。ところが、内閣の作成した批准書は天皇が認証することになつている（第七条八号）。天皇の認証なき批准書は批准書たる効力が認められるか否か。もし、批准書と認められないとすれば、内閣の条約締結能力は天皇によつて制限されていると解せねばならない。しかし、憲法第七三条は内閣に条約を締結する能力を認め、その条件としては事前又は事後に国会の承認を要することを要求するだけであつて、天皇が批准書を認証することを条件とはしていない。認証は批准の事実を証明する行為であつて、批准そのものの一部を成すものではなく、従つて、認証のない批准書は批准書と認められないのではない。つまり、認証によつて批准行為が完成せられるのではない。国際法の要求する批准手続は、批准書の交換又は寄託であつて、批准の事実の証明を要求するものではない。この理由によつて、天皇の認証なき批准書も有効な批准書と認め得ると解する。

四　条約の効力発生

条約が効力を発生するためには、署名国が批准手続を完了しなければならないことは既に述べたところであるが、署名国の全部の批准手続完了をまつて条約の効力を発生させるか、或いは一部の署名国の批准手続の完了の時から効力を発生させるか、又は署名国中の特定国の批准手続が揃わなければ、いかに多数の署名国の批准が出揃つても条約の効力を発生せしめないか等は当事国が自由に決定し得る問題である。この平和条約の効力発生には、条約の相手方である日本の批准手続完了を必要とすることは勿論であるが、相手方の連合国側では極東委員会を構成する一三カ国、即ち、米、英、ソ、オーストラリア、ビルマ、カナダ、中国、仏、インド、オランダ、ニュージーランド、パキスタン及びフィリッピンの中で、ビルマと印度とはサンフランシスコの平和会議に招請されたが出席しなかつたし、ソ連は出席はしたが署名しなかつたので、この一三カ国の中で残る一〇カ国の過半数、即ち六カ国と日本との批准書が寄託されたときに、その批准書を寄託した国の間にだけ効力を発生する。そして、それ以後において条約署名国で批准書を寄託する国があれば、その国に対しても、批准書寄託の日から効力を発生することになる。このような、特定国の批准書を含めて署名国の過半数の批准書寄託を条約の効力発生要件とする方式は国際連合憲章の場合にも採用せられたことは（憲章、第一一〇条三号）周知のことである。

右のような方式で効力発生の時を定めているが、日本が批准書を寄託してから九カ月たつても、所定の批准が出揃わないで条約の効力が発生しないときは、批准国で効力の発生を欲する国は、日本国及びアメリカ合衆国政府にその旨を通告して、自国と日本国との間に平和条約の効力を発生せしめることができる。この方法で効力を発生せしめるのは、日本が批准書を寄託してから三年以内に限られる。従つて、このような方法で日本国との間に平和条約の効力を発生せしめる国は日本国の批准書寄託後三カ年間は増加する可能性があるが、三カ年後はこの方法では平和条約の効力を発生せしめ得ない。アメリカ合衆国がこの方法による場合は、この旨を日本国政府にだけ通告すればよいわけである。この通告は、日本及びアメリカ合衆国の両政府に到達した時に条約の効力が発生する。この通告には効力発生の時を指定することができるか否か、即ち、通告到達後何日後に効力を発生せしめるとか、将来の発効時日を指定した通告を行う場合等である。このような通告の効力を否定する理由はないように考えられるが、通告の到達時は日本の批准書寄託後三年以内であるが効力発生の指定時日が三年以後であるような場合は、三年の期間経過後でも効力の発生を認むべきであるか。これ等の点は文理解釈では解決できない点であるが、三カ年後に効力を発生するような通告は認むべきでない。

次に通告に条件を附すことができるか否か。発効時日の指定も、広い意味では条件といえるが、平和条約の効力発生を一定の条件の成就にかからしめることは、実質上は平和条約の修正と観ることができるから、このような通告を行つても、これによつて平和条約の効力発生を認めることはできないであろう。要するに、期限附又は条件附の通告の効力に関する問題である。

五　批准書の寄託

すべての批准書はアメリカ合衆国政府に寄託しなければならない。[12] 同政府は批准書の寄託があつたならば、その事実及び平和条約第二三条(a)の規定に基いて、この条約が批准国の間に効力を発生したならば、その効力発生の日、及び日本国が批准書を寄託した後九カ月を経ても効力発生に必要な批准が出揃はない場合に、効力発生を希望する国の通告があつた場合には、その通告の事実を署名国に通告しなければならない。これはアメリカ合衆国の義務である。しかし、通告すべき事実の発生と通告との期間については何の規定もないので、アメリカ政府は遅滞なく通告せねばならぬ義務はない。通告の懈怠又は事実に反する通告等がいかに取扱はるべきであるか。通告すべき事実が発生した場合に、その通告を発すべき期間が定められていない場合は、適当なる期間内にアメリカ政府は署名国に通告する義務があると解すべきであろう。適当なる期間内に通告が行われなかつたとしても、これに対するアメリカ政府の責任はなんら規定されていないし、又責任を追及すべき事件でもないが、アメリカ政府からの通告に接するまでは、その通告の事実の存在をもつて署名国に対抗し得ないものと解すべきであろう。事実に反する通告及び無通告も同様に解すべきであろう。

(12) 批准書の寄託は批准書の交換から起る煩雑を回避するために考案せられた方法である。多数国条約で全締約国がそれぞれ批准書を交換することは非常な煩雑であるから、各国がそれぞれ一通の批准書を作り、それを特定国に保管させる方法が考案されたのである。批准書の寄託が最初に行われたのは一八一五年のウィーン会議においてであるといわれる。しかし、この時代には、この方法は未だ一般化せられてはいなかつた。これが一般化せられたのは一九世紀の後半であつて、一八八五年のベルリン会議、一八八九年の文学的及び美術的財産に関する条約、アフリカの奴隷売買に関する一八九〇年のブラッセル会議、一八九九年及び一九〇七年の平和会議等においては、寄託の方法が採用せられている。

六　連合国の定義

対日平和条約は日本国と連合国（Allied Powers）との間の戦争状態の終結を目的とする条約である。従つて、連合国という文字は、条約の前文を始めとし、多くの条文の中に用いられてる。この連合国とはいかなる国々を指すかを明かにする必要があるので、第二五条は連合国という言葉に定義を与えている。それによると、連合国とは日本と戦争状態にあつた国及びオーストラリア、カナダ、セイロン、フランス、インドネシア、オランダ、ニユージーランド、パキスタン、英国及び米国の領域の一部を成していた国で、この条約に署名し、かつ批准した国のことである。条約の拘束力は締結国にのみ及ぶのを原則とするのであるから、たとえ日本と戦争状態にあつた国であつても、平和条約に署名せず、又署名はしても批准しなかつた国には、条約の効力は及ばない。そこで、連合国として条約上の効力を享受する国は、日本と戦争状態にあつた国で、この条約に署名及び批准をした国及び日本と戦争状態にあつた国の領域の一部で現在独立している国で、しかも、これ等の中で平和条約に署名、批准したものに限られることは当然といえる。日本と戦争状態にあつた国とは、日本から宣戦し又は日本に対して宣戦した国であつて、対日戦に参加している国が相互の結束を固めて戦争完遂の決意を表明した一九四二年一月一日の「連合国共同宣言」に署名し又は加入した国が四七カ国ある。これ等の国々はルーズヴェルトの命名によつて連合国（United Nations）とよばれる。(13) この連合国の一地域であつて、講和前に独立したものに、パキスタン、ビルマ、セイロン、インドネシア、ヴェトナム、ラオス、カンボジァ等があるが、印度支那の三カ国、即ちヴェトナム、ラオス、カンボジャは、フランスの要求があつたがサンフランシスコの会議に招請されていないので、サンフランシスコの平和会議には、連合国共同宣言参加国四七カ国の中で中国はそれを代表する政府が国民政府であるか中共政府であるかについて米英間で意見が一致しなかつたので、平和会議に招請されなかつた。従つて、連合国共同宣言に参加した国四六カ国に、パキスタン、セイロン、ビルマ及びインドネシアの四カ国を加えて五〇カ国が平和会議に招請せられ、この中で印度は会議に出席せず、ソ連及びチェッコースローヴァキアは署名しなかつたので四七カ国が平和条約に署名したわけである。この中で批准した国のみが平和条約にいう連合国である。

右の連合国の定義の中には、日本と戦争状態にある国でイタリアが含まれていない。イタリアは、いうまでもなく主要枢軸国の一つとして連合国と戦争状態にあつた国であるが、一九四三年九月三日に連合国に対して無条件降伏をし、同年一〇月一三日には逆に連合国の陣営に参加してドイツに宣戦し、日本に対しては一九四五年七月一五日に宣戦した。しかし、もともと枢軸国であつて、第二次大戦を引き起した責任はあるし、事実上対日戦に参加しなかつた為か平和会議には招請されなかつた。

(13) 連合国共同宣言の参加国は、米、英、ソ連、中国、仏、オーストラリア、ベルギー、カナダ、コスタリカ、キューバ、チェッコースローヴァキア、サルヴァドル、ギリシァ、グァテマラ、ハイティ、ホンジュラス、インド、ルクセンブルク、オランダ、ニュージーランド、ニカラグァ、パナマ、メキシコ、ブラジル、ノールウェー、ポーランド、南亜連邦、ユーゴー、フィリッピン、エチオピア、イラク、ボリビア、イラン、コロンビア、リベリア、エクアドル、ペルー、チリー、パラグァイ、ヴェネズエラ、ウルグァイ、トルコ、エヂプト、サウディアラビア、シリア、レバノン、ドミニカである。

七 分離独立国と平和条約

戦争中或いは休戦後に交戦国の領域の一部が分離独立した場合に、その独立した国と相手の交戦国と平和条約を締結しなければ、平和状態が発生しないか否か。対日平和条約においても、インドネシア、パキスタン、セイロン、ビルマ等は連合国の領域の一部から独立した国である。そして、これ等の国国は、平和会議に招請せられ、平和条約に署名している。純理からいえば、分離独立国は、新に国際人格を取得した国であつて、母国とは別個な国である。従つて、母国が外国と戦争状態にあつたとしても、分離独立国は当然に母国の相手方と戦争状態に入るものではない。分離独立国が独立後に母国の敵に宣戦したり、或いは母国の敵国が分離独立国に宣戦したりして、戦争状態に入つた場外はこの限りではない。このように、分離独立国が母国とは別個な人格者として、外国と戦争状態に入らない限り、独立後母国の敵国と当然戦争状態に入るものと解することはできない。分離独立国は、もしそれが国際法上の国家としての条件を完備しているならば、母国の敵国が、これを国際法上の国家として承認するならば、これによつて、そこに平和的な国交が発生すると解すべきである。このことは、分離独立国が母国の政治的権利・義務を承継しないとの原則から考えて当然のことである。この点から考えて、朝鮮が対日平和条約に署名しないことは当然であり、インドネシア、パキスタン、セイロン及びビルマ等は日本と戦争状態に入つていない限り、対日平和条約に署名するのは便宜的な処置として執られたことであろうが、理論上は了解し難い。イタリア平和条約にエチオピアが署名したのは、エチオピアは一九三五年イタリアに併合されたが、第二次大戦の中途で一九四一年にイタリアと戦争状態に入つたからである。これに反し、アルバニアは一九三九年にイタリアに併合され、イタリアの降伏後ドイツに占領され、一九四四年に解放されたが、事実上戦争に参加しなかつたので、パリーの平和会議には招請されたが、条約には署名しなかつた。第一次大戦後の独立国、チェッコースローヴァキア、ユーゴースラヴィア、ポーランド、ルーマニア等はヴェルサイユ平和条約及びその他の平和条約に署名したが、これはヴェルサイユ条約には第一篇として国際連盟規約が含まれているので、これに原連盟国として参加するためであるといわれているが、これも便宜的な処置であつて、理論上は疑問がある。なお、対日戦に参戦しなかつたといわれるコロムビア（この事実を私は確めていない）が対日平和条約に署名したのも、やはり便宜的処置と解する外はない。

八　二国間の平和条約

サンフランシスコの会議では対日平和条約に署名しなかつた国は、この条約の効力発生前に後から署名して、批准手続を行つたり、又条約の効力発生後に署名しなかつた国がこの条約に加入することは許されない。つまり、この条約は加入条項をもつていないのである。対伊平和条約（第八八条）、対ブルガリア平和条約（第三七条）、対ハンガリー平和条約（第四一条）、対ルーマニア平和条約（第三九条）、等は加入条項がある。そこで、対日平和条約の署名国は批准によつてこの条約に参加できるが、署名国でない国はこの方法によることができないので、個別的に日本と二国条約を締結する方法を採ることになつている。即ち、日本は平和条約が効力を発生してから三年間はこの条約に署名していない国で一九四二年一月一日の連合国宣言に署名しもしくは加入して且つ日本と戦争状態にある国又は第二三条に列記する国の領域の一部であつた国と、この条約に定めるところと同一又は実質的に同一の条件で、二国間の平和条約を締結する義務がある。実際上前記の非署名国に属するものは、ソ連、中国、インド及びチェッコースローヴァキアである。但し、二国間の平和条約で、日本がこの条約で規定するよりも大きな利益をその国に与えるような平和処理又は戦争請求権処理を行つたときは、これと同一の利益をこの条約の当事国にも与えねばならない（第二六条）。

第二三条の規定によつて、日本が批准書を寄託してから九カ月以前にオーストラリア、カナダ、セイロン、フランス、インドネシア、オランダ、ニュージーランド、パキスタン、フィリッピン、英国及び米国の中で六カ国以上の批准書が寄託されれば、その時から対日平和条約の効力を発生し、その後で署名国はいつでも批准手続を完了することによつて、平和条約に加入できるから、この方式で平和条約が効力を発生した場合は、署名国は時間的な制限はなく、五年後でも一〇年後でも、批准書寄託の時からその国に対して効力を生ずるわけである。ところが、九カ月以内に効力が発生しなかつた場合は、署名国でも、三カ年以内に日米両政府に通告して条約の効力を発生さすことができるので、この方式を採つた場合には、日本が批准書を寄託してから三カ年で条約えの署名国と非署名国で、この平和条約によつて日本と平和関係に入る国は確定されることになる。

日本がこの平和条約と同一又は実質的に同一の条件で非署名国と二国条約を締結する義務は、平和条約の効力発生後三カ年間に限るのであるから、三カ年経過後には日本はこの義務から解放せられ、相手国と合意の上で、いかなる内容の条約をも締結できる。又第二六条は日本が平和条約の非署名国との二国条約で非署名国にこの平和条約よりも有利な条約を締結した場合は、それと同一の利益を平和条約の当事国にも及ぼさねばならないことを規定するが、これと反対に非署名国が日本に対し、この平和条約よりも有利な内容の二国間条約を締結した場合の処置は規定していない。第二六条に規定するところは、日本は非署名国とこの平和条約と同様な内容の条約を締結する義務を三カ年間課し、万一非署名国にこの平和条約よりも利益を与えた場合には、そのような条約も、条約として無効ではなく、ただ平和条約の当事国にも同様な利益を均霑せしめることを定めるに止めるのである。それ故に、平和条約より日本に有利な二国条約も条約として無効ではなく、即ち、日本はこのような二国条約も有効に締結できるものと解すべきであろう。この種の条約を締結しない義務を平和条約は日本に課するものでないから、平和条約より日本に有利な二国条約を締結し得ると解すべきであろう。

九　署名国と非署名国

平和条約に署名したが批准しない国と非署名とは、条約の効力が発生した場合に、この条約に拘束せられないという点においては同一であるが、しかし、署名国と非署名国との法的地位は全然同一なものではない。第一に、加入条項をもたないこの平和条約では、署名国でなければ批准手続を行うことはできない。第二に、署名国は、少くとも、効力発生前の条約に対して、その条約の実施を妨げるような行為をすることは禁ぜられる。第三に、署名国に対しては批准条項は適用せられることになる。このように、署名国に対しては、国際法的な義務又は資格が認められるが、非署名国に対しては、このような効果は発生しない。

一〇　平和条約と第三国

この条約は既に記したところの連合国と日本との間の条約である。それ故に、この条約の効果は専ら、日本と連合国との間に発生するのであつて、この条約に参加しない第三国にその効果が及ぶべきでないことは、条約の原則的な理論上当然のことである。この点は第二五条に明示されている。即ち、この条約は、ここに定義された連合国でないいずれの国に対しても、いかなる権利、権原又は利益を与えるものでないと同時に、日本のいかなる権利、権原又は利益も、この条約の規定によつて連合国以外の国のために減損されたり、害されたりすることはない。しかし、条約は、この原則に対して例外を認め、中国は第一〇条及び第一四条(a)2の利益をうける権利を有し、朝鮮はこの条約の第二条、第四条、第九条及び第一二条の利益をうける権利があることが認められている。中国の場合は、中国における特殊権益の放棄と日本財産の処分権を認めたものであり、朝鮮の場合は、日本から独立すること、漁業協定の締結及び過渡的な通商航海に関し、連合国に与える利益と同様な利益が与えられている。締約国でない国に条約上の利益を与えるのは、中国、朝鮮に限り、しかも、この両国も条約で規定された（第二五条、第二一条）範囲においての利益をうけるに止る。それ故に、この規定の実際上の重要な意義としては、日本領土の処分に関してである。台湾、澎湖島、南樺太及び千島等は日本の領域から離れることは規定されているが（第二条）、これ等の地域に対する領域権が中国やソ連に帰属するとは条約上認められていない。

条約が締約国以外の第三国に条約上の効力を及ぼすことができるか否かの点は、仲々困難な問題である。一般論としては、条約は第三国にいかなる権利をも与えないし又義務を負担せしめるものでもないということができる。この点については、常設国際司法裁判所もポーランドの上部シレジヤにおけるドイツの利益に関する判決で明示している。即ち、「条約は当事国間に法を造るのみであつて、疑いのある場合には、第三国のために条約からいかなる権利をも引き出し得ない」旨を述べている。第三国に不利な条約に関する限り、この原則は国際法学者によつて一致して支持されている。即ち、条約は、その当事国でない国に対して法的義務を負担せしめ得ないということである。これに反し、条約が第三国の法律上の権利の源泉となり得ないかの点は必ずしも明瞭ではない。平和条約においては、中国及び朝鮮なる第三国に、権利や利益を与えている。実際においても、第三国に、利益を与えることを意図して明示的にこれを表現しているものがある。例えば、一九〇一年のヘイ・ポーンフォート条約は、運河はこれ等の規則を守る総ての国の軍艦並びに商船に平等な条件で自由に且開放せられることが規定されている。このような場合にも、第三国に条約上の権利を与えるものでないと解せられる。その理由は、締約国はいつでも第三国の権利を撤回することができるし、締約国たる米・英のみがこの協定の実施を要求できるからであるとする。第三国をして条約上の権利・義務を得させようと欲する場合には、条約に加入条項を入れるのが一般である。ヘイ・ポーンスフォート条約にも最初は加入条項があつたが、米国の要求でこれを削除したのである。このような明示的な規定のある場合にも、この種の条約は第三国に法律上の権利を与えようとするものではないと解せられるのである。第三国を拘束する目的をもつて条約が締結せられることはしばしばある。一八一五年のウィーン会議の最終議定書、一八三一年のロンドン条約、一八五六年のパリー条約、一八六七年のロンドン条約、一八七八年のベルリン条約等はいずれもそうである。これ等の条約は、小国が大国の意に反することの不可能であることを知り、黙示的或いは明示的な承認を与えた故に、第三国が条約上の権利・義務を取得したものと解されている。条約が第三国の権利・義務に関して規定し、しかも、その条約に加入条項のない場合に、第三国がその条約を明示的或いは黙示的に承認した場合には、その承認した第三国は条約の締結国と同様な法律的地位を取得し、条約上の権利と義務を取得するとすれば、条約が第三国に権利のみ与えることを規定する場合にも同様に解することができるであろう。第三国を拘束することを目的とする条約は、第三国に対する申込みであつて、第三国が明示的又は黙示的に承諾することによつて、第三国はその条約に拘束せられるとする観方がある。この場合は、条約が一体として第三国を拘束する場合である(14)。しかし、条約中の或規定のみが適用せられる場合、例えば、対日平和条約で、中国及び朝鮮に対して特定の条文のみが適用せられる場合は、対日平和条約が中国及び朝鮮に対する申込みでなく、中国及び朝鮮に関する部分のみが申込みであろうか。もしそうであるならば、中国及び朝鮮が明示的或いは黙示的にこの条項を承諾する場合においてのみ、これ等の規定は中国と朝鮮に適用されるので、承諾がなければ適用せられないことになる。この解釈を採るとすれば、ヘイ・ポーンスフォート条約の場合も同様に解すべきである。平和条約では、中国や朝鮮に義務を課すことは規定していない。これ等の国に権利や利益を与えることを規定するのみである。これ等の規定が朝鮮や中国に対する連合国及び日本の申込みであると解するならば、相手方が承諾するならば、それによつて、中国と朝鮮は平和条約上の権利を取得し、この権利は条約上の権利として連合国と同様な法的地位に立つて、日本にその履行を要求し得るか否か。それとも、条約の履行に関しては締約国でない中国や朝鮮は日本に対して条約の履行を要求し得るのではなく、条約の内容の実現を連合国と日本を含めた全締約国に要求すべきであるか。第三国に権利や利益を与える条約の規定によつて、第三国は欲すると否とに拘らず権利が与えられると解するならば、第三国に関する規定が第三国えの申込と解することはできない。申込みならば相手方の承諾がなければ合意が成立しない故に、合意がなければ第三国が条約上の権利を取得するものとは解し得ない。それ故に、平和条約の中国及び朝鮮に関する規定が、中国及び朝鮮えの申込であるならば、中国及び朝鮮はこれに対し明示的又は黙示的な承諾を与えなければ、平和条約に規定する権利を取得することはあり得ない。この解釈によれば平和条約中の或規定によつて中国と朝鮮に申込みを行い、中国と朝鮮がこれに同意して、そこに連合国及び日本対中国及び対朝鮮の合意が成立したので、これは平和条約とは別個のものである。実質は平和条約の或規定と同一であるが、別個の合意である。従つて、ここに成立した合意の履行に関しては、中国及び朝鮮の相手方は連合国及び日本であつて、日本だけではない。それ故に、日本の平和条約の義務不履行によつて、中国及び朝鮮に関する平和条約の規定が実現せられない場合にも、日本に履行を要求し得るのは連合国であつて、中国や朝鮮は直接日本に義務の履行を要求し得ない。中国や朝鮮は連合国及び日本に対して要求できるのみである。

第二に、第三国は他国の条約によつて条約上の権利を取得することはあり得ない。第三国は条約の規定による反射として利益を得るに過ぎないとの見解がある。[15] 例えば、ヘイ・ポーンスフォート条約が第三国船に運河通行権を認める規定があつても、第三国は条約上の通行権を取得するものではなく、この条約の規定の反射作用として運河通行の利益を享受するに過ぎないと解するのである。この見解によれば、中国及び朝鮮は平和条約上の権利を取得するのでなく、平和条約上これ等の国に対する利益及び権利供与の規定がある故に、この規定のある反射作用として、実際上一定の行為（例えば領域権の取得、日本の財産権の処分等）が認められるに過ぎない。決して条約上の権利を取得するものではない。従つて、条約の不履行があつた場合にも、条約上の権利侵害を理由として締約国に抗議したり、履行を要求したりすることはできない。

右の二説を検討するに、第一説に説くところの申込と解するならば、この申込を承諾することによつて生ずる合意は平和条約とは別個の合意であると観るべきであり、条約以外に当事国を拘束する別個な合意の存在を認めることは、条約締結の手続を全く要しないで、しかも、条約と同一な効果を認めることになる。

第二説は条約は当事国のみを拘束するとの原則を貫徹したものであるが、当事国が条約によつて第三国に権利又は利益を与えることを否定せねばならぬ理由はない。第三国は条約の当事国でないから、条約の修正・変更により与えられた権利が修正・変更せられ、権利者たる第三国の意思によらずして、権利が修正・変更せられることは不合理であると説かれるのであるが、この種の権利を認めることが不合理であるとは考えられない。しかし、かく解することは締約国でない第三国が条約上の権利を取得するという不合理を発生することになるが、この場合にも第三国が義務国に対して条約の利益を享受する意思を表示する必要はあるのであつて、この意思表示によつて条約上の権利を取得すると解せられると考える。但し、この権利は条件附のものであつて、当事国が条約を修正・変更することによつて権利が変動するという可変的なものである。即ち、この解釈によれば、平和条約中の中国及び朝鮮に関する規定は、それ自体が中国及び朝鮮に対する申込みではなくて、平和条約の効果として、ここに中国及び朝鮮に対する権利や利益が発生し、この利益や権利は上述のように、条件附の内容のものがあるが、この条約上の権利や利益を享受するか否かが申込みと解すべきで、これを承諾することによつて条約上の利益を享受することになるのである。従つて、中国や朝鮮が、平和条約による利益を享受することに関し明示的或いは黙示的に承諾の意思表示を行うならば、それによつて、平和条約上の権利を取得するものと解すべきである。この平和条約上の利益享受の根拠となる合意は平和条約の締約国対中国及び対朝鮮と二個の合意が成立することになる。そこで、中国や朝鮮が承諾の意思表示をなす相手方は、条約上の義務国日本に対してでなく、平和条約の締約国に対してなすべきである。義務国の義務違反の場合にも、これに対する抗議は合意の相手方たる平和条約の締約国に対してなさるべきで、義務国たる日本になすべきではない。

（14） Roxburgh, International Conventions and Third States, 1917, p. 60.
（15） Wilcox, op. cit. p. 254 以下。Roxburgh, op. cit. p. 36 以下。

一一　条約の正文

条約の正文は英語とフランス語とスペイン語の三種である（第二七条）。条約の正文をどこの国語にするかは締約国の自由である。ソ連がこの条約書に署名すれば、ロシア語も条約語とせられたのであるが、署名しなかつたので三カ国語で正文が作られた。この外に日本語でも条約書が作成せられたが、日本語のものは正文ではない。いうまでもなく、条約の解釈は正文によつて行われねばならない。条約の解釈に関する疑義は正文を基準として決定せられる。この条約の場合は日本語は解釈の基準にはならない。条約の正文が何語によつて作成せられるかを決定する必要は、専ら条約の解釈を統一することを考慮するからである。この点から考えて、条約の正文は一カ国語であることが理想である。しかも、その一カ国語が表現の明確な国語であることが望ましい。この点からして、フランス語が一八世紀以来第一次大戦前まで、多数国条約の場合の条約語として採用せられたいことは理由のあることである。

平和条約では、英、仏、スペインの三カ国語が共に条約語として条約の正文が作成せられている。この三カ国語による正文は内容が正確に一致するように作成せられている筈であるが、過去の実例から観るならば、異つた国語をもつて完全に同一内容を条約に盛ることは極めて困難なことである。そこで、英文の平和条約の規定とフランス語のそれとの間に不一致がある場合には、この両者が正文であるとすれば、いずれの正文によつて解釈すべきであるか。スペイン語についてもこれと同様なことが言える。このように、正文の不一致から来る解釈の困難は、条約の解釈に関する一般国際法によつて解釈せらるべきであるが、二個以上の国語をもつて条約の正文を作成することは、無用の繁雑を来す惧があるので望ましからぬことである。

第三節　不講和国との関係

一　戦争状態の終止方法

日本との戦争状態を終止して平和関係を復活しない国と日本との関係はどうなるか。この問題は政治的に取扱う場合と法律的に観る場合とを厳重に区別せねばならない。ここでは政治論は述べないで、専ら法的に観察することにする。交戦国が戦争状態を終結せしめねば、法的には依然として戦争状態にあることは疑問の余地はない。しかし、戦争終了の方式は必ずしも平和条約の締結によることを要しないのであるから、たとえサンフランシスコの平和条約に参加しなくても、この条約の規定（第二六条）に従つて二国間の平和条約を締結する方法によつて戦争を終了せしめ得るし、このような平和条約締結の方式を採らなくても、全面的に敵対行為を終止し、戦争つて無条件に降伏している国は、完全な武装解除を行はれているのであるから、武力に基く敵対行為は事実上行う能力をもたないし、無条件降伏自体が、戦争遂行の不能、戦争継続の意思の放棄を表示したものであるから、日本に対して戦争終止の宣言を行う交戦国があれば、その国と日本との間には戦争状態は終止するものと解すべきである。イタリア、印度等はこの方法によつて日本との戦争を終止せしめようとしているらしい。そこで、現実の問題として対日平和条約に参加しなかつた国と日本とが平和状態を回復する方法はいかなるものであるかを考察することにする。

（イ）二国間の平和条約による方法

この方法は、実際には少くとも、イタリアや印度と日本との間に実行せられるであろう。更に又広く、サンフランシスコの平和条約で日本との平和を回復しなかつた他の国々も、やがては二国間の条約によつて日本との平和関係を確立することになるかも知れない。戦争状態の終止宣言は、単に戦争の終了を意味するに過ぎないので、戦争中生じた事態の処理や、現実に国交を回復する具体的な方法等を定めるものでないから、戦争状態の終止宣言によつて日本との戦争状態を解消した国も、その後において平和関係を確立するためには、二国間の条約による必要がある。この条約が平和条約とよばれて戦争中に生じた事態処理のため精細な規定を設けるか、或いは単に総括的な規定のみに止めて、詳細は別個な協定に委ねるかは、実際上の便宜の問題である。いずれにせよ、二国間の平和条約で平和関係を確立する場合には、サンフランシスコ条約の規定に従つて、日本は二国間の平和条約を締結せねばならぬ義務がある。平和条約第二六条は二国間の平和条約（bilateral Treaty of Peace）という言葉が用いられているが、日本政府に対し戦争状態の終止宣言を行い、その後平和条約という名称を用いないで、締結せられた条約でも、サンフランシスコ条約の効力発生後三カ年間は、サンフランシスコ条約に規定せられている事項に関する限り、サンフランシスコ条約と同様又は実質上同様な条件のものでなければならない。

（ロ）　事実上の平和関係の回復

既に述べたように、降伏文書によつて日本は完全に武装を解除せられ兵力は皆無であるから、日本と連合国との間に兵力に基く敵対関係は完全に存在しない。降伏文書中には規定はないが、連合国も日本に対し、戦争状態にあることを理由として兵力的攻撃を行うことは不法であると解せねばならぬ。国土の全域が占領せられている日本に連合国の兵力的攻撃が行はれるとすれば、それは日本が降伏文書に違反したり、或いは、占領軍に対し攻撃を加えたりするような場合に限られるであろう。即ち、日本と連合国との間には兵力的な敵対行為は完全に終止している。しかし、国によつて相違はあるが、兵力に基かない敵対行為は完全に終了してはいない。日本との間に平和的な国交が回復しないのみならず、自国にある日本人を敵国人として抑留したりすることも、やはり敵対行為だからである。そこで、このような関係にある国が、全面的に敵対行為を停止し、戦争の意思を放棄するならばその時に、日本とその国との戦争状態は終了したと解すべきである。この戦争の意思放棄を明示的に表示するものの一つが戦争状態の終止宣言である。明示的に戦争状態の終止宣言は行はずとも、戦争状態の終止を前提とする行為を行う場合、例えば外交使節の交換、通商航海条約の締結等を行うならば、これ等の行為は戦争終了を前提とする行為であるから、黙示的な戦争終了の意思表示であるといえる。このような方法によつても、日本とサンフランシスコ平和条約の不参加との間に平和関係を回復することができる。もし、ソ連或いは中国と日本と外交使節を交換したり或いは通商航海条約を締結したり、その他日本との平和状態を前提とする行為が公式に執られるならば、そして、全面的に敵対行為が停止せられるならば、その時にこれ等の国と日本とは平和状態を回復したと解してよい。

二　不講和国との諸問題

不講和国と日本とは戦争状態にあることは法的には認めねばならないが、戦争状態にあるからといつて、日本に対する武力的攻撃或いは武力による敵対行為、例えば、公海において日本船を拿捕したり、或いは中立船内にある日本の貨物を捕獲したりするような行為は許されない。それは、既に述べたように、日本軍は降伏文書によつて全面的に降伏し、完全に兵力をもたない日本に対して、兵力による敵対行為は許さるべきでないからである。現段階においては、このことは疑問がないと思う。しかし、日本がサンフランシスコの平和条約の効力発生後、平和条約の締約国に対しては平等な独立国たる地位を回復し、更に軍備をもつに至つた場合においては、自ら事情が異ると考えられる。更に又不講和国の駐日代表部の処置問題等も平和条約の効力発生後に起る重要な問題である。これ等について簡単に考察することにする。

（イ）　不講和国の駐日代表部

ここで駐日代表部というのは、連合国対日理事会に委員（代表者）を出席せしめるために、日本に駐在する、米、英、ソ連、オーストラリア、ニュージーランド及び印度の代表者及びその随員並びに占領軍最高司令官の許可を得て日本に駐在する連合国の代表者及び随員を指す。これ等の中で、ソ連や中国は対日理事会に代表者を出している国である。対日理事会は「降伏条項の実施、即ち日本国の占領及び管理並びに降伏条項の補促的指令の執行に関し、最高司令官と協議し及びこれに助言を与えるため並びに極東委員会及び連合国対日理事会付託条項で許与せられた管理権を行使するため」に連合国最高司令官（又はその代表者）を議長として設置せられたものである（極東委員会及び連合国対日理事会付託条項、乙の一）。平和条約の効力が発生すれば、それによつて連合国の日本占領は終了するのであるから、対日理事会も当然解消することになる。対日理事会が解消すれば、理事会に代表者を送るために日本に駐在するソ連や中国の代表部は、日本に駐在する法的根拠を失うことになる。そうなれば、ソ連や中国の代表部は日本の許可がなければ引揚げねばならないとの解釈が成立し得る。この外、占領軍最高司令官の許可を得て日本に駐在する他の連合国の駐日代表部も、占領軍最高司令官の日本に対する権限が占領の終了と同時に消滅すれば、これ等の代表部も日本の許可がなければ、日本に代表部を置くことはできないことになる。

翻つて不講和国の立場から考えるに、日本とは依然として戦争状態にあるから、連合国の他の国々が日本と平和関係に入つたことによつて自国の交戦国としての法的地位に影響を受くべきではない。従つて、講和国が日本占領を終止しても、戦争状態にある国が日本の占領を必要とすると考える場合には、日本を更に占領し得るとの解釈は法的に成立すると考える。ただ実際問題として、不講和国の日本占領行為は、サンフランシスコの平和条約の効力発生と同時に日米安全保障条約が効力を発生するから、不講和国の日本に対する武力攻撃と解し得るから米軍が出動することになるであろう（日米安全保障条約第一条）。占領は日本を外国軍隊の権力下に置く行為であるから、武力攻撃であることは否定できない。しかし、米軍の出動を予期することなしには日本占領を行い得ないとすれば、事実上日本を再占領することは不能であろう。

（ロ）　日本の再軍備と不講和国

日本と連合国との戦闘は降伏文書によつて日本が完全に武装を解除せられたから終止した。日本と連合国との間には特に休戦条約は締結せられなかつた。日本の武装が完全に解除せられる以上、休戦条約を締結する必要は存しない。武装なき日本と連合国との間に戦闘の行はれることは事実上不能だからである。それ故に、日本と連合国との間には戦闘は停止せられ、連合国が日本に対し兵力的攻撃を加えることは不法である。それは、武器を棄てて降伏した敵兵に対する攻撃は国際法上禁止せられて居り、軍隊以外の平和的人民に対しては、原則として攻撃を加えることが禁止せられている点から考えても当然のことである。このように直接に兵力による攻撃を日本の国民及び日本人に属する物及び船舶並びに航空機に対して加えることが不法であるばかりでなく、兵力を背景とする敵対行為、例えば、日本の領域内或いは公海、公空等において日本船舶及び日本並びに日本国民に属する貨物、航空機並びにその積荷を捕獲すること等も許されない。これは降伏文書中に、日本国軍隊及び日本国々民に一切の敵対行為の停止が要求せられ、日本がこれを受諾しているのであるから、そして又連合国最高司令官の命令をもつて、日本に対してはいかなることも要求し得るのであるから、抵抗力をもたない日本に兵力的な敵対行為を行う必要はないわけである。このように、武装解除せられた日本に対しては、武力的敵対行為は禁止せられていると解すべきである。

しかし、日本が平和条約を締結して連合国の或国々とは平和関係に入つて、日本が再軍備をした場合には事情は一変する。不講和国の関係においては、ポツダム宣言や降伏文書は効力を持続するものと考えられるから、日本の再軍備はこれ等の条約の違反であるのみならず、これは条約の規定の重大な侵犯である。そこで、不講和国は依然として日本と戦争状態にあることを理由とし、又降伏文書の重要な規定の違反を理由として降伏文書の廃棄を宣言し、日本に再び武力攻撃を開始することがあるかも知れない。不講和国のこの行為は国際法上は相当の論拠があると考えられる。しかし、もし不講和国がこのような行動に出た場合は、いうまでもなく日本に対する武力攻撃であるから、この場合にも日米安全保障条約の発動が考えられる。それ故に、不講和国は米国と交戦する決意なくしては、日本の再軍備を理由として、兵力的な敵対行為を開始することはできないであろう。

（附記） 対日平和条約では allied powers という言葉が用いられている。これは元来同盟国と訳すべきであるが、一般に連合国と訳されているので、ここでもその用語例に従つた。

国際法講座　第二巻　昭和二八年

国際法と外国人の地位

一　外国人の入国
二　在留外国人の地位
三　外国人の出国
四　外国人の追放

ここで外国人というのは、自国の国籍をもたないで外国の国籍をもち、しかも、国際法上特別な待遇が与えられる者を除く。外国人の出入国及び自国内にある外国人の取扱いに関しては、或る程度の一般的な国際慣習法が成立している。通商航海条約・友好条約その他によつて特定外国人の自国への出入国、自国内での取扱い等が規定せられている場合には、その特定外国人の地位はそれによつて決定せられるのであるが、そのような特定の条約の存在しない場合には、その外国人の地位は国際慣習法によつて定まる。以下においては、国際慣習法による外国人の地位について述べる。

一　外国人の入国

外国人の入国は、その目的が合法であるならば、これを許可せねばならぬとの学説がある。この学説の根拠は、国家は基本権として交通権をもつ故に、この交通権の効果として、一方の国民が他方の領域に入る権利が認められるというのである。しかし、国家は、このような意味での交通権を国際慣習法上認められてはいない。国際慣習法は、外国人の自国への入国を許すか否かは、その国の自由裁量に属するものであることを認めている。従って、特定国人の入国を禁止したり、又総ての外国人の入国を禁止することも不法ではない。ただそのような場合には、入国禁止をうけた国は、それに対して報復的な措置を執ることができる故に、自国人の入国も相手方から禁止せられることを覚悟せねばならない。もし総ての外国人の入国を禁止する国があるとして、その国の国民に対し、それぞれ相手国が報復的に入国を禁止するならば、世界の総ての国から入国を禁止せられ、一切外国へ入ることができない結果になる。このような国家は国際的に完全に孤立し、遂には国際人格を失うようになるであろう。実際においては、各国とも、一定の条件の下に外国人の入国を許している。その条件は各国が決定することができる。入国に厳重な条件を附す国家は、自国人が外国へ入国せんとする場合にも、やはり厳重な条件が附せられることがあることを覚悟せねばならない。国家は好ましからざる外国人の入国は拒否することができる。通商航海条約・友好条約は、締約国の国民を相互に相手国に入国せしめる義務を負うことを規定するのが普通である。

外国人を入国せしめる条件は、特に条約上の制約がない限り、国家は自由に規定し得るのであるが、単に自国を旅行し、通過するに過ぎない外国人は旅券規則・警察規則等に反しない限り、自由に入国せしめるが、自国に居住せんとする外国人は特別な許可が与えられねばならない。

自国に入国せんとする外国人が逃亡犯罪人である場合、即ち、外国で犯罪を犯し、外国の訴追を免れるために自国に入国せんとする場合にも、その外国人の入国を許すか否かは、特に条約上の規定のない限り、自国の自由である。逃亡犯罪人に入国を許した場合には、その犯罪人には犯罪地国の訴追権が及ばないから、事実上避難したことになる。この逃亡犯罪人については、相手国との間に逃亡犯罪人引渡条約があり、しかも、その逃亡犯罪人が引渡さるべき犯罪を犯した者である場合には、相手国に引渡す義務がある。逃亡犯罪人引渡条約が締結されていないか、締結されていても、引渡す義務のない種類の犯罪であるならば、相手国の引渡請求に対して、その外国人を引渡すか否かは自国が自由に決定し得る。このように、犯罪を犯した者が外国に入ることによつて、事実上訴追を免れることができ、しかも、その犯罪人の引渡要求に対し、条約上引渡義務のない限り、引渡しを拒絶して、犯罪人に避難所を提供することができるので、これは通常庇護権（Right of Asylum）とよばれている。国家は外国人に対し、事実上避難所を提供することはできるが、外国に対する攻撃その他の不法行為の根拠地として利用せしめてはならない国際法上の義務を負うから、そのような行為を逃亡犯罪人に行わせないように監視し、その他適当な処置を執らねばならぬ義務がある。

二　在留外国人の地位

入国を許された外国人は、治外法権を認められる者でない限り、入国と同時に在留国の支配権の下に置かれる。しかし、同時にその外国人は本国の国民として本国との紐帯は依然として存する。殊に本国は在外自国民に対する保護権を国際法上認められる故に、在外人は、本国と在留国との二重の支配権の下に立つことになる。但し、本国は直接には支配権を行使し得ないことは、既に述べた。

一　公法上の権利・義務

外国人のもつ公法上の権利・義務は、自国人に比べていろいろの点で制限される。在留国が条約上又は国内法上特に認めない限り、外国人は官吏に任用せられず、又選挙権や被選挙権をもたない。しかし、外国人に対しても訴訟権は認めねばならない。一方において、公法上の義務も、身分上の義務、例えば、兵役の義務、教育の義務等の義務は免除せられる。[1] 納税の義務については、在留国において営む事業、その他の活動より得る収入、在留国において有する財産に対する課税等については納税の義務がある。[2] 又外国人に対して特に在留国が課すところの義務、例えば、登録の義務等にも服せねばならない。

(1) コンネル（Connel）事件（一八八八年）において、アメリカ国務省は次のように主張している、即ち、「外国人の一時的な住民は兵役に服することを強制せられないことは国際法上確立せられたところである。社会的混乱や侵入の場合に、外国人を警察又は家庭守備の仕事に使用することができ、又総ての者が無差別的に苦しむような或る大きな社会的安寧を守るために、野蛮人や海賊その他の侵入に対し、彼等の居住地域の防衛を援助するために武器を執ることを要求できるのは真実である。外国人がその意思に反して兵役につかしめられるか否かの基準となるものは、各場合におけるその必要性である。外国人を兵籍に入れるに非ざれば野蛮人の攻撃から社会秩序と特権を保障できないというような場合でなければ、国家は彼等の意思に反して外国人の援助を要求する権利はない……」（Stowell and Munro, International Cases, Peace, 1916, pp. 270-273）。

(2) 外国に居住する留学生に対する本国よりの仕送りに対し所得税を課し得ないことはハネー夫人（Mrs. Honey）事件（一八八七年）において、プロシヤの大蔵大臣がこれを認めた先例がある（前掲、先例集二七三—二七四頁）。

在留外国人の課税については、事情の不明から本国と在留国との双方から二重課税を徴せられるような弊害が生ずるので、当事国間の条約でこのような点を協定することが望ましい。例えば、米・英は一九四五年四月一六日に二個の協約を結んでいる。その一つは所得税に関するものであり、他は死者の不動産に対する課税についてである。この双方の条約では居住（residence）ということを課税の主なる基準にしている。

二　私法上の権利・義務

外国人の入国を許す以上、その外国人の身体・財産及び名誉等、いわゆる人権と基本的自由が尊重せられねばならないことは当然である。人権と基本的自由の尊重ということは、人格を尊重することに外ならない。外国人に対しても、人間としての人格を尊重せねばならぬ。国際連合憲章はその目的として人種・性・言語又は宗教に関する差別のない、総ての者のための人権及び基本的自由の尊重を助長奨励することについての国際協力の達成を掲げている（第一条三項、第五五条(ハ)）。(3)このためには、最少限度の要求として外国人の身体と財産に対しては保護が与えられねばならぬ。この外国人に与える保護については、いかなる程度の保護かについて見解が分れている。一説によれば、「文明国より期待し得べき程度の注意」をもつて保護することを要するとし、他の説は「自国民に対すると同程度の注意」をもつて保護すれば足りるとするのである。この点は国家責任の問題に関連して一九三〇年のハーグの国際法法典編纂会議で討議せられた。各国の代表者の間で意見の一致をみるに至らなかつたが、賛成二一ヵ国、反対一七ヵ国、棄権二ヵ国で採決せられた案によれば、「私人により外国人或いはその財産に加えられる加害行為に関しては、かくの如き加害行為を予防し、手配し又は抑止するために国家が通常且つ周囲の事情により執るべき手段を執らなかつた結果、外国人に損害を与えたときにおいてのみ国家はその責に任ずる」というのである。これは外国人の保護に関し、国家は一般の文明国が与える注意と同様な注意をもつて保護することを要するとしたものでなく、むしろ各国の実状に即して必要とする注意をもつて外国人を保護すれば足りるとしたものである。いかなる程度の保護を与えるかは外国人の在留国の判断によつて決定せられるのであつて、文明国より期待し得べき程度の注意をもつて保護されることを要求することはできない。自国に在る外国人に対し国家は自国民よりも高い程度の注意をもつて身体・財産を保護せねばならぬとすることは不合理であつて、自国民に対すると同様な程度の保護を与えれば足りると解すべきである（註5参照）。

身体、財産に対する保護以外の点について外国人をいかに取扱うかは、条約上の定めのない限り、在留国の自由裁量に委ねられる。外国人に対し或る種の職業及び営業を禁止することもできるし、又不動産の所有を禁止することもできる。第一次大戦前においては、入国を許した外国人に対しては、政治上の権利や義務を除いては、自国民と同様に待遇する傾向に進みつつあつたのであるが、大戦の勃発とその後の国際情勢がこの傾向を阻止した(4)。

(3) ジェサップは、人権が国際連合憲章によつて国際的保障の下におかれて以来、国家は自国民の人権侵害についても、それは専ら国家の自由意志によつて処理し得る問題、即ち本質上国内事項ではなくなつたと主張している(Jessup, A Modern Law of Nations, 1950, p. 87)。これに対しては反対説があるが、人権尊重ということは自国民に対してのみではなく、自国内に在る外国人に対しても国家は人格尊重の義務があるといえる。

(4) 実際においては、多くの国家は経済上国家主義を採つているので、外国人に対するいろいろの制限はますます厳重になる傾向がある。例えば、英国は一九一九年の外国人制限令(Alien Restriction Act)で、外国人に職業の制限を規定している。水先案内人・英国船の船長・事務長・一等機関士になること其の他が禁止せられている。一九三一年一〇月のアフガニスタンの憲法は、外国人はアフガニスタンの土地を所有する権利が絶対にないことを規定する(Oppenheim, International Law, 7th ed. 1952, vol. 1, p. 629)。

三　母国の保護権

外国に在る自国民に対しても、国家は保護権を有する。それ故に、外国に在る自国民の身体・財産が在留国自身により、或いは在留国の責に帰すべき原因により、不法に侵害せられた場合には、その国家に対し責任を追求することができる。国家の責に帰すべからざる原因によつて身体・財産が侵害せられた場合にも、その侵害に対し充分な補償がなされない場合には、その外国人の母国は侵害せられた自国人の権利を保護するために適当な方法を執ることができる。母国の在外自国人に対する保護権は、いわゆる権利であつて義務ではないから、国家は政治的な考慮から、在外自国人の権利が侵害された場合にも、保護権を行使しない場合もあり得る。この保護権の行使について注意すべきことは、保護権を行使して在留国の責任を追究するには、在外自国人の蒙つた損害が補償せられないことが確定せられてから後においてである。例えば、在外自国人が不法に財産上の損害を与えられた場合に、その被つた損害については在留国の国内裁判所に提訴する道が開かれているのにも拘らず、この方法によらず、直ちに母国の外交機関を通して在留国政府に対して損害賠償を要求するが如きことは許されない[5]。外国人は自らの被つた損害に対しては在留国の裁判所に訴訟を提起し、その裁判が正当な理由なくして拒否せられたか、或いは判決が甚しく失当であつたか、又は外人の訴訟なるが故に甚しく遅延して判決が与えられないか等のような理由がある場合に、始めて在留国に対して責任を追究することができるのである。

（5） 在外自国人の保護に関しては米・英の仲裁裁判で決定せられたカードゥンヘッド（Cadenhead）事件がある。カードゥンヘッド嬢は英国人で米国のミシガン州のソート・セント・マリー市に居住していたが、兵営附近の公道を通行中、脱走囚に対して発砲した監視兵の弾に当つて死亡した。この事件について、英国政府は米国政府に対し、公道にある非武装の者を射撃することは正当視し得ないこと、その監視兵は不必要に不注意に大きな過失で行動したこと、このような事情の下においては兵士の行為に対して責任があるという理由で、合衆国政府に賠償支払いの責があることを強調した。右の事件に対する一九一四年五月一日に下された米英仲裁裁判の判決の中で、この事件について「裁判の拒否があつたか、又は合衆国内に在る外国人はその公法に従い、その国の国民よりもより大きな権利をもたないという国際法の一般に認められた原則の例外となる特別の事情又は理由があつたか否か示されていない」ことを一つの理由として、原告の要求を退けている（American Journal of International Law, 1914, vol. VIII, pp. 663-65)。

三　外国人の出国

国家は在留外国人に対し、彼等が自国の領域内にあるという事実に基いて支配権を行使しているに過ぎないのであつて、それ以外の理由によるものではない。それ故に、在留外国人が自国から出国することを欲する場合に、これを禁止することはできない。但し、その外国人が在留中の義務を履行しない場合、例えば、罰金・科料・税金・手数料及び私的な債務等を支払わない場合とか、或いは犯罪の嫌疑により取調べの必要のある場合とか、或いは現に留置せられたり、刑の執行中であるとか、要するに、平時においては、その外国人の義務不履行、或いは外国人の責に帰すべき理由により出国を許されない場合がある。又戦時においては、義務の不履行や自己の責に帰すべき理由のない場合でも、戦争遂行の必要上、一定の期間内出国を禁止したり、出国を許す場合においても、退去の道順を指定したりすることはあり得る。

退去する外国人には自国人と同様な条件で、その財産を持出すことを許さねばならない。出国税及び持出す財産に対しては課税することはできない。但し、特定の品物で自国人が国外に持出す場合にも課税する品物に対しては、これを外国人が持出す場合に課税することができる。一般的に外国人の持去る財産に対する税金（gabella emigrationis）を課した時代もあつたが、現在ではこれは行われない。在留外人で死亡した者の財産は、いわゆる外人所有財産の没収権（droit d'aubaine, jus albinagii）によつて、没収する慣行があつたが、この慣行も十九世紀初頭以来行われなくなつた。自国内で死亡した外人の財産の相続に関しては、自国人の相続の場合と同様に相続税が課せらるべきであるか否か。この場合には種々の事情が考慮せられねばならぬと考える。例えば、相続人が外国にいる外国人である場合には、財産所在国の税法は外国に在る外国人には及ばないことになると考えられるが、相続人が自国内にある外国人又は自国人であるときは自国の税法は当然適用さるべきである。英国は一八九四年の財政条例（Finance Act）及びその後の立法によつて、英国内で死亡した外国人の財産に対し課税することにしている。この方法は、外国人所有財産の没収権を緩和したもので、外人所有財産の引下権（droit de retraite, droit de detraction, jus detractus）とよばれ、死亡した外国人の財産は没収されないが、外国人の相続人に財産権が移転する場合に課税するのである。死亡外国人に対し課税する国は自国人が相手国で死亡した場合にも、同様な処置が執られることを覚悟せねばならない。

四　外国人の追放

外国人の入国に関し国家はこれを許可するか否かの自由をもつているのであるから、一旦入国を許した外国人に対しても、その外国人の入国の目的が一時的なものであるか、或いは自国内で一定の職業をもち又は営業を営む場合のように、自国に住所をもつ長期のものであるかの区別なく、その滞在が自国にとつて好ましからざるときは、これを自国から退去せしめることができる。外国人を退去せしめるには、その滞在が自国にとつて好ましくないという理由のある場合に限るべきであるが、この好ましくないというのは、在留国が単に主観的に、又は感情的に好ましくないということで充分な理由となるか、それとも具体的にその外国人が犯罪を犯すとか又は犯さんとすることが証拠によつて明かにせられた場合とか、その他自国にとつてその外国人の在留が危険を及ぼすような場合に限るかが問題である。在留国が全く恣意的に外国人を退去せしめることは、人権尊重の立場から考えて賛同できない。自国に永年居住し、そこで職業をもつて生活する外国人を、充分な理由なくして退去せしめる場合は、その外国人の本国は外交機関を通して、退去の理由をただすであろう。いかなる場合に退去の充分な理由と認めるかについては、国際慣習法は確立せられていない。しかし、学説においても、実行においても、戦時の場合と平時の場合とは区別して取扱われている。戦時においては、交戦国は自国内にある敵国人を退去せしめた方が便利であると考えた場合には、一時的な滞在者も永住者も区別なく退去せしめ得ることが一般的に認められている。しかし、平時においては、正当な理由のある場合に限り退去させ得ると解すべきである。何が正当な理由であるかは在留国の自由裁量によるのであるが、自由裁量は放恣と区別されねばならぬので、少くともその外国人の在留が自由に対して有害であることが明かでなければならぬと信じる。(6)

外国人を退去せしめる場合に、退去命令国は退去の理由を退去者に明示する義務はない。しかし、その退去を命ぜられた外国人の本国から退去の理由をただした場合にも、理由を明示する義務がないか否かというに、理由を明示する義務を認めた先例がある（N. A. Paquet 事件、一九〇三年）。

退去命令は刑罰ではなく、退去を命ずる政府の行政手段に過ぎない。退去命令は一定の期限を定めて、その期限内に退去を命ずるのであるが、この期限は退去の準備を整えるに必要な期間が考慮さるべきである。従つて、退去命令を受ける者の個々の事情に従つてその期間は異るべきはずである。しかし、在留国は退去者の事情によつて退去期間の決定を左右せられることなく、緊急に退去せしめる必要のある者に対しては、その処置を執り得る。種々の点を考慮した上で、退去期間が不当に短く、そのために退去者が被つた損害に対しては、退去命令国が責任を責うべきであろうか。理論上は退去命令国の責任が是認せられるべきである。退去命令をうけた外国人が退去を拒否したり、又は退去した後に許可なく入国した場合には、これを逮捕して処罰することができ、かつ強制的に国境に引致して追放することができる。(7)

大陸の諸国では、外国人の貧民や浮浪者、旅券を所持しない怪しい外国人及び刑期を終えた外国人の犯罪人等は警察で逮捕して送還する。これを送還権（droit de renvoi）とよんでいる。送還せられた外国人の母国は、これを自国に収容せねばならない義務がある。しかし、送還せられた者が自国人であることを証明することができない場合は収容の義務はない。この証明は通常自国の発行した旅券によつてなされるのであるが、旅券を所持しない場合は、他の方法によつて証明せねばならぬ。

(6) 一九三四年の一二月にユーゴースラヴィアは、自国内の多数のハンガリア人を、ハンガリア官憲が暴力主義者と共謀したことに対する復仇として追放した。ユーゴースラヴィアの説明によると、国内に多数の失業者があり、問題のハンガリア人達は更新できる期間を限定した許可の下に、ユーゴースラヴィア内に居住していたに過ぎなかつたというのである。

上部シレジア仲裁裁判所が一九三四年に決定したホッホバウム(Hochbaum)事件では、追放が公安という理由に基く場合は、裁判所は原則として資格ある国家の官憲の決定を批評しないであろうと述べている。

一九四〇年の一月にアメリカの巡回控訴裁判所は、当時ドイツの占領下にあつたポーランドに、ポーランド人の夫婦を送還しようとする政府の要求を拒絶した。その理由は、現状の下においては送還は非人道的であり、且つ輿論を刺戟するというにある(Oppenheim, op. cit. p. 632, Note 1)。

(7) 国際法協会(L'Institut de droit international)では、一八九二年九月九日にジュネーヴで、「外国人の入国許可と追放に関する国際法規 Règles internationales sur l'admission et l'expulsion des étrangers」を採択している。これは第一章予備規定、第二章外国人の入国許可の条件、第三章外国人追放の条件、第四章追放の形式、第五章上訴、第六章特に住所を設けた外国人の追放、以上四一ヵ条の規定から成つている。追放に関する国際法規が不備である点に鑑み、参考とする価値がある。

国際法講座　第二巻　昭和二八年

国際連合における紛争の処理

一　紛争の平和的解決
二　強制的解決

国際連合はその主要な目的の一つを国際の平和及び安全の維持におき、平和に対する脅威の防止及び除去と侵略行為又は他の平和破壊の鎮圧とのために有効な集団的措置を執ること、並びに平和を破壊するに至るのおそれある国際的紛争又は事態の調整又は解決を平和的手段により、かつ正義と国際法に従つて実現することを規定している（憲章第一条）。又総ての加盟国は、国際の平和及び安全と正義とを危くしない方法で、平和的手段によつて、自国の国際紛争を解決しなければならない義務を負つている（第二条第三項）。国際紛争は、正義と国際法に基いて平和的に解決せられることが理想である。国際紛争を国際連合が解決するに当つては、安全保障理事会が中心的な機関として活動するのであるが、それにも拘らず、紛争が平和的に解決せられない場合が予想せられる。この場合には、国際連合は強制的な手段に訴えて紛争の解決を図らねばならぬことになる。それ故に、国際連合における国際紛争の解決にも、平和的解決と強制的解決の二つの場合があるわけである。

一　紛争の平和的解決

国際紛争は当事国が平和的に解決するならば、国際連合はこれに介入する必要はないのであるが、国際連合による紛争の解決手続にも、当事国によつてその解決手続が開始され、その後に国際連合が干与する場合と、紛争に対し、国際連合が職権をもつて介入する場合とがある。

一　安全保障理事会による解決

(1)　当事者によつて開始される手続

憲章第三三条第一項は、「いかなる紛争でもそれが継続すると国際平和及び安全の維持を危くする処のあるものについては、その当事国は、まず第一に、交渉、審査、仲介、調停、仲裁裁判、司法的解決、地域的機関もしくは地域的取極の利用又は自国の選ぶ他の平和的手段による解決を求めなければならない」と規定する。即ち、当事国は紛争を安全保障理事会に付託する前に、当事国間で平和的解決を試みなければならない義務があるので、この義務を果してもなお紛争が解決されない場合には、この紛争を安全保障理事会に付託しなければならない（第三七条第一項）。当事国が平和的解決の義務を果さない場合は、憲章の規定に違反するものとして制裁を加え得るであろうか。これについて憲章は規定しないが、しかし、平和的解決を求める努力を払わなければ第三七条による解決を求め得ないと解せねばならぬ。紛争当事国は第三三条第一項に列挙する凡ゆる平和的解決方法を求めねばならぬか、それとも、一つの解決方法を試み、それで解決できない場合は第三七条第一項によつて安全保障理事会に付託せねばならぬかの疑問が起る。原文は「解決を求める seek the solution」となつていて、明瞭でない。或る解決方法による場合には、紛争当事国の合意が必要であつて、当事国間にこの点に関し合意が成立しない場合にも、解決を求めたとは言えるのであるから、この場合にも第三七条第一項が適用せられる。従つて、紛争当事国は凡ゆる平和的解決方法を試み、しかもなお平和的解決に失敗した場合に第三七条第一項によるという意味ではないと解せられる。当事国の一方が平和的解決に失敗したとして理事会に訴えた場合に、他の当事国は平和的解決が求められていないと主張する場合には、理事会は第三七条により行動することを拒否できる。

紛争国は「その継続が国際平和及び安全を危くするような」紛争についてのみ平和的解決の義務を負うのであるが、もし、その紛争が本質的に国内事項に関するものである場合は除外される（第二条第七項）。又当事国は紛争についてのみ平和的解決の義務があるので、事態については、第三三条による調整の義務を負わない。当事国に課せられた平和的解決の方法として、当事国は安全保障理事会や総会に調停のために事件を付託し得るであろうか。第三七条第一項は、当事国が平和的解決に失敗した場合に、紛争を理事会に付託する義務のあることを規定したものであるから、この規定の趣旨から考えて、平和的解決の一手段として事件を理事会には付託し得ないと解すべきである。総会については、第一〇条・第一一条の規定により、総会は勧告の方法で紛争を解決する資格を認められているので、憲章の規定からは、紛争を総会に付託することを禁止しているとは考えられないが、立法者がこのことを意図したか否かは疑問である。

第三三条第一項に規定する平和的解決が失敗した場合に、始めて第三七条が適用される。それ故に、第三三条第一項と第三七条とは緊密に関連する規定である。ケルゼンはこの二個の条文の間に三ヵ条の他の条文を挿入しているので、憲章の解釈を混乱せしめることを指摘している。[(1)]

（1） Hans Kelsen, The Law of the United Nations, 1950, p. 377.

国際平和及び安全を危くするような紛争で当事国が平和的に解決し得ない場合には、当事国はその紛争を安全保障理事会に付託しなければならぬ（第三七条第一項）。当事国が理事会に付託するには、紛争国の合意によらねばならないか、一方の当事国のみで付託できるか。原文は両方の解釈を入れる余地がある。サンフランシスコ会議で、第三委員会の第二分科委員会の解釈では、紛争国の一方が付託できると解している。この解釈は正当である。当事国の一方は紛争が国際平和及び安全を危くする紛争であると主張するが、他方はそのような性質の紛争でないとするときは、これに対し第三七条第一項を適用することはできないが、安全保障理事会はその付託せられた紛争について、先ず、その紛争の継続が実際上国際平和及び安全の維持を危くするような紛争であるか否かを決定する（第三七条第二項）。その結果、理事会はその紛争は国際平和及び安全を危くする紛争でないと決定することはできる。この場合には、理事会はその紛争への介入を拒否することにある。しかし、当事国の双方が平和や安全を危くする紛争であるとして理事会に付託した場合に、理事会がそれと反対の決定をなし得るか否かは疑問であるが、理論的には理事会のこの決定権は当事国の意思に拘束さるべきではないから、反対の決定をなし得るといえる。

付託せられた紛争に対し安全保障理事会は先ず、それが紛争であるか否か、紛争であるとすれば、国際平和及び安全を危くするような性質のものであるか否か、又もし当事国が争う場合には、それが本質上国内事項に属するものであるか否かを検討しなければならない。その結果、それは第三三条第一項に規定するところの国際平和及び安全の維持を危くする紛争であると認めたときは、第三六条に規定するところの、適当な調整手続又は方法を勧告するか、又は適当と認める解決条件を勧告するか、いずれかの方法を執る。

当事者によつて開始せられる第一の紛争解決手続は憲章第三八条によるものである。第三八条は、「第三三条から第三七条までの規定にかかわらず、安全保障理事会は、いかなる紛争でも、すべての当事国が要請すれば、その平和的解決のために当事国に対して勧告することができる」と規定する。この規定は二つの異なる解釈を下す余地がある。第一のものは、いかなる紛争でも――それは国際平和や安全を危くする性質のものに限らない――当事国間の合意が成立すれば、平和的解決を先ず試みることなく、安全保障理事会にその解決を要請できるのであつて、第三三条から第三七条の規定に拘らずというのは、これ等の規定は当事国間に合意がない場合を規定するのであると解する。第二の解釈は、この規定にいう紛争は国際平和や安全を危くしないような紛争を指すと解するのである。即ち、重大性をもたない紛争でも、当事国の合意があれば、その紛争の解決を直接安全保障理事会に付託できることの規定であるとする。第二の解釈が妥当であると考えられる。その理由は、安全保障理事会は、第三八条によつて付託せられた紛争については、規定が示すように、必ずしも平和的解決のために、勧告する義務はない。それはこの種の紛争が重大性をもたないためであると考えられる。これに反し、第三七条第二項の場合、即ち、重大性をもつ紛争と認めたときは、適当な調整の手続又は方法を勧告するか、適当と認める解決条件を勧告するか、いずれかを決定せねばならないので、これは紛争の重大性に鑑みて、平和的解決を必要とするためであると考える。

(2)　安全保障理事会によつて開始せられる手続

安全保障理事会は、当事国が紛争の平和的解決に失敗して、その紛争を安全保障理事会に付託した場合にのみ、その紛争に介入することができるとする憲章の原則は貫かれてはいない。或る場合には、安全保障理事会が自発的に、その紛争に介入することができる。これに関しては、憲法第三四条、第三三条第二項及び第三六条に規定がある。第三四条は、紛争や事態で、その継続が国際平和及び安全を危くする虞があるか否かを決定するために、安全保障理事会が調査することができる旨を規定する。この安全保障理事会による調査は、安全保障理事会の発案により自発的に行うものであつて、予めその紛争が当事国によつて平和的解決が試みられたか、或いは平和的解決に失敗したことは必要ではない。即ち、この規定は安全保障理事会が紛争に介入する権限があることを認めたものである。

安全保障理事会が調査を行うことは、第三四条が理事会に対し義務を課したものではない。安全保障理事会は調査する権限を与えられているので、調査のために必要であるならば、当事国に対し、資料の提出を命ずることもできるし、口頭又は文書による討議を行わしめたり、又必要とあらば、調査のための委員会を任命して、調査を行うこともできる。国際連合加盟国はこの調査を許さねばならない。何となれば、加盟国は、この憲章に従って安全保障理事会の決定を受諾し且つ履行する義務があるからである（第二五条）。

紛争については、いかなる紛争もその継続が国際平和や安全を危くする虞があるか否かを調査することができるが、事態については、国際的摩擦に導き又は紛争を発生させそうな事態だけが調査の目標になる。しかし、果してそのような危険な事態であるか否かは調査をまたなければ明かでないので、一見したところ国際的摩擦に導き又は紛争させそうな事態であるならば、安全保障理事会は調査し得るものと解すべきである。

安全保障理事会が調査を行うか否かを決定する場合は、この決定は実質的事項に関するものであるから、全常任理事国の同意を含む七理事国の賛成投票がなければならぬ（第二七条）。しかし、調査のために特別な機関を設けるか否かの決定は、調査の手続に関するものであるから、手続的事項に関する決定で、単純な七理事国の同意投票で充分である。

安全保障理事会が第三四条に基いて調査した結果、紛争や事態に危険性があることが決定せられると、理事会は、第三三条第二項又は第三六条を適用することができる。即ち、理事会は、必要と認めるときは、当事国に対して、その紛争を平和的手段（第三三条第一項）によって解決するように要請し（第三三条第二項）、或いは第三六条により、国際平和や安全を危くするような紛争又は事態が存すると認めたときは、そのいかなる段階においても、適当な調整手続又は方法を勧告することができる（第三六条）。第三六条では、理事会が紛争又は事態を解決するための調整手続又は方法を勧告するのであつて、ここに「手続」と「方法」とは実際上いかなる相違があるか疑問である。理事会は調整の手続又は方法を勧告するのであつて解決の条件（第三七条第二項）を勧告するのではない。又第三六条第一項は、「紛争又は事態のいかなる段階においても」、理事会が勧告できることになつているが、紛争に関する限り、この規定は第三三条第一項の規定と矛盾する。第三三条第一項は、紛争当事国に先ず平和的解決の方法を執る義務を課しているからである。第三六条第一項は理事会に紛争介入の権利を与えるものであつて、理事会は紛争や事態の性質を調査（第三四条）することなく、紛争や事態への介入権が認められることになる。しかし、理事会が紛争や事態に対し勧告し得るのは、総ての紛争や事態についてではなく、その継続が国際平和や安全を危くするような紛争や事態についてのみであるから、理事会は第三六条第一項に基いて、紛争や事態のいかなる段階においてもではなく、紛争や事態の継続が国際平和と安全を危くすることが決定せられてから後に勧告することができるのみである。従つて、調査の後でなければ、紛争又は事態が第三三条に規定する性質のものであるか否かが不明である。その性質が確定せられなければ、紛争や事態を審議する充分な理由はない。第三七条第二項により、理事会が勧告する場合にも、やはり第三四条による調査が必要である。それ故に、第三四条と第三三条第二項又は第三四条と第三六条とは、あたかも第三三条第一項と第三七条のように結ばれている。従つて、第三四条は理事会が自らの発意によつて、職権として行う平和的解決の第一段階をなすのである。第三四条によつて、調査が行われた結果肯定的な答が出た場合に、理事会は第三三条第二項によるか第三六条によるかを選択することになる。これ等二個の解決方法のいずれか、又は双方を勧告して、それによつて紛争又は事態が解決せられないときは、安全保障理事会は紛争を解決すべき条件を勧告することになると信ずる。[2]

（2） Hans Kelsen, The Law of the United Nations, 1950, p. 409.

次に、紛争又は事態は憲章第三五条の規定によつて安全保障理事会又は総会の注意が促され、それによつて、理事会や総会がその紛争又は事態の処理を行う場合がある。第三五条は、国際連合加盟国はいかなる紛争でも、又国際平和及び安全を危くするいかなる事態についても、安全保障理事会又は総会の注意を促すことができる（第一項）とし、国際連合の加盟国でない国も、自国が当事国であるいかなる紛争についても、この憲章に規定された平和的解決の義務をあらかじめ受諾すれば、右の紛争について安全保障理事会又は総会の注意を促すことができる（第二項）とする。第一項によれば、紛争はいかなる紛争でも全部含まれ、特に重大な紛争である必要はないが、事態は国際平和及び安全が危くされるような事態でなければならない。又注意を促すことのできるのは、紛争当事国たる国際連合の加盟国に限定せられないので、加盟国であれば、自国が紛争の当事国でない場合にも理事会や総会の注意を促すことができる。注意を促された場合には、理事会は——総会の手続は後に述べる——第三四条によつて調査し、第三六条によつて調整の手続又は方法を勧告し得るのみであつて、紛争解決の条件を勧告することはできない。その理由は、この紛争又は事態は第三七条第一項によつて理事会に付託せられたものではないからである。理事会は注意を促された紛争又は事態をその議事日程に入れて職権をもつてその事件に介入するか否かは自由である。職権で介入する場合には、結局は第三六条による勧告を行うことになる。

国際連合の加盟国でない国は「事態」について理事会又は総会の注意を促す権限は認められない。彼等が紛争当事国である場合においてのみ注意を促し得る。但し、非加盟国は、予め憲章に規定された平和的解決の義務を受諾することが条件となつている。「予め憲章に規定する平和的解決の義務」とは何を意味するか甚だ明瞭であるとはいえない。憲章第二条第三項の紛争の平和的解決、第四項の武力の脅威又は行使の禁止等の義務が含まれることは明かであるが、第六章の紛争の平和的解決、即ち第三三条—第三八条の規定による義務を受諾するか否か不明である。非加盟国が注意を促した事件が、果して紛争であるか事態であるかは理事会が決定する。もし紛争でないとすれば、理事会はその処理を行う必要はない[3]。

（3） 紛争の平和的解決に関する第六章の規定は甚だ不明確である。第三三条及び第三七条によれば、第一に当事国が平和的解決の手段を講じ、それで成功しなかつた紛争が安全保障理事会に付託せられることになるのであるが、第三五条第一項はいつでも紛争や事態について安全保障理事会の注意を促すことができることになつている。又第三三条や第三七条の規定によれば、安全保障理事会に付託する紛争は、国際平和や安全を危くするような重大なものに限られているのであるが、第三五条第一項は、紛争のみならず事態をも含み、事態については、国際平和や安全を危くするような事態であることを要するが、紛争については、いかなる紛争でもよいことになつている。第三三条や第三七条は安全保障理事会への「付託」の場合であり、第三五条は総会や理事会の「注意を促す」のであるから、このような規定がなされたのであろうか。「注意を促す」場合には、事務総長宛又は理事会議長宛、総会の場合は総会の議長宛に通告せられ、これが次の会議の仮日程に加えられて、会議で討議せられることになるので、これは実質上は「付託」に外ならない。憲章第一一条第二項は、第三五条第二項に従い総会に「付託」されたと規定していることを注目すべきである。

紛争（dispute）と事態（situation）とは論理的には区別できる。即ち、紛争とは当事国間に存する意見の不一致又は事件が、平和的解決のために設けられた裁判所又はその他の機関によつて充分判断できるような、要求と反対要求とが形成せられているような段階に至つたものであり、事態とは、未だ衝突の性質をもつていないが、必然的に衝突の性質をもつに至るような事件の状態をいうのである。しかし、実際においては、安全保障理事会は、この二者を明瞭に区別して取扱つてはいない（Goodrich, and Hambro, Charter of the United Nations, 1950, p. 249.）。

安全保障理事会は、理事国でない国際連合加盟国又は国際連合の非加盟国が紛争の当事国である場合には、その紛争に関する討議に投票権なしで参加するように勧誘しなければならない。非加盟国の参加については、安全保障理事会は公正と認める条件を定めねばならぬ（第三三条）。また安全保障理事会に付託せられた問題で、その問題の当事国ではないが、特に或国際連合加盟国の利害に特に影響があると理事会で認めるときは、その加盟国は理事会に付託された問題の討議に投票権なしで参加することができる（第三一条）。

(3) 地方的紛争の解決手続

憲章第五二条は地方的紛争、即ち地域的取極めを結んだ国家間の紛争の解決手続を規定している。それによると、憲章のいかなる規定も、国際平和及び安全の維持に関する事項で地域的行動に適当なるものを処理するために、地域的の取極め又は機関(regional arrangements or agencies)が存在することを妨げない。但し右の取極め又は機関及びその行動は、国際連合の目的や原則と一致せねばならない(第五二条第一項)。このような取極めを締結し又は機関を組織する国際連合加盟国は、地方的紛争を安全保障理事会に付託する前に、この地域的取極め又は地域的機関によつて、紛争を平和的に解決するために、あらゆる努力を払わねばならない(第二項)。この規定によつて、国際連合加盟国で、地域的取極めや地域的機関をもつものは、前掲第三三条第一項の平和的解決の義務の規定が適用せられる前に、先ず地方的解決の義務を負うことになる。この意味で、第五二条第二項は第三三条第一項の特別規定であるといえる。地域的協定や地域的機関が平和的解決に成功しなかつた場合には、その紛争を安全保障理事会に付託しなければならない。

第五二条第三項は「安全保障理事会は関係国の発意に基くと安全保障理事会の付託によるとを問わず、前記の地域的取極め又は地域的機関による地方的紛争の平和的解決の発達を奨励しなければならない」と規定する。この規定は色々の疑問を含む規定である。殊に、第二項では、地方的紛争の当事国に地域的取極めや機関で紛争を平和的に解決する厳重な義務を課しながら、安全保障理事会が地方的機関に紛争の解決を付託するというのはいかなる意味であろうか。(4) 想像するに、地方的解決に失敗して安全保障理事会に紛争が付託せられた場合に、なお地域的解決の余地ありとして、理事会が地域的機関に付託するとか、或いは地域的解決を試みないで理事会に持ち出された紛争を地域的機関に付託するとか、理事会の注意を促した紛争や事態(第三五条)とかの場合を指すのであろう。(5)

（4） Kelsen, op. cit. pp. 434-437.
（5） Goodrich and Humbro, op. cit. p. 315.

地域的紛争についても、安全保障理事会はそれが国際平和及び安全の維持を危くする虞の有無を決定するために調査することができる。又国際連合加盟国及び加盟国でない場合は自国が地方的紛争の当事国であれば、そして、この憲章に規定された平和的解決の義務を予め受諾するならば、安全保障理事会又は総会の注意を促すことができる（第四項）。安全保障理事会で調査の結果、国際平和及び安全を危くするものであることがわかれば、第三六条第一項によつて勧告することができる。この場合に、第五二条第三項が適用せられるとすれば、安全保障理事会は、その紛争を地域的機関又は地域的協定に付託することになる。

⑷ 第三九条による解決

安全保障理事会は憲章第六章及び第八章の下において紛争の解決や事態の調整に関する資格を与えられているのみならず、第七章の下においても、この能力を認められている。第三九条は「安全保障理事会は、平和に対する脅威、平和の破壊又は侵略行為の存在を決定し、且つ国際平和及び安全を回復するために、勧告をし又は第四一条及び第四一条に従つていかなる措置を執るかを決定する」と規定する。この規定によつて、安全保障理事会は、平和の脅威、平和の破壊又は侵略行為があることを決定した場合には、強制手段を執ることもできるが、勧告という平和手段を執ることもできる。又第四〇条に規定する暫定的措置を執ることもできる。これ等の手段は安全保障理事会の執る平和的解決手段であつて、勿論強制手段ではない。平和に対する脅威、平和の破壊又は侵略行為がある場合に、これ等の紛争はいかにして安全保障理事会に持ち出されるであろうか。第六章の紛争の平和的解決に関する規定、例えば、国際連合の加盟国や非加盟国が安全保障理事会の注意を促す（第三五条）というような方法によることもできるわけであるが、第三九条の規定は単に平和的解決を目的とするものでなく、場合によつては、強制措置を執ることができるのであるから、安全保障理事会自身が、自己の発議によつて、その事件を議事日程に加えて、その事件が当事国間で平和的解決が試みられつつあるか否かに関係なく平和に対する脅威や平和の破壊或いは侵略行為が存在するか否かを決定し、必要な勧告を行うべきか強制措置を執るべきかを決定することになる。(6)

(6) 第三九条に基いて最初に安全保障理事会に提訴された事件は、オランダとインドネシア間の紛争である。当時理事国であつたオーストラリア政府の代表は、一九四七年七月三〇日付の事務総長宛の書簡で、「オーストラリア政府は、これ等の敵対行為は第三九条の平和の破壊となるものと考える。安全保障理事会は国際平和と安全を回復するために即時行動すべきことを主張する。事態の悪化を防ぐために、オーストラリア政府は、暫定措置として、そして当事国の権利、請求権、又は地位を害することなく、安全保障理事会がオランダ及びインドネシア両政府に対し、即時停戦し、そして一九四七年三月二五日にバタビアで調印せられたオランダ及びインドネシア共和国間のリンガヂャテイ協定（Linggadjati Agreement）第一七条により仲裁裁判を開始することを要求すべきである」とした。オーストラリア代表は事務総長に、この通告を審議するための安全保障理事会を即時召集することと、この項目を含む仮議事日程の審議が安全保障理事会の代表に会議の通知と同時に通告さるべきことを要求した。

(5) 第九四条による解決

憲章第九四条第二項は「事件の当事国のいずれかが、裁判所の与えた判決に基いて自国が負う義務を履行しないときは、他の当事国は安全保障理事会に訴えることができる。理事会は必要と認めるときは、判決を執行するために、勧告をし、又執るべき措置を決定することができる」と規定する。これも安全保障理事会によつて行われる紛争の平和的解決の一方法であることは明かである。これについては、国際司法裁判所の節を参照せられたい。

(6) 安全保障理事会の勧告の法的効果

安全保障理事会が憲章第六章及び第三九条によつてなす勧告の法的効果については見解が分れている。「勧告 recommendation」という言葉は拘束力をもたないと解するのが憲章の起草者の意思であつたことは、委員会の討議を通じて知ることができるのであるが、憲章第二五条は、「国際連合加盟国は憲章の規定に従つて、安全保障理事会の決定(decisions)を受諾し且つ履行することに同意する」と規定して、安全保障理事会の決定の法的拘束力を認めている。そこで勧告は理事会の決定であるか否かが問題となる。安全保障理事会の採択する決議(resolutions)が総て決定であるならば、勧告も決定として法的拘束力をもつと解せねばならぬ(7)(安全保障理事会の第一二七回の会合において、オーストラリアの代表は、この意見を主張した)。しかし、他の解釈によれば、第二五条にいうところの「決定」は、拘束的な規範が創造せられた決議のみを意味するというのである。調査に関する第三四条の規定によつて理事会がなした決定は、明かに勧告の意味ではない。このような決定は当事国を拘束するが、第三六条・第三七条・第三八条・第三九条の勧告及び第三三条第二項の「要請」等は、この解釈によれば、拘束力がないというのである(8)。

(7) 安全保障理事会の第一二七回の会合において、オーストラリアの代表はこの意見を主張した。

(8) ギリシヤ事件を討議の際に、ユーゴースラヴィア及びソ連代表は、ブルガリア代表の見解を支持して、第三四条を含む憲条第六章の下では、安全保障理事会は「勧告」をなし得るのみで、当事国を拘束する「決定」をなし得ない、と主張した。この解釈を正当づけるために、ユーゴースラヴィアの代表は、憲章が国家の主権を制限し得るのは憲章第七章に規定された手段を執る場合に限る旨を述べた。

同事件の討議の際に、オーストラリア代表は、第三四条の下で、安全保障理事会が調査を行う決議は「決定」であつて「勧告」ではない。それ故に、第二五条が適用せられる、と述べた。更に彼は「決定」でも「勧告」でも――われわれは第六章の下で、両方ともなし得ることを示した――事態の継続が国際平和及び安全を危くするか否かをわれわれが決定するまで為し得ない、と述べた。

勧告という言葉自体には拘束力を含むものとは解せないが、第三九条又は第三六条第一項等に基き勧告がなされた場合に、この勧告に当事国が服しない場合は、安全保障理事会は平和に対する脅威が存するとして第三九条により強制措置を執ることができる。それ故に、実際的には、勧告であるからといつてこれを無視することはできない。

二　総会による解決

国際紛争の解決及び事態の調整については、安全保障理事会が国際連合の主要な機関として活動することは既に述べたところであるが、総会も又紛争の解決や事態の調節を行うことは、憲章第三五条・第一〇条・第一一条の規定によつて明かである。

総会は一般的権能として「憲章の範囲内にある問題もしくは事項又はこの憲章に規定される機関の権能及び任務に関する問題もしくは事項を討議」することができ、安全保障理事会が処理中である紛争又は事態を除き、「このような問題又は事項について国際連合加盟国もしくは安全保障理事会に対し又は両者に対し勧告をすることができる」(第一〇条)のである。総会はこのように、包括的なかつ一般的な広汎な権能を認められているのである。

第三五条第二項は、国際連合の非加盟国は、自国が紛争の当事国である場合に限り、そしてこの憲章に規定された平和的解決の義務を予め受諾するならば、その紛争について総会の注意を促すことができる。国際連合加盟国は、自国が当事国でない場合でも、いかなる紛争についても、又国際的摩擦に導いたり紛争を発生せしめたりするようないかなる事態についても、それが国際平和及び安全の維持を危くする虞のあるようなものは、総会の注意を促すことができる(第三五条第一項)。この第三五条の規定は第一一条第二項の規定、即ち「総会は国際連合加盟国もしくは安全保障理事会によつて、又は第三五条第二項に従い国際連合の加盟国でない国によつて、総会に付託された国際平和及び安全の維持に関するいかなる問題をも討議することができる」という規定と同一目的をもつものである。総会は国際平和及び安全に関するいかなる問題をも討議することができるのであるから、単に紛争のみならず、事態についても討議することを得る。国際連合の加盟国は紛争と事態との双方につき総会に注意を促すことができるが、非加盟国は自国が紛争当事国となつている紛争のみについて総会の注意を促し得るに過ぎない。

第一一条第二項によれば、安全保障理事会も国際平和及び安全の維持に関する問題を総会に付託し得ることになつている。この規定は第一二条第一項と関連するものである。即ち安全保障理事会は、この憲章によつて与えられた自己の任務を遂行しているいかなる紛争又は事態についても、総会に勧告をするよう要求することができる。総会は国際平和及び安全に関するいかなる問題についても討議することができるが（第一一条第二項）、総会は理事会が処理中の紛争又は事態については理事会の要請がなければ勧告することはできない（第一二条第一項）。しかし、紛争や事態以外の問題については勧告できると解せられる。

総会における紛争の解決や事態の調整手続は、国際連合の加盟国及び非加盟国又は理事会等の付託によつて開始せられるのみならず、総会自身の発意によつても行うことができる。この点は憲章第一〇条及び第一四条の規定によつて明かである。第一〇条は、憲章の範囲内にある問題もしくは事項について総会が討議し、かつ国際連合加盟国又は理事会に勧告することができる旨を規定し、従つて、この場合は非加盟国に対しては勧告を行い得ないが、第一四条は、理事会が処理中の紛争や事態を除き、総会は、一般的福利又は諸国間の友好関係を害する虞があると認める事態を、その起因にかかわりなく、平和的に調整するための措置を勧告することができることになつている。従つて、この規定での、事態の調整は非加盟国に対しても勧告できる。

総会による紛争の解決又は事態の調整は専ら勧告の方法によるのであるが、紛争の解決又は事態の調整のために行動を必要とするようなものは、総会で討議する前又はその後に、総会から安全保障理事会に付託しなければならない。このような事項については総会は勧告を行うことを得ないと解すべきである。しかし、総会は紛争の解決又は事態の調整につき行動を必要としないと考えて勧告を行つたが、実際は行動を必要とすることになつた場合には、その勧告後でも、その事件を理事会に付託しなければならない。この場合には、総会の与えた勧告は理事会を拘束するものとは考えられないから、理事会は独自の立場で、紛争の解決又は事態の調整に関し適当な方法を執ることができると解すべきである。

総会のなす勧告の法的性質は、安全保障理事会のそれと同一である。総会の与えた勧告に服しないことは、第三九条の下における平和の破壊であると安全保障理事会が認めない限り、この勧告は拘束力をもたない。総会が紛争を解決する目的でなした勧告に従わない場合は、紛争当事国は第三三条第一項によつて自ら平和的解決の手段を尽さねばならない。この方法で平和的解決に失敗した場合は、当事国は、その紛争を第三七条第一項によつて安全保障理事会に付託せねばならない。

総会による紛争解決の手続と安全保障理事会における手続との間には種々の相違がある。その主なるものを挙げれば、安全保障理事会が勧告を行うに当つては、既に当事国が採用した解決手続を考慮に入れねばならないし、法律的紛争は、原則として、当事国は国際司法裁判所に付託せねばならぬ（第三六条第二・三項）。しかし、総会が勧告を行うに当つては、このような規定がないので、総会は安全保障理事会よりも自由な立場で、紛争に介入することができる。法的性質をもつ紛争についても勧告を行うことができるわけである。次に、国際連合の非加盟国が当事国である紛争が総会で審議せられるに当つて、非加盟国は、その討議に参加するよう要請せられる資格がない。憲章第三五条第二項により非加盟国が当事国である紛争が総会に持ち出された場合に、非加盟国は予め憲章に規定せられる平和的解決の義務を受諾せねばならないが、加盟国たる当事国は討議に参加し得るのみならず、票決にも参加できるが、非加盟国はそれ等から除外せられることになる。しかし、実際においては、一九四七年の「ギリシャの政治的独立と領土保全に対する脅威」の事件、「パレスチナ問題」等においても、非加盟国の代表を出席させて意見をきく方法が実際に執られている。

二　強制的解決

国際連合の最も重要な目的は憲章第一条第一項に規定するように「国際平和及び安全を維持すること、そのために、平和に対する脅威の防止及び除去と侵略行為又は他の平和破壊の鎮圧とのため有効な集団的措置を執ること、並びに平和を破壊するに至る虞ある国際的紛争又は事態の調整又は解決を平和的手段により、且つ正義と国際法との原則に従つて実現すること」である。この規定で明かなように、国際連合は平和に対する脅威の防止や除去、侵略行為又は他の平和破壊の鎮圧のためには、有効な「集団的措置」collective measures を執るのである。他方において、憲章は又加盟国に対して武力の脅威や武力の行使を禁止している。即ち、憲章第二条第四項は「すべての加盟国は、その国際関係において、いかなる国の領土保全もしくは政治的独立に対しても、又は国際連合の目的と両立しない他のいかなる方法によつても、武力の脅威又は行使を慎まなければならない」ことを規定する。このような憲章の目的と精神に違背して平和に対する脅威や平和の破壊又は侵略が行われた場合に、国際連合は強制的措置に訴えることになる。憲章第七章はこの強制的措置について規定する。

第三九条は「安全保障理事会は、平和に対する脅威、平和の破壊又は侵略行為の存在を決定し、且つ国際平和及び安全を維持し又は回復するために、勧告をし又は第四一条及び第四二条に従つていかなる措置を執るかを決定する」と規定する。この規定の示すように国際連合で強制措置の発動を決定するのは安全保障理事会であつて、個々の加盟国ではない。安全保障理事会が侵略や平和の破壊又は平和に対する脅威があるか否かを先ず決定せねばならぬが、この決定に当つては、侵略という言葉や平和の破壊その他平和に対する脅威等の言葉の厳格な定義に拘束される必要はない。その理由は、例えば侵略の定義に関しては現在でも統一的な見解は存しないのであるから、この言葉の厳格な意義を確定して後に、果して侵略が存するか否かが決定せられねばならぬとするならば、理事会の機宜な処置は期待できないからである。

強制手段を執るためには、関係国が国際法に反する行動を執つたことを必要としない。又平和に対する脅威も、実力行使があつたり、実力行使の脅威がある場合に限定せられるのでなく、非友好的な態度や国際平和及び安全の維持に有害なものにうまく対応しない場合とか、実力行使を行わないが国際法に違反した場合、憲章に基いてなされた理事会や総会の勧告に従わない場合等でも、事情により平和に対する脅威と決定することができる。第七章の下で、安全保障理事会が国際平和と安全を維持する目的をもつてなされる決定は国際連合加盟国の総てを拘束することは、兵力的な強制措置でもそれ以外の措置でも同様である（第二五条）。

一　平和に対する脅威と平和の破壊

平和の破壊、平和に対する脅威又は侵略行為が存すると認める国際連合加盟国は、その事件につき安全保障理事会の注意を促すことができるし、非加盟国も自国が紛争の当事国である場合には、理事会の注意を促すことができる。又理事会自身も自発的に、そのような審議をすることができる。審議の結果、平和に対する脅威、平和の破壊又は侵略行為が存在すると決定した場合には、平和的解決手段として勧告を行つてもよいが、第四一条又は第四二条による強制的措置を決定することもできる。勧告後に強制措置を執ることもできるし、勧告と強制措置を同時に執ることも不可能ではない。

第三九条の適用は重大な結果を伴うものであるから、その適用に当つては、安全保障理事会は極めて慎重を期する。事実上は第三九条によつて行動している場合でも、第三九条に拠るということを明示しない場合がある。しかし、パレスチナ問題については、一九四八年七月に決議を採択して、「パレスチナにおける事態は憲章第三九条の意味における平和に対する脅威をなす」と決定した。その決議の中で、理事会は憲章第四〇条に従い、関係国の政府と官憲は、爾後軍事行動を停止し、そしてその目的のために、彼等双方の軍隊に停戦命令を発するよう命じた。そして関係国政府又は官憲のいずれかが、この命令に従わないときは、理事会によつて決定せられる憲章第七章の下における今後の行動を執る目的をもつて理事会によつて即時審議を必要とする第三九条の意味における平和の破壊が存することを示していると宣言した。

第三九条に訴えた最も重要な場合は一九五〇年の南鮮への侵入事件のときである。安全保障理事会は、第三九条の下で行動し、北鮮の行動は平和の破壊であると正式に宣言し、そして北鮮当局に爾後の敵対行為停止と国境までの軍隊の引き揚げを要求した。そして又総ての国際連合加盟国に理事会の決議遂行のために凡ゆる援助を与えるよう要請した。北鮮がこの決議に従わないので、理事会は国際連合加盟国に、武力攻撃を撃退し国際平和と安全を回復するために必要な援助を朝鮮共和国に与えるよう勧告した。更にその後の決議で、安全保障理事会は、この南鮮への援助を国際連合旗を掲げる権限を与えて合衆国の下で統一した指揮の下に置くことを勧告した。

強制措置が適用されるのは、国際連合加盟国に対してだけでなく、非加盟国にも又国家として承認されていない団体にも適用することができる。第三九条を発動させた主な事件は、インドネシア、パレスチナ及び朝鮮の三事件である。

二　暫定的措置

憲章第四〇条は「事態の悪化を防ぐため、第三九条に規定された勧告をし又は措置を決定する前に、安全保障理事会は、その必要又は望ましいと認める暫定措置に従うように関係当事国に要請（call upon）することができる」と規定する。この暫定措置の要請は理事会の決定であつて勧告ではない。従つて、憲章第二五条により国際連合加盟国に対してのみならず、憲章の義務に服することを受諾した紛争当事国たる非加盟国にも拘束力がある。「要請」という言葉は特別な意味をもつものと解することはできない。実際に暫定措置を執つた場合に、理事会が用いている用語法は「要請」という言葉が拘束力あるものとして用いられたと解せられる。パレスチナ事件においては敵対行為の停止を「命ずる order」という言葉を用い、インドネシア事件では、爾後敵対行為を停止することを「要請 call upon」し、又前勧告を厳密に守るよう「要請」している。そしてこの要請に従わない場合には、理事会は妥当な考慮を払わねばならないのであるから（第四〇条末段）、要請は単なる勧告ではない。

安全保障理事会が第四〇条による暫定措置を執つた事件は、パレスチナの紛争である。インドネシアの紛争では、第四〇条による暫定措置であることは明示しなかつたけれども、事実上は暫定措置を講じた。

三　兵力以外の強制措置

憲章は国際連盟規約と同様に、二個の強制的解決方法を定めている。その一つは兵力の使用を含む強制方法であり、他は兵力の使用を含まない強制方法である。連盟規約の場合と異り、憲章においては、安全保障理事会が決定した強制方法は国際連合の加盟国に対し義務的なものであつて、加盟国は理事会の決定に従わねばならない義務がある。この強制措置は、既に述べたように、平和に対する脅威や、平和の破壊又は侵略行為があることを理事会が決定し、国際平和及び安全を維持し又は回復するために、理事会が兵力の使用を含まない強制措置、即ち第四一条による措置を執ることを決定した場合に実施せられる。第四一条は「安全保障理事会は、その決定を実施するために、兵力の使用に至らないいかなる措置を使用すべきかを決定することができ、且つ、右の措置を適用することを国際連合加盟国に要求することができる。この措置は、経済関係と、鉄道、航海、航空、郵便、電信、ラジオ及び他の交通手段との全部又は一部の中断、並びに外交関係の断絶を含むことができる」と規定する。この場合に安全保障理事会の要求は拘束力をもつのであつて、加盟国はこの要求に応じねばならない。ここにいう強制手段の中には、兵力を使用しない限りいかなる手段を執ることもできるので、第四一条に列挙したものに限定せられない。国際連合加盟国が理事会の要求した措置を実施するために国内法を修正する必要がある場合には、その修正を行わねばならない。例えば英本国の如きは、一九四六年の条例（Act）で、もし安全保障理事会が第四一条の下で英国政府に安全保障理事会の決定を実現する措置を執ることを要求したときは、英国政府は枢密院令（Order in Council）でこれ等の措置を有効に適用し得るために必要又は便利だと思われるような規定をすることができる旨を規定する。

四　兵力による強制

安全保障理事会は、第四一条の兵力を使用しない強制措置では不適当であると認め又は第四一条の措置を実施したが、それが不適当であることを認めたときは、国際平和及び安全の維持又は回復に必要な空軍、海軍又は陸軍の行動を執ることができる。この空・海・陸軍の行動の中には、それ等による示威、封鎖及びその他の行動が含まれる（第四二条）。国際連合によるこの兵力的措置は、国際連盟の場合よりは一段の進歩を遂げている。国際連盟においては、理事会が兵力的措置を決定しても、連盟国に対しては、勧告的性質をもつに過ぎなかつた。これに反し、国際連合では加盟国は安全保障理事会で兵力的措置が決定せられたならば、これに服しなければならぬ義務がある。加盟国が提出する兵力、援助及び便益、更に具体的には兵力の数及び種類、その出動準備程度及び一般的配置、並びに提供される便益及び援助の性質等は、安全保障理事会が各加盟国に要求して、安全保障理事会と加盟国との間、又は安全保障理事会と加盟国群との間の特別協定（special agreement or agreements）で定められる（第四三条）。総ての加盟国は、国際連合が執るところの行動について凡ゆる援助を与えねばならぬ義務があるが（第二条第五項）、各国の国力、軍備、地理的事情、その他の特別な事情により、国際連合に与える援助は同一ではあり得ないから、兵力を提供し得ない国は他の方法で、その国に可能な範囲内で援助を与えればよい。

第二次大戦後の国際情勢は、第四三条に規定するところの安全保障理事会と加盟国との間の特別協定の締結を不可能ならしめている。しかし、第四八条は「国際平和及び安全の維持のための安全保障理事会の決定を履行するのに必要な行動は、理事会の定めるところに従つて、国際連合加盟国の全部又は一部によつて執行せられる」のであるから、特別協定によらないでも、兵力措置を執ることは不可能ではない。又兵力の使用計画は、軍事参謀委員会の援助を得て、安全保障理事会が作成することになつている（第四六条）。

各国によつて供出された兵力は、朝鮮における軍事行動の場合は、一九五〇年七月七日の理事会の勧告に基き、国際連合旗の下に国際連合軍として、アメリカ合衆国の任命した総司令官の指揮下に置かれているが、軍事行動に参加する国は自国旗も併用することが許される。

五　強制機構の欠陥

国際連合が強制措置を執り得るためには、先ず、平和に対する脅威、平和の破壊又は侵略行為が存在することが、安全保障理事会によつて決定せられねばならない。この決定に際しては、常任理事国は拒否権を行使することができるから、もし五大国たる常任理事国が自ら平和を脅威したり、平和を破壊したり又は侵略行為をしている場合、又は五大国以外がこれ等の行為者である場合にも、常任理事国の一国が拒否権を行使すれば、平和の破壊や、平和に対する脅威や侵略があるとの決定は成立しない。そうすると第三九条により理事会は第四一条や第四二条による強制措置を執り得ないのみならず、第四〇条の暫定措置を執る場合にも、やはり拒否権を行使できるから、暫定措置も執れないことになる。仮りに、第三九条による平和に対する脅威、平和の破壊又は侵略行為の存在が理事会によつて決定せられたとしても、第四一条や四二条による強制措置を決定する際に大国が拒否権を行使すれば、強制措置を執ることはできない。このように、国際連合の強制措置の実施は全く大国の手に掌握せられているのであつて、大国の一致なくしては強制措置の実施は不可能である。朝鮮の場合には、ソ連の欠席により理事会の決定が成立したのであるが、このような偶然の場合を除き、一大国の反対で強制措置が完全に麻痺してしまう点に国際連合の強制機構の欠陥があることは否めない。大国間の一致、これが国際連合の生命である。

国際法講座　第二巻　昭和二八年

国際司法裁判所

一　国際司法裁判所の成立経過

一　国際司法裁判所設立の要望

国際紛争解決の機関として常設的な裁判所の設置は久しく要望せられていた。この希望に応ずるために、一八九九年の第一回平和会議で「常設国際仲裁裁判所（Permanent Court of International Arbitration）」が設立せられ、これは一九〇七年の第二回の平和会議で多少修正せられた上で現在の「常設国際仲裁裁判所」になつている。しかし、この裁判所は、真の意味では司法裁判所と言えるか否か疑問である。その理由は、第一に、この裁判所には裁判官の名簿は備えられているが、確定した裁判官が直ちに裁判官として事件に臨み得る態勢はとられてはいない。紛争当事国が、裁判官を選び、その裁判官によつてその事件のための法廷が構成されるのである。第二に、紛争が仲裁裁判によつて決定せられるに当つて、裁判官はそれぞれの事件により別々に選ばれる結果として、この裁判所は司法機関としての継続性を欠くことになる。

このような理由によつて、真の意味での国際司法裁判所、即ち、先ず一定数の裁判官が予め任命せられていて、当事国が法廷に持出す事件について、純然たる法的立場から判断して決定を下す裁判所――このような裁判所は、前に下した判決は後で判決を下す際に尊重せられる故に、司法の継続性が保たれる――は久しく要望せられていたのである。

二　常設国際司法裁判所の出現

真の国際司法裁判所を創設する機会は第一次大戦後に訪れた。国際連盟規約の前文には「……各国政府間の行為を律する現実の規準として国際法の原則を確立し、組織ある人民の相互の交渉において正義を保持し且つ厳に一切の条約上の義務を尊重し……」と規定し、また規約第一四条は「連盟理事会は、常設国際司法裁判所設置案を作成して之を連盟国の採択に付すべし。該裁判所は、国際的性質を有する一切の紛争にしてその当時国の付託に係るものを裁判するの権限を有す。尚該裁判所は、連盟理事会又は連盟総会の諮問する一切の紛争又は問題に関し意見を提出することを得」と規定する。この規程に基き、一九二〇年二月に法律家より成る諮問委員会（Advisory Committee）が任命せられ、この委員会の作成した常設国際司法裁判所規程の草案に重要な修正を加えた上で、一九二〇年一二月三日の連盟総会がこれを承認した。しかし、この常設国際司法裁判所規程は、一九二〇年一二月一六日の「裁判所規程の署名に関する議定書（Protocol of Signature of the Statute）」に署名、批准した連盟国のみを拘束するのである。この議定書には、連盟国の多数が批准した場合に裁判所規程の効力が発生することが規定せられているので、裁判所規程は一九二一年の九月一日に効力を発生し、そして第一回の裁判官の選挙が行われた。ここに、最初の真の国際司法裁判所が誕生したのである(1)。

常設国際司法裁判所は既述のように、連盟規約第一四条に基き、国際連盟を通して設立せられた裁判所であるから、この点では国際連盟から独立したものではない。しかし、国際連盟の機関として設立せられたものではない。国際連盟国でなくても裁判所規程に加盟することは許されるのである。この点において、常設国際司法裁判所は国際連盟に対し独立性をもつているということができる。

（1）常設国際司法裁判所成立の経過についてはHudson, The Permanent Court of International Justice, 1934, pp. 85-120 ; A. Faehili, Permanent Court of International Justice, pp. 1-20 等を参照せられたい。

三　国際司法裁判所の成立

第二次大戦の勃発、特にドイツ軍のオランダ侵入によつて、常設国際司法裁判所の機能は中断せられてしまつた。しかし、第二次大戦の勃発に至るまでにおいて、常設国際司法裁判所が国際正義と国際法の発達のためになし遂げた功績は充分に証明せられた。国際連盟に代る国際連合の誕生に当つて、国際連合の主要な司法機関として国際司法裁判所が存在しなければならないことについてはダンバートン・オークスの会議で各国の意見が一致した。しかし、国際連合の主要機関としての国際司法裁判所は、新しい裁判所であるか、それとも元の常設国際司法裁判所規程の修正せられたものであるかについては、なんら決定せられなかつた。一九四五年のクリミヤ会議の直後、サンフランシスコ会議の日が決定せられたときに、主唱国政府は討議の基礎として会議に提出される裁判所規程案を準備するためにワシントンの予備会議に代表者を出すよう連合国政府に要請した。かくて国際連合の法律家委員会が形成せられ、この委員会は一九四五年四月九日から二〇日までワシントンで会合した。

この委員会は、常設国際司法裁判所の規程と、同裁判所の経験を参酌して、会議に提出する勧告案を準備した。この報告書には規程草案が含まれ、その草案は常設国際司法裁判所規程を踏襲したものであつた。

国際連合憲章第九二条は、国際司法裁判所（International Court of Justice）は国際連合の主要な司法機関（The Principal Judicial Organ）と述べている。このことは、第一に、この裁判所は国際連合の機関であること、第二に、裁判所と国際連合との関係は組織的なものであること、を意味する。これによつて国際連盟と常設国際司法裁判所との関係について問題となつたような、両者はそれぞれ独立した、分離されたものであるか否かの問題は解決された。即ち、国際司法裁判所と国際連合とは分離したものでなく、国際司法裁判所は国際連合の一機関である。この事実は、国際組織の一体化を実現したものに外ならない。

憲章第九二条第一項の規定は、国際司法裁判所が国際連合の唯一の裁判所であることを意味するものではない。即ち、憲章第五二条、第九五条等の規定により、地域的な司法機関や当事国の合意による裁判所が司法機関として活動することを禁止するものではない。

国際連合の主要機関の一つとしての国際司法裁判所は元の常設国際司法裁判所が存続しているのではなくて、新しい裁判所として設立せられたものである。(2) 常設国際司法裁判所は一九四五年一〇月にその最後の開廷を行つた。そしてその後継者である国際司法裁判所の仕事の継続性を容易にすることを目的とする決議を採択した。一九四六年一月三一日に常設国際司法裁判所の裁判官は辞表を提出した。一九四六年四月一八日の国際連盟総会の決議によつて、常設国際司法裁判所は解散した。同年二月六日に国際司法裁判所の裁判官が総会と安全保障理事会との共同投票によつて選挙せられた。新裁判所は、一九四六年四月三日に最初の会合を開き、五月六日に常設国際司法裁判所規則を基礎として裁判所規則（Rule）を採択した。(3)

（2） 常設国際司法裁判所を存続すべきであるか、新しい裁判所を設立すべきであるかについては意見が鋭く対立した。ダンバートン・オークスの提案では、この問題は未解決のままであつた。存続説の根拠としては、(1)国際裁判制度はでき得る限り継続性をもたしむべきこと、(2)常設国際司法裁判所は消滅させることができないくらい国際組織の中で大きな進歩を遂げていること、(3)常設国際司法裁判所は活きている機構であるから存続させねばならぬこと、(4)無数の国際条約がこの裁判所と関連し、これを彼等の紛争を付託する裁判所として認めていること等が挙げられた。

これに対し、新裁判所設立説の論拠は、(1)この裁判所は国際連合と極めて密接に結合されているので、国際連合で新裁判所を設立することが望ましいこと、(2)古い裁判所はいかなる場合にも存続し得ない。その理由は、永い間裁判官の選挙が行われていないし、選挙のための古い機構は現在用いることができない。特に国際連合の加盟国でない国が常設国際司法裁判所のメンバーであり、これ等の国は、少くとも最初は新しい裁判所のメンバーではあり得ない。また常設国際司法裁判所のメンバーでない国が国際連合のメンバーになつているものがある。それ故に、完全に新しい裁判所を設立するに如くはないこと等である。

右のように意見が岐れたが、結局新裁判所説が採用せられ、常設国際司法裁判所規程に基いた規定に従つて機能を行う新裁判所を設立し、この裁判所は国際連合の重要な一部を成すものであることが決定せられた。

（3） 国際司法裁判所の設立せられるまでの公文書、例えば、ダンバートン・オークス案の第七章国際司法裁判所規程案に関する公式註釈、国際司法裁判所規程の修正に関する各国の提案、国際連合の会議に提出される国際司法裁判所案を準備するための法律家委員会の議事録、国際司法裁判所規程草案、国際司法裁判所規程草案に関する報告者の報告等は、アメリカ国務省発行の The International Court of Justice, 1946 に収録せられている。

二　国際司法裁判所の性格

既に一言したように、国際司法裁判所は国際連合の六つの主要機関の中の一つである（憲章第七条）。そしてまた、憲章第九二条は、この裁判所は国際連合の主要な司法機関であることを規定する。このことは国際司法裁判所が国際社会の主要な政治的組織に自動的に結合していることを示すものであつて、旧裁判所たる常設国際司法裁判所との性格的な相違を示す主要な点である。更にまた、国際連合のメンバーは当然に国際司法裁判所規程の当事国であるとせられ（憲章第九三条）、裁判所は国際連合の機関の要求によつて判決や勧告的意見を行うこと等の憲章の規定等は、この裁判所と国際連合との密接な結合を示すものである。

法的には新裁判所は旧裁判所の承継者ではないが、実際的には、憲章第九二条が規定するように、新裁判所の規程は旧裁判所の規程を基礎としたものである。従つて、この二個の裁判所の間には、実質的な継続性があることは認めねばならない。例えば、旧裁判所規程第三六条に基いてなされた裁判所の管轄権受諾の宣言で、現在もなお効力あるものは、新裁判所についても有効なものと認め、また条約中で紛争の解決を旧裁判所に付託することを規定するものは、その紛争を新裁判所に付託せねばならぬことを規定する（国際司法裁判所規程第三六条第五項、第三七条）。これ等の点から観て、実質的には、新裁判所は旧裁判所を継承するが、しかし、他方において、新裁判所は国際連合の重要な一部を成し、新裁判所規程は、国際連合憲章と不可分な一体を成している（憲章第九二条）。

三　裁判所の組織

一　裁判所の構成

裁判所は国籍を異にする一五名の裁判官で構成せられる。裁判官たるためには、徳望高く、かつおのおのその国で司法上の最高の職に任ぜられるに必要な資格をもつている者、又は国際法に精通していると認められている法律家であることを要する（第二条、第三条第一項）。裁判官で二国以上の国民とみなすことができる者は、その者が通常私権及び政治上の権利を行使する国の国民であるとみなされる（第三条第二項）。裁判官の数は常設国際司法裁判所が設立せられた当時は、正裁判官一一名、予備裁判官四名であつたが、後に予備裁判官制度を廃止して一五名の裁判官とせられた。裁判官は自分の属する国の代表者ではない。それ故に、国籍に関係なく選ばれるのであるが、この点は同一国人が同時に二名以上裁判官となり得ない規定（第三条第一項）と多少の矛盾を感ずる。のみならず、裁判官の選挙人は、裁判官団が全体として、世界の主要な文明の形体及び法律の系統が代表せられるように留意せねばならぬから（第九条）、全く国籍を無視することはできないわけである。

二　裁判官の選任手続

裁判官の選任手続は二段階に分けられる。即ち、指名と選挙（nomination and election）である。この選任手続は一九二〇年にルート（Root）とフィリモア（Phillimore）の考案した方法で、これをルート・フィリモア案とよぶ。

先ず裁判官候補者の指名については三つの場合が規定されている。第一に、国際連合加盟国で、一九〇七年の国際紛争の平和的処理条約の加盟国であるものは、常設仲裁裁判所の国別裁判官団が指名する。第二に、常設仲裁裁判所に代表されていない国際連合加盟国は、一九〇七年の国際紛争の平和的処理条約第四四条によつて常設仲裁裁判所裁判官について規定されていると同一の条件によつて、政府が任命した国別団（national group）が指名する。第三に、国際司法裁判所の規程の参加国ではあるが、国際連合の加盟国でない国の、裁判官選挙に参加させるための条件は特別の協定で定めるが、協定のない場合は安全保障理事会の勧告によつて総会が定め、その条件に従つて指名することになる（第四条）。

いずれの国別団も四名以上指名することはできない。四人の中自国の国籍をもつ者は二名以上であつてはならぬ。いかなる場名においても、一国別団の指名する候補者の数は、みたすべき席の数の二倍を超えることはできない（第五条第二項）。この指名を行うに当つては、先ず自国の最高司法裁判所、法律大学及び法律学校並びに法律研究に従事する学士院及び国際学士院の自国の部の意見をきくことが勧告されている（第六条）。しかし、これは法的義務ではないので、これ等の団体の意見をきかないで行つた指名も有効である（4）。

（4）この第六条の勧告は法的義務ではないから、これは事実上死文となるおそれがある。Oppenheim, 7th ed, II, p. 49, note 3.

裁判官の候補者の指名が常設国際仲裁裁判所の国別裁判官団によつて行われることは、指名手続を政府の影響から独立さすことを目的とするものであるが、事実上この目的が達せられるか否か疑問である。何となれば、常設国際仲裁裁判所の国別裁判官自体が政府によつて指名せられるものだからである（5）。

（5）多くの場合において、国別団は彼等の中の一人を候補者として指名する。一九四五年に選挙せられた八名の裁判官は、それを指名した国別団のメンバーであつた。現在では、国別団を造り得るためには、その国がハーグ条約の当事国であることは、もはや必要でない。

このような方法で指名された候補者の名簿を事務総長は総会及び安全保障理事会に提出し（第七条第二項）、総会及び安全保障理事会は、別々に裁判官の選挙を行う（第八条）。総会及び安全保障理事会の双方で投票の絶対多数を得た候補者が当選する（第一〇条第一項）。この場合に、安全保障理事会の表決には常任理事国と非常任理事国との間に区別を設けない（第一〇条第二項）。同じ国の国民二人以上が、総会及び安全保障理事会の双方の投票の絶対多数を得た場合には、その中の最年長者のみが当選したものと認められる（第一〇条第三項）。

選挙のために開かれた第一回の会議(6)の後に一以上の席が満たされないで残つたときは、第二回の会議を開き、それでもなお満たされない席があるときは、第三回の会議を開かねばならない（第一一条）。第三回の会議を開いてもなお一以上の席が満たされないで残るときは、総会と安全保障理事会とがそれぞれ三名を任命した六人から成る合同協議会(7)（joint conference）を総会か安全保障理事会かの一方の請求によつて設け、この合同協議会が、空席に対する候補者の指名を絶対多数によつて行い、これを総会及び安全保障理事会の承認を得るために提出する（第一二条第一項）。このような方法をもつてしても空席を満たし得ない場合は、既に選挙せられた裁判官は、総会又は安全保障理事会のいずれかにおいて投票を得た候補者の中から選定して、安全保障理事会の定める期間内に、多数決の方法で空席の補充を行わねばならない。裁判官の投票が同数の場合は、最年長の裁判官が決定投票権をもつ（第一二条）。

（6）第一一条に規定する「会議 meeting」という言葉の意味を一九四六年の総会は「投票 ballot」と解釈した。

（7）一九二一年の第一回の裁判官選挙には、合同協議会を設けることが必要であつた。Hudson, The Permanent Court of International Justice, 1934, pp. 241-42.

裁判官は当事国を代表するのではなくて、正義の代表者であるとするのが原則であるが、裁判所規程はこの原則に対し自国籍裁判官（National Judges, ad hoc judges）という例外を認めている。規程第三一条は、当事国に自国籍をもつ裁判官を裁判所に出廷せしめる権利を認め、もし当事国の一方の国籍をもつ裁判官が既に正規の裁判官として選任せられている場合は、他の当事国は自国人の裁判官を選任することができるとしている。当事国の双方が自国籍の裁判官をもたない場合には、双方とも自国籍の裁判官を選任することができる。これ等の規定は特別裁判部（第二六条）、簡易手続部（第二九条）、そして一般に勧告的意見の事件にも適用せられる。もし同一の利益をもつ数個の当事者がある場合には、自国籍裁判官の選任に関しては一当事者として数えられる。選任せられる裁判官は規程第二条に定める資格を備えねばならない。彼等は、他の裁判官と同様に、公開廷で彼等の権限を公平且つ良心に基いて遂行することを厳粛に宣誓せねばならぬ（第二〇条）。通常の裁判官は、自国の意思に反して、しばしば議決権を行使することがあるが、特別裁判官（自国籍裁判官）は、彼を任命した政府の意思に反して投票した実例はない。国家によつて任命せられた裁判官が、その国家を代表する傾向のあることは極めて自然である。この点から観て、特別裁判官制度を存続せしむべきか否かは疑問である。

三　裁判官の任期、待遇、その他

裁判官の任期は九年である。再選されることができる（第一三条）。裁判官を定期的に更新するために、第一回の選挙で選ばれた裁判官の五人は三年、他の五人は六年で任期が満了することにした（一九四五年の修正）。三年及び六年の期間の終りに任期が満了する裁判官は、第一回の選挙が終つた後直ちに事務総長が行う抽籤で選定する（第一三条第二項）。この結果、三年毎に、定期的に五名の裁判官が選任せられることになる。この外に、辞任、死亡或いは解任等によつて生じた空席も補充しなければならない。解任の場合には、他の裁判官の全員一致の意見で、その裁判官が必要な条件を満たさなくなつたと認めねばならない（第一八条）。任期を満了しない裁判官に代るために選挙せられた補欠裁判官は、前任者の任期の残存期間在職する（第一五条）。

裁判所の独立と公平、裁判官の職の重要性に鑑みて、裁判官は政治上又は行政上のいかなる職を行うことも、又職業的性質を有する他のいかなる職業に従事することも禁止され（第一六条）、いずれの事件においても、代理人、補佐人又は弁護人となれないし、かつて裁判官が関与した事件の決定に参加することも禁止せられる（第一七条）。但し、一般的な国際機構の委員になることは差支えない。

裁判官は、裁判所の事務に従事している間、外交官の特権及び免除を与えられる（第一九条）。「事務に従事している間」というのは、裁判官たる身分を享有している間と解していい。現実に裁判所の事務を行つている間だけ外交官の特権と免除が認められる意味ではない。この特権は、裁判所規程への参加国の全部に対して主張し得る。単に、裁判所の存在地オランダにおいてのみではない。これは裁判所が国際的な機関たる性質をもつことから当然といえよう。この裁判官の特権は国際連合憲章の規定する国際連合国の代表者や国際連合の職員に認められる特権——機構に関係する自己の任務を独立に遂行するために必要な特権及び免除——とは広汎な特権であると解せられる(8)。

（8）　裁判官及び裁判所職員の特権と免除は、一九四六年六月の国連事務総長とオランダ外務大臣との交換公文に定められ、これが一九四六年一二月の国連総会の決議によつて承認せられた。それによると、裁判官及び書記（或いはその代理）は、一般にオランダに差遣された外交使節と同様な待遇が与えられる。裁判所の他の職員は、その階級に応じ、外交代表の参事官（Counsellor）或いは書記官（Secretary）と同様に待遇せられる。オランダの国籍をもつ裁判所の裁判官、書記、及び高級職員は、彼等が公の資格でかつ彼等の義務の限界内で行つた行為についてはオランダの管轄権が免除される。総てのオランダ人は裁判所の予算から彼等に支払われる俸給に対しては直接税を免ぜられる。

裁判官は互選で所長と次長を選挙する。所長及び次長の任期は三年である。裁判所は又裁判所書記を任命する。書記以外の必要な職員の任命についての規定を設けることができる（第二一条）。

裁判所の所在地はハーグである。しかし、裁判所が望ましいと考えた場合には、他の地で開廷し、その職務を遂行することができる（第二二条）。規程の当事国は裁判所が必要により自国内で開廷し、職務を遂行することを許さねばならぬ義務がある。

法廷は、通常一五人の裁判官で構成せられるが、定足数は九人で充分である（第二五条）。裁判所は国際連合の機関であるから、裁判所の費用は、総会が定める方法によつて国際連合が負担する（第三三条）。各裁判官は年俸を受け、所長は特別の年手当を受ける。次長には所長として行動した日数に応じて特別の手当が支給される。規程第三一条によるところの裁判所の裁判官ではないが、紛争当事国が特に選んだ当事国国籍裁判官も、その職務を執る日数に応じて補償をうける。このような俸給、手当及び補償は総会が定める。そしてその額は任期中は減額できない。裁判官及び書記に恩給を支給するための条件並びに裁判官及び書記がその旅費の償還をうけるための条件は、総会の制定した規則で定められる（第三二条）。

四　特別裁判部、簡易手続部

裁判所は特定の部類の事件、たとえば労働事件並びに通過及び交通に関する事件などの処理のために、三人以上の裁判官から成る一又は二以上の部を必要に応じ設けることができる。この外、特定の事件の処理のために、いつでも部を設けることができるが、この場合に、その部を構成する裁判官の数は、当事国の承認を得て裁判所が決定する。当事国の請求があるときは、事件は右の部で裁判しなければならぬ（第二六条）。

また、事務の迅速な処理のために、裁判所は、五人の裁判官から成る部を毎年設け、当事国の請求に基いて簡易手続によつて事件を裁判することができる（第二九条）。この特別裁判部及び簡易手続部の与えた判決は裁判所の判決とみなされる（第二八条）。

四　裁判所の管轄

国際連合憲章は、国際連合の加盟国は当然に国際司法裁判所規程の当事国であることを規定するが、しかし、国際連合の非加盟国でも国際司法裁判所規程に参加できることを定めている。即ち、国際連合の加盟国でない国は、安全保障理事会の勧告に基いて、総会が各場合に決定する条件に従つて、国際司法裁判所規程の当事国となることができる（憲章第九三条）。スイスはこの規定によつて一九四七年に、リヒテンシュタインは一九五〇年に規程の当事国になつた。(9) 規程の当事国になることがもつ重要な意味は、規程の当事国のみが規程第三六条の規定によつて、裁判所の管轄を相互的に受諾することによつて、義務的管轄の効果を受けることができる点である。一九四六年に安全保障理事会が採択した決議によれば、規程の当事国でない国も選択条項（裁判所の義務的管轄権を認めるか否かの条項）に署名することはできるが、特別な合意のない限り、それは規程の当事国に対しては管轄の義務性を主張できない。なお、その決議では、規程の当事国でない国でも、特定の紛争或いは総ての紛争又は或種の紛争のいずれかに関して裁判所の管轄権を承認すれば、裁判所で訴訟の当事者になることが認められている。そのような国家は、裁判所の判決を忠実に守り、かつ憲章第九四条の判決履行の義務を果さねばならぬ。

(9)　スイスに対して定めた条件は次のようである。(1)裁判所規程の規定を承認すること、(2)憲章第九四条の規定する国際連合国の義務の総てを受諾すること、(3)スイス政府と協議した後に総会が時々割当てる適当な額の裁判所の費用の支出を引き受けること。リヒテンシュタインの条件もスイスの場合と同様である。

一　個人及び国家以外の団体と裁判所との関係

規程第三四条は、国家のみが裁判所における事件の当事者となることができる、と規定する。この規定は、国家以外のものが訴訟に関与することを禁止するものではない。それ故に、裁判所は、裁判における事件に関係ある情報を裁判所の規則に従つて、公の国際機関に請求することができ、またこれ等の公の機関が自発的に提供する同種の情報を受領する。公の国際機関の組織文書（constituent instrument）の解釈又はその組織文書に基いて採択された国際条約の解釈が裁判所における事件において問題となつている場合には、裁判所書記は、当該の公の国際機関にその旨を通告し、且つ総ての書面手続の謄本を送付しなければならない（第三四条第二・三項）。公の国際機関とは何であるかは定義されてはいないが、公の国際機関とは、国家間の条約によつて設けられた団体で、少くとも、その一部は複数国の代表者で構成せられているものであると解せられる。

国際連合は国際法の主体ではあるが、国家ではないから、裁判所で当事者となることはできない。しかし、国際連合は、総会又は安全保障理事会を通して、法律問題に関して裁判所の勧告的意見を求めることはできる。この法律問題については、国際連合がその当事者である場合でもよい。国際連合は国際法の主体として国際法上の請求権をもつことはできるが、その請求権を、自己の主要機関の一つである国際司法裁判所に持出すことはできないということは、合理的でないように考えられる[10]。

総会又は安全保障理事会が、法律問題について、国際司法裁判所に勧告的意見を与えるように要請することができるのみでなく、国際連合の他の機関又は専門機関も、その活動の範囲内において生ずる法律問題について、裁判所に勧告的意見を求めることができる。但し、勧告的意見を求める権利は総会によつて承認せられた機関に限るのである（憲章第九六条）。

（10） 国際連合が国際司法裁判所の当事者となることができないことから来る事態に応ずるために、一九四七年の「国際連合の特権及び免除に関する一般協約」の第三〇節では、次の意味の規定をしている。即ち、国際連合とその加盟国との間の紛争の場合には、裁判所に勧告的意見を求め、裁判所の与えた勧告的意見が当事者に対し決定的なものであることを承認する。

個人は裁判所に訴訟を提起したり、訴訟の当事者となつたり、勧告的意見を求めたりすることはできない。これは個人はいかなる方法をもつても、裁判所の審判をうけることができないとの意味ではない。個人の請求権は、その個人の属する国家が代つて裁判所に訴を提起することができる。実際においても裁判所の判決の多数は、個人から起つた問題である。個人と国家との間の国際法に関する問題で、もし国家が同意するならば、その事件を裁判所で取扱つてもよいはずであるが、現行裁判所規程ではそれは認められない。

二　裁判所の能力

国際法の一般原則によれば、いかなる国家も自己の意思に反して、法廷で争うことを強制されることはない。それ故に、裁判所は当事国が裁判所に付託することに同意した事件を取扱い得るのみである。原告が裁判所に訴を提起しても、それによつて直ちに裁判所が管轄権を得るのではない。

裁判所の管轄は、通常任意的管轄権と義務的管轄権とに区別せられる。任意的管轄権（voluntary jurisdiction）というのは、紛争事件を裁判所に付託する義務のない国が、自由意思に基いてその事件を裁判所に付託することに同意した結果、裁判所のもつ管轄権のことであり、義務的管轄権（obligatory jurisdiction）とは、予め条約の規定或いは宣言等の方法によつて一定の事件又は裁判し得る総ての事件を裁判所に付託することを約した結果、裁判所のもつ管轄権である。裁判所規程によれば、規程の参加国は、（イ）条約の解釈、（ロ）国際法上の問題、（ハ）確証されたならば国際義務の違反となる事実の存否、（ニ）国際義務の違反に対して行うべき賠償の性質又は範囲、等の法律的紛争について裁判所の管轄を、同一の義務を受諾する他の国に対する関係において、当然にかつ特別の合意なくして義務的なものとして認めることを何時でも宣言することができる（第三六条第二項）。この宣言は、無条件で、多数国もしくは特定国との相互条件で、又は一定の期間を定めてなすことができる（同条第三項）。裁判所の管轄を宣言によつて義務的なものとなすか否かを選択し得ることを規定するこの条項を選択条項（Optional Clause）とよんでいる。この選択条項によつて多くの国が裁判所の管轄権を義務的なものとして宣言しているが、その宣言には色々の留保を付ける結果、事実上義務的管轄権を否定するような方向に進みつつあることは遺憾である。

裁判所で裁判することのできるのは法律的紛争であつて、政治的紛争は裁判し得ない。仮定的な事件を裁判は取扱い得るか否か？　この問題については、上部シレジアにおけるドイツの権益問題において、裁判所は「国家は裁判所に対し条約の抽象的解釈を求め得ない理由はないようだ。むしろ、このことは裁判所の行い得る最も重要な機能の一つのようである」と答えている。次に、国内管轄権に属する事件については裁判所は管轄権をもたない。[11]

（11）Edrard Hambro, The Jurisdiction of the International Court of Justice, ハーグ講演集七六巻（一九五〇年）一六三―一七七頁。

裁判所は勧告的意見（Advisory Opinion）を与えることができる。裁判所規程第六五条は「裁判所は国際連合憲章によつて、又は国際連合憲章に従つて請求することを許可される凡ゆる機関の請求によつて、法律問題に関して勧告的意見を与えることができる」と規定する。勧告的意見を請求することのできる機関とは、憲章第九六条によれば、総会、安全保障理事会、その他の国際連合の機関並びに総会によつて勧告的意見を請求することを認められた専門機関である。勧告的意見は最初考えられたよりも、しばしば請求せられ、かつ重要なものであることが実際上証明せられた。裁判所の与えた勧告的意見の数は、大体判決の数と同数に上つている。勧告的意見は、法律問題に関して権威的な意見を与えることによつて、安全保障理事会や総会が彼等に付託せられた紛争に関する調停や報告の義務を遂行することを助けようと企てたのである。しかし、規程第六六条は、勧告的意見の請求があつた場合には、裁判所書記が裁判所に訴訟することを許される総ての国に直ちに通告することになつて居り、それ等の国は当該問題に関する情報を提供することができ、又国際機関も問題に関する情報を提供することができる。裁判所は又それ等の国や機関から陳述書を受け、又特に開かれる公開廷で問題に関する口頭陳述を開き取る用意がある旨を国や機関に通告する。実際においては、多くの利害関係者が法廷に現れて、問題について意見を述べ、事実上の訴訟手続と同様な手続が勧告的意見の場合にも行われるのである。裁判所規則第七一条は、勧告手続の場合にも訴訟手続の場合と同様に自国籍の裁判官を指名することができる旨を規定する。規程第六八条は、勧告に関する職務の遂行については、裁判所はこの規程の規定で係争事件に適用されるものを、適用することができると認める範囲内で準用しなければならないとしている。それ故に、判決と勧告的意見との相違は、実際的な効果の点から観れば、大ではない。勧告的意見は、判決と異り拘束力をもたないことはいうまでもない。

国際連盟の時代には、総会や理事会で勧告的意見を求めるには、全会一致によるべきか、或いは、それは手続事項であるとの解釈に基いて、単純な多数決でよいか、又は連盟理事会或いは総会の条件付多数でよいかはやかましく議論せられたのであるが、憲章の下ではこの問題は解消せられた。総会に関しては、勧告的意見の要請は重要問題であつて、憲章第一八条二項によつて三分の二の多数決で決せられる。安全保障理事会については、この問題は憲章第二七条によつて取扱わるべきであろう。即ち、手続事項以外の事項は、常任理事国の同意投票を含む七理事国の賛成投票によつて決せられる。但し、憲章第六章の紛争の平和的解決の場合には、紛争当事国は議決権をもたないから、憲章第六章の下で勧告的意見を求めた場合は、紛争当事国である常任理事国は勧告的意見の要請を妨げることはできない。

三　適用される法規

裁判所は付託された紛争に国際法を適用して決定することを職務とする。規程第三八条は裁判所が適用する法規として次のものを挙げている。

（イ）紛争国が明かに認めた規則を確立する一般的又は特別の国際条約
（ロ）法として認められた一般的慣行の証拠としての国際慣習
（ハ）文明国によつて認められた法の一般原則
（ニ）法の規則の決定の補助手段としての、裁判上の決定及び諸国の最優秀の公法学者の学説、但し、第五九条の規定に従うものとする。

この規定は、裁判所が、当事国が合意する場合に、公平と善とに基いて決定をなす権能を害しない。

（イ）に挙げたものは紛争当事国を締約国とする条約、或いは紛争当事国が条約の締約国ではないが、特定の条約に準拠することを予め紛争当事国が公式に承認したような場合に、それ等の条約が裁判の基準として適用せられるので、これは当然であるといえる。

（ロ）は国際慣習法であつて、国際慣習法は一般的な国際慣習法は勿論、紛争当事国間に存する特別慣習法も裁判の基準として適用できると解すべきである。

（ハ）に掲げる法の一般原則とは、文明国の国内私法の一般原則であつて、国際法の一般原則の意味ではない。国際法の一般原則は、殆んど総て国際慣習法の形で存在するから、これは既に（ロ）に挙げられている。国内私法は、原則として平等者間の関係を規律する法であるから、平等なる国家間の関係を規律する国際法の欠陥を補充する意味において、裁判所が裁判の基準として適用し得ることを認めたものである。具体的な紛争事件を規律する条約又は慣習法が存しない場合には、裁判所は国際法の不存在を理由として裁判の不能を宣しなければならないことになるが、これを避けるために、法の一般原則を裁判の基準となし得ることを認めたものと解せられる。（二）は裁判所の決定や最優秀の公法学者の学説は、何が国際法規であるかを決定する補助手段として用いることができる旨の規定であつて、裁判所の決定や最優秀の公法学者の学説自体が国際法であるとの意味ではない。規程第五九条は、裁判所の決定は、当事国の間及びその特定の事件についてのみ拘束力をもつ旨を規定して、前の判決が後の判決に影響を及ぼすことを避けんとしているが、裁判官の必然的な心理作用として、裁判の累積が国際法を漸進的に形成する作用を妨げることはできない。又裁判所が法的に同様な事情にある事件に対して、同様な判決を与えることは、裁判の統一性を保つ点からも必要なことである。

以上のように、裁判の基準が示されているが、当事国が合意する場合には、裁判所は公平と善（ex aequo et bono）とに基いて決定することができる。この規定は、裁判所が現行国際法を離れて、当事者の授権のある場合には、公平と善とに基いて裁判できる意味である。[12] 公平と善というのは、条理とか具体的妥当性を意味するものと解してよい。

（12）この点は、上部サヴォイ（Upper Savoy）及びゼックス地方（District of Gex）の自由地帯に関するフランスとスイス間の紛争（一九三二年）で問題となつた。

五　手続

裁判所の公用語は英語と仏語である（第三九条）。裁判所は事情が必要とすると認めたときは、各当事国の権利を保全するために執るべき仮措置を各当事国及び安全保障理事会に指示する（第四一条、規則第六一条）。当事国は代理人によつて代表され、補佐人又は弁護人の援助をうけることができる（第四二条）。手続は、書面手続と口頭手続に分れる。書面手続は、申述書、答弁書及び必要があるときは抗弁書並びに援用のための総ての文書及び書類を裁判所書記を経て、裁判所及び当事国に送付することから成る。一方の当事国が提出した総ての書類の認証謄本は、他方の当事国に送付しなければならない。口頭手続は、証人、鑑定人、代理人、補佐人及び弁護人の陳述を裁判所が開き取ることである（第四三条）。裁判所における弁論は公開とする。但し、裁判所が別段の決定をしたとき、又は当時国が非公開を請求したときは、この限りではない（第四六条）。裁判所の審議は非公開で行われ、秘密である（第五四条第三項）。裁判所は調査を行い又は鑑定を行う事務を、個人、団体、公庁、委員会又は他の機関に依託することができる(13)（第五〇条）。

裁判所は事件の進行について命令を発することができる（第四八条）。

(13) 例えば、英国とアルバニア間のコルフ海峡事件において、裁判所は、コルフ海峡における機雷の敷設及び掃海に関する問題の報告を得るために、オランダ、ノールウェー及びスウェーデンの海軍士官から成る専門家の一団を任命した（一九四八年一二月一七日の命令）。その後、同事件で英国の提出した賠償要求の計算と見積高を検討するために、専門家を任命した（一九四九年一一月一九日の命令）。

裁判を含む総ての問題は出席した裁判官の多数決で決定せられる。可否同数の場合には、裁判長又はこれに代る裁判官が決定投票権をもつ（第五五条）。判決には、その基礎となる理由を掲げ、決定に参与した裁判官の氏名を掲げ、判決に反対意見をもつ裁判官は、その意見を述べる権利がある（第五六・五七条）。判決は終審であつて、上訴することはできない。しかし、判決の意義又は範囲について争がある場合には、裁判所は、いずれかの当事国の要求によつて解釈を行い（第六〇条）、又決定的要素たる事実であつて、判決のあつた際には裁判所及び再審請求当事国に知られていなかつたものを発見したときは、判決の再審を請求することができる。但し、これを知らなかつたことが過失によらなかつた場合に限る（第六一条）。裁判所が別段の決定を行わない限り、各当事国は各自の費用を負担する（第六四条）。

第三国は、事件における決定によつて影響されることのある法律的性質の利害関係を有すると認めるときは、その事件に参加を許されるよう裁判所に請求を提出することができる（第六二条）。又事件に関係する国以外の国が当事国である条約の解釈が問題である場合には、裁判所書記は、直ちに総てのこれ等の国に通告しなければならない。この通告をうけた国は手続に参加する権利がある。参加した場合には、判決が与えた解釈は、その参加国に対しても拘束力がある（第六三条）。

六　判決の拘束力と執行

国際法を施行するための裁判所の判決は当事国を拘束するという原則は、国際法の承認せられた原則である。それ故に、国際連合憲章第九四条で「各国際連合加盟国は、自国が当事国となつているいかなる事件においても、国際司法裁判所の決定に従うことを約束する」と規定しているのは、単に国際法の原則を宣言したものに外ならない。国際連合の加盟国でなくても、裁判所規程に参加している国は憲章第九四条と同様な義務に従うことを要する。特定の事件で裁判所の管轄権を承認した国も、当然に裁判所の決定に従う義務があることは、裁判所規程第五九条からも明かである。もし、判決に従わない当事者があつた場合に、判決実現の手段としては、他方の当事国（国際連合の加盟国と否とを問わない）は安全保障理事会に訴えることができる。理事会は、必要と認めるときは、判決を執行するために、勧告をし、又は執るべき措置を決定することができる（憲章第九四条第二項）。この規定の解釈については学説が分れている。一説では、理事会に判決執行の義務を課したものではなくて、執行の権限を与えたものであると解する。もしそうであるならば、理事会は判決を実行せしめるための行動を執らず、従つて、判決が実現されない場合も考えられる。他の説では、上述の解釈は、裁判所並びに理事会の存在目的と相容れないから理事会が判決実現のための必要な手段を執るのは義務であると解する。その手段としては、勧告を行うか又はその他の執るべき措置を決定する。勧告は法的な拘束力をもたないから、勧告が受け容れられなかつた場合には、安全保障理事会は判決実現の方法を決定する、と解する。憲章第九四条の用語から観るならば、前説が正当であると考えられる。安全保障理事会が判決を執行するために或る手段を決定したときは、各加盟国は、その決定を受諾し且つ履行せねばならないことはいうまでもない（憲章第二五条）。

次に問題となるのは、紛争当事国が裁判所の判決に服することが、判決後の事情の変動によつて不能或いは困難となつた場合である。このような場合については、憲章も裁判所規程も規定を欠いている。

七　裁判所規程の改正

裁判所規程の改正は、国際連合憲章の改正と同一の手続で改正することができる。即ち、改正案が総会の構成国の三分の二の表決で採択され、且つ安全保障理事会の総ての常任理事国を含む三分の二の多数決で採択され、それぞれの国の憲法上の批准手続を終つたときに効力を発生する（憲章第一〇八条）。国際連合の加盟国でなくてこの規程の参加国の取扱いは、安全保障理事会の勧告に基いて、総会が決定する（規程第六九条）。裁判所規程の妥当か否かは、これに基いて活動している裁判所が最もよく理解するところであるから、裁判所が規程の改正を必要と認めるときは、総会宛の通知書で改正を提案することができる（第七〇条）。

国際法講座　第三巻　昭和二九年

中立国の義務

一　容認義務
二　回避義務
三　防止義務

戦争の場合には、交戦国は中立国又は中立性をもつ人及び物に対して、平時においては許されない行為を行う権利を認められ、交戦国の権利行為は中立国はこれを容認しなければならない義務がある。例えば、中立国の海上交通に対する封鎖、戦時禁制品制度及び非常徴用権（アンガリー権）の如きものはそれである。これを容認義務とよぶ。更に中立国は交戦国に対して一定の不作為の義務を課せられる場合がある。交戦国に軍事的な援助を与えてはならない義務の如きがこれであつて、この種の義務は回避義務とよばれる。次に中立国は、一定の事情の下においては或行為を為さねばならぬ義務を負う。この義務は中立国が積極的に或行為を防止せねばならぬ義務である。例えば、交戦国が中立国の領域を軍事的に利用せんとする場合には、中立国はこれを防止せねばならない。これを防止義務とよぶ。

一　容認義務

容認義務は交戦国が戦争法上の権利に基づいて為す行為を中立国が黙認しなければならぬ義務である。この交戦国の行為は、直接或いは間接に、中立国の国権に向けられる場合もあり、又中立国の国民に向けられる場合もある。中立国の自国民に対する外交的保護権は交戦国が戦争法で許された範囲を越えて交戦権を行使した場合にのみ行使することができる。この容認義務は二種に大別することができる。その一は、中立国及び中立国人の財産権に関するものであり、その二は、中立国人の地位に関するものである。

一　中立人の地位

交戦国内にある中立国人は、強制的に交戦国の軍務に服せしめられることはないが、中立国人なるが故に特に優遇せられることはない。中立国人の財産でも交戦国民のものと同様に、軍事上の必要がある場合には徴用せられ、又交戦国民と同様に、軍事上の必要より通信の自由、取引の自由及び居住の自由等も制限せられる。交戦国の軍務に服する中立国人は相手の交戦国からは敵国人にして軍務に服するものと同様に取扱われる。交戦者に対し敵対行為を為す中立国人も敵国人と同様に遇せられる（陸戦の場合における中立国及び中立人の権利義務に関する条約（以下「陸戦中立条約」と略称する）第一七条）。しかし、中立人なるに拘らず敵軍に服務し又は敵対行為を為した等の理由によつて特に敵国人よりも不利な待遇をうけることはない（同条末項）。

被占領地に在る中立人も被占領国の国民と同一な法的地位をもつに過ぎない。即ち、被占領国の国民よりも有利な待遇を占領軍に対して要求する権利を認められない。交戦国又は占領地に在る中立人が、このような待遇をうけることを中立国は容認しなければならない。

二　非常徴用権（アンガリー権）

中世においては、船舶の不足する交戦国は自国港内にある中立商船の出港を禁止して、これを拿捕し、乗組員を強制して自国の軍隊、軍需品等を運賃を先払いで輸送せしめることが行われた。交戦国のこの権利をアンガリー権（jus angariae）とよんだ。しかし、現在アンガリー権とよばれるものはこれと異り、自国の領域内にある中立財産にして船舶、航空機、車輛等の交通機関、その材料、その他軍事目的及び必要を満すものを賠償を支払って徴用することである。[1] 即ち、中世のアンガリー権のように、徴用の対象が中立商船に限定せられないが、一方において、中立商船の乗組員を強制して軍隊、軍需品の輸送等に従事せしめることはできない。交戦国のアンガリー権を否認する学者もあるが、[2] 最近の実行においては、中立国の抗議があるにも拘らず、アンガリー権が行われている。例えば、普仏戦争中一八七一年に、ルーアン（Rouen）に在ったドイツ軍は幾隻かのイギリス石炭船を拿捕し、フランスの砲艦がセーヌ河を溯るのを防ぐためにセーヌ河に沈没せしめ、石炭船の所有者には損害を賠償した。又ドイツ軍は占領したフランス領域内に在った多数のスイス船をも強制徴用した。

第一回及び第二回のハーグ平和会議で、中立国の列車の徴発権について意見が一致しなかったので、中立国領土から来る鉄道材料は「絶対的に必要な場合及びその程度に限って」交戦者が徴発又は利用し得ることを定めた。のみならず、「右の材料はなるべく速かに送還すべきである」とした（陸戦中立条約第一九条）。そして中立国も又交戦国から来た材料をその交戦国が徴発使用した程度以内において留置使用することができることにした（同条）。

第一次大戦においてもアンガリー権はしばしば行使せられた。アメリカは一九一八年三月二〇日の大統領布告により、抑留しているオランダ船を「戦争の遂行と関連する重要な目的に必要」なように使用する権限を海軍長官に与え、イギリスも亦自国港内に在るオランダ船に対し同様な方法を執った。

第一次大戦中に起った新しい現象としては、中立国が交戦国に対しアンガリー権を適用したことである。イタリアがまだ中立であつた一九一五年に、自国港内に在つたドイツ船を拿捕し、又一九一六年にポルトガルもこれと同様な行為をした。第二次大戦でも、中立国たるアメリカが先ず自国港内に在る独・伊の商船を徴用し、アメリカ大陸の他の国でこれに追随したものもあるが、中立国のアンガリー権を国際法上認めることはできない。しかし、中立財産に対する交戦国の非常徴用を中立国は容認せねばならぬ。

（1）オッペンハイムは、近世のアンガリー権を説明して、緊急の場合（in case of necessity）には、攻撃及び防禦の目的をもつて、交戦国は自国の領域・敵国の領域及び公海にある中立財産を破壊し又は使用する権利があると述べているが、これはアンガリー権の概念としては広きに過ぎると考えられる。このような交戦国の行為はむしろ他の概念、例えば、緊急状態（Notstand）の如きものによつて説明すべきであろう（Oppenheim, International Law, Vol. 2, 1952, pp. 761-62）。

（2）Richard Kleen, Lois et Usages de la Neutralité, 1900, T. 2, p. 68 et suiv.

三　海上捕獲

交戦国は海上において敵性ある船舶及び貨物に対して捕獲権を認められている。中立国は交戦国の捕獲権の行使を容認しなければならない。中立国旗を掲げる商船も、交戦国の軍艦によつて停船を命ぜられ、臨検、捜索をうけることがある。このような交戦国の行為を中立国は容認せねばならぬ義務がある。又戦時禁制品を輸送する中立船、封鎖を侵破する中立船等も、船舶又は積貨、或いは船舶と積荷とが共に交戦国によつて没収せられることがある。更に又中立船で交戦国の一方に軍事的援助を与えるようなものは、交戦国に捕獲せられる。このように、元来中立国の船舶であり、或いは中立人の所有に属する貨物であつても、それ等の船舶や積荷が敵性を認められる場合には、交戦国によつて捕獲せられるし、敵性をもつか否かを交戦国が確めるための手段として執るところの停船、臨検、捜索等の行為も容認しなければならぬ。このような海上捕獲の全般については、次節に述べられる故に、ここでは省略する。

二　回避義務

中立国は交戦国に対し、直接又は間接に戦争を援助するような行為を為すことを禁ぜられる。これを中立国の回避義務（duty of abstention）という。回避義務は或行為を為してはならないという消極的な性質のものである。一八世紀及びそれ以前においては、条約に基づいて交戦国に軍隊・兵器を供給することによつて交戦国の一方を直接に援助すること、又は一方の交戦者に与えない特権を他方の交戦国に与えることによつて間接に援助すること、例えば、一七七八年の米・仏間の条約で、両国の捕獲用私船に特権を認めたような行為は、現在の中立とは相容れない。中立国は交戦国の双方に援助を与えることも禁止せられる。この回避義務及び後に述べる防止義務は公平の義務（duty of impartiality）という言葉で総括せられるが、この公平の義務という言葉は、用語としては妥当でない。何となれば、公平である行為の総てが許されるのではないからである。既にヴァテルの指摘しているように、「同数の軍隊、同量の兵器・軍需品、その他の物が、異つた状態の下に与えられるときは、同様な援助とならない」からである。(3)

回避義務は中立国が直接或いは間接に敵対行為に参加することを禁ずるのみならず、国家が、国家たる資格において、交戦国に軍資を供給する行為をも禁ずる。自己の政府を通して行動する国家自身は、交戦国に金銭を貸与し、中立国で募集する交戦国の公債を保証し、交戦国に軍需品を売却する等、平時においては許されるこれ等の行為を回避せねばならぬ。普仏戦争中、アメリカは軍需品の過剰生産品を売却し、それがフランスの代理人によつて持ち去られてフランス軍隊の使用するところとなつた。プロシャはこれを中立違反として非難したが、この取引は開戦前から行われているということで弁護した。[4]「海戦の場合における中立国の権利・義務に関する条約」は、「中立国はいかなる名義をもつてするを問わず、交戦国に対し直接又は間接に軍艦・弾薬又は一切の軍用材料を交付することを得ず」と規定している（第六条）。中立国は交戦国に金銭・物資を供給することが禁ぜられるのみならず、労務の供給も禁止せられる。例えば、中立国が交戦国の労働力不足を補う目的をもつて労働者を募集し、これを交戦国に送ることは許されない。

中立国の回避義務は、中立国が国家として回避しなければならぬ義務であつて、中立国の個人が交戦国に物資を供給し、或いは交戦国の公債に応募し、又はその募兵に応じ、その他交戦国の工場で労働すること等を禁止するものではない。中立国は自国民に対し、右のような行為をすることを禁止する義務はない。又回避義務違反の行為と友誼的な行為とは区別せねばならない。例えば、交戦国軍艦に燃料及び糧食を許された範囲で供給する如きは、間接的に交戦国を援助することになり、又事情によつては一方の交戦国に有利な場合もあるが、これ等の行為は国際法上禁止されていないので回避義務の違反とはならない。[5]

（3） Vattel, Droit des Gens, iii, § 104, 1773.

（4） Moore, Digest, VII, §, 1309.

（5） 第二次大戦においては、アメリカは回避義務を完全に停止した。その理由は、枢軸国の侵略によつて戦禍がヨーロッパを越えてアメリカに及ばんとし、アメリカは自衛のために公然とイギリス援助を行つたのである。即ち、一九四〇年六月にルーズヴェルト大統領は英国政府に対し機関銃、自働小銃、野砲、航空機等の兵器を大量に譲り渡した。又一九四〇年九月二日にアメリカ政府は五〇隻の老齢駆逐艦を大西洋のイギリス領内にアメリカの海軍基地を設立することとの交換条件でイギリスに譲渡した。翌年の春、即ち一九四一年三月に武器貸与法（Lend-Lease Act）が成立し、これによつて大統領は、合衆国の国防に重要であると考える国の政府に防衛のために必要な物を売却したり貸与したりできることになつた。アメリカのこの行動を自衛とよび得るか否か疑問であるが、国際連合憲章の下においては、従来の中立観念が著しく修正をうけていることは事実である。

三　防止義務

回避義務は中立国の交戦国に対する消極的な受動的な義務であるが、中立国は或場合には、自国の領域内で或行為が行われることを積極的に防止する義務がある。即ち、中立国は交戦国又は他の者が自国内で為す行為を、平時ならば自国の意思によつて容認できるものであつても、戦時においては、これを防止せねばならぬ義務を課せられる。これを防止義務（duty of prevention）とよぶ。

一　敵対行為

中立国は交戦国が自国の領域内で敵対行為を行うことを防止する義務がある。例えば、中立国の領土で陸戦を行い、領空で空中戦を行い、領水内で海戦を行う等の行為は防止せねばならぬ。しかし、実際上中立国が微力である場合には、これ等の敵対行為を防止し得ない。事実上防止し得ない場合には、中立国は防止義務の違反として責任を負わない。この場合にも、交戦国が中立国の領域を侵犯したことに変りはないから、交戦国が中立国領域内で行つた敵対行為により中立国又は中立国民に損害を及ぼした場合には、交戦国は損害を賠償しなければならない。実力のない中立国の領域が戦場となつたことはしばしばある。日清戦争では朝鮮が、日露戦争では満州が戦場となつた。しかし、中立国の領域内に交戦国の一方の軍隊があり、中立国が実力をもつて、或いは故意に、交戦国軍を退去せしめない場合には、他の交戦国の軍隊がそれと交戦するために中立国領域に入つても、中立侵犯の責を負うことはない。「海戦の場合における中立国の権利・義務に関する条約」（以下「海戦中立条約」と略称する）は、交戦国は中立国の主権を尊重し、中立国が寛容の結果、その中立国の中立違反となるような一切の行為を中立国領域内で行うことを避けねばならぬと規定する（第二条）。中立国領水内での交戦が禁止せられるのみならず、交戦国軍艦は中立国領水内においては、捕獲及び臨検・捜索の権利を行使することも中立の侵犯である（海戦中立条約第二条）。船舶が中立国領水内で拿捕せられた場合は、その中立国は拿捕せられた船舶がなおその管轄内にある時は、その船舶を職員及び船員と共に解放するため、かつ拿捕者がその船舶に乗込ましめた艦員を抑留するために施し得べき一切の手段を尽さねばならぬ。拿捕せられた船舶が既に中立国の管轄外に去つたときは、捕獲国政府にその船舶を職員及び船員と共に解放することを要求し、交戦国はその要求に応じねばならぬ（海戦中立条約第三条）。このような中立国の義務は、明かに中立国の実力以上の義務を課したものではないから、中立国が交戦国に対し強制的に干渉することを要求されるものではない。中立国の防止義務の履行が中立国を危険に陥れるような場合には、義務不履行による責任を問われることはない(6)。

（6） 一九一四年にルクセンブルクがドイツ軍の侵入に対し抵抗しなかつたことは、侵入を阻止する実力をもたなかつたからで、従つて、中立義務の違反とはならない。しかし、中立国が自国領域内での敵対行為を傍観し、又は敵対行為を阻止するために施し得べき充分な手段を講じなかつた結果として、一方の交戦者に損害を被らしめた場合には、その損害に対し責任を負わねばならぬ。一八一五年の米・英戦争中、ポルトガルの領水内でイギリス巡洋艦のために攻撃せられたアメリカの捕獲用私船ゼネラル・アームストロング（General Armstrong）号事件では、アメリカはポルトガルが同船を保護しなかつたことを理由として賠償を請求したのであるが、この請求は、同船がポルトガル官憲の保護を要求しなかつたこと、ポルトガルがイギリス艦隊の行動を阻止するだけの兵力を現場にもたなかつたことを理由として、仲裁者ルイ・ナポレオンはアメリカの要求を却下した。

アメリカの南北戦争中、一八六四年に南部側の巡洋艦フロリダ（Florida）はブラジルの領水内で北部側の軍艦ワチュセット（Wachusett）によつて捕獲せられた。そこでブラジルは、同艦捕獲の際に艦内にあつた総ての者の完全な自由並びに同艦の引渡し及び艦長の処罰を北部側に要求した。北部の政府は、捕獲は権限なき不法のものであり、外国の領域内におけるアメリカ海軍の弁護の余地なき行為であることを認めた。そしてワチュセット号の艦長は軍法会議に附され、フロリダ号の乗員は釈放せられた。しかし、ワチュセット号自身はハムプトン・ローズ（Hampton Roads）で適切な方法で止めることのできない浸水のため沈没したので、引渡しできなかつたのみならず、賠償の義務をも認めなかつた（Moore, Digest, VII, pp. 1090-91）。

二　軍事的利用

交戦者が中立国の領域を敵対行為以外の方法で利用することも中立国は抑止せねばならぬ。陸戦においては、中立国は自国の領土を通過せんとする交戦国の軍隊又は弾薬もしくは軍需品の輜重を防止せねばならぬことは慣習法として一般に認められている。一九〇七年の「陸戦の場合における中立国及び中立人の権利・義務に関する条約」（以下「陸戦中立条約」と略称する）第二条はこれを確認したものである。もし交戦国軍隊が中立国領土内に避難することが許されたときは、中立国は彼等の武装を解除し、脱走を防止するために抑留しなければならぬ。中立国が交戦国軍隊、軍需品及び輜重の通過を防止せんとし、或いは中立国に避難する交戦国軍隊の武装を解除せんとする場合に、交戦国軍隊が抵抗し、中立国が中立義務を履行するため已むなく兵力を使用するときは、敵対行為と認めることはできない（陸戦中立条約第一〇条）。抑留した交戦国軍隊には衣食を給せねばならぬ。留置のために要した費用は、平和の回復後に償却せられる（陸戦中立条約第一二条）。中立国の領土内に抑留せられた交戦国の傷病者には赤十字条約が適用せられる（陸戦中立条約第一五条）。

海戦の場合においても、中立国は交戦国が中立国の領域を軍事的に利用することを防止せねばならぬ。例えば、中立国内に捕獲審検所を設置し、中立国の港及び領水を敵に対する海軍作戦の根拠地として使用し、又は陸・海・空の交戦国軍隊と通信する目的をもつて無線電信局又はその他の機関を設置することを防止しなければならぬ（海戦中立条約第五条）。しかし、交戦国船舶又は交戦国の捕獲した船舶が、陸地内の領水以外の中立領水を単に通過することは、中立の侵害又は中立義務違反の問題を生じない（海戦中立条約第一〇条）。

空戦に関しても同様である。中立国は交戦国の軍用機が自国の領空で交戦したり、通過したりすることを防止せねばならないのみならず、自国領土を航空基地として使用することを防止する義務がある。交戦国軍用機が中立国領域内に着陸したときは、その武装を解除し、乗組員は抑留せねばならぬ。抑留者に衣食を供せねばならぬことも同様である。

これ等のほかに、中立国は中立国領域内に交戦国が徴募事務所を設けることも防止せねばならぬ。陸戦中立条約は「交戦者のため中立領土において戦闘部隊を編成し、又は徴募事務所を開設することを得ず」と規定して、慣習法を確認している（第四条）。これと同様に、交戦国の軍艦が中立の港・泊地及び領水で艦員を補充することを防止せねばならぬ（海戦中立条約第一八条）。しかし、中立国は自国領域内の個人が、外国に到着したとき交戦国の徴募に応ずる意思をもつて、自国の領土を去るのを防止する義務はない（陸戦中立条約第六条）。又中立国は交戦国の国民が帰国後軍務に服する意思をもつて彼等の母国に帰る途中に中立国の国境を通過する場合には、それ等の者が兵役にあると否とを問わず、個人として通過するのであつて、組織せられ、統一せられ、又は武装した団体として通過するのでない限り、防止する義務はない。

慣習法は、中立国が交戦国のために自国の領域を遠征軍（expeditions）の出発点として使用することを許可してはならないとの一般原則を認めている。しかし、いかなるものが遠征軍であるかについては、必ずしも明瞭でない場合がある。

遠征軍の第一の形態は船舶である。一方の交戦者に勤務する目的をもつて、中立国内で船舶に艤装及び武装を施すことも、一種の遠征軍の出発点として中立国を使用することになると解すべきである。しかし、商船の所有者たる私人がその商船を武装し、そして中立港でそれを売却し、或いはそれを交戦者の一方に売却するために外国に送るような場合には、中立国はこれを防止する義務はない。この種の船舶は、戦時禁制品として公海で拿捕できるが、しかし、これは遠征軍としてではない。又自国民或いは他国民が、交戦者の注文により、彼等の従事する営業上の利益のみを目的として船舶を建造する場合にも、中立国はこれを防止する義務はない。しかし、中立国で建造せられた軍艦に交戦国の兵員が乗組み、公海に出れば直ちに敵対行為を為し得るような状態で中立港を出ることは防止しなければならぬ。これは中立国の領域を遠征軍の出発点とすることに外ならないからである。これに関する有名な事件としてアラバマ号事件がある。(7)

(7) アメリカの南北戦争中、アラバマ(Alabama)号は南部側がイギリスに注文して建造した船の中の一つである。建造港を出港後、イギリスの他の港で武装され、南軍の巡洋艦として活動した。これはイギリスの中立義務の違反であるとして、アメリカはこれによつて蒙つた損害をイギリスに請求した。この事件は一八七一年のワシントン条約によつて仲裁裁判に附され、裁決はイギリスの中立違反を認めた。一八七一年のワシントン条約中には、中立国は平和関係にある国に対して、交戦をなす意思をもつと信ずべき合理的な理由のある「すべての船舶」の自国管轄内での設備・武装又は艤装を防止するために「適当な努力を払うべき」義務のあることを予め協定した。これによると、軍艦は出港の際武装せられていなくても、それ自身の性質上、敵対遠征軍と同様に、敵に損害を加え得る能力をもつものである。ハーグの海戦中立条約では、米英協定中の「適当なる努力」という言葉を「中立国は施し得べき一切の手段を尽すことを要す」と置き替えている(第八条)。これによれば、交戦国が巡邏用又は敵対行為に使用すると信ずる相当の理由ある船舶を、中立国領域内で武装又は艤装することを防止するため施し得べき一切の手段を尽すこと、及び自国内でそれ等の目的の船舶を全部又は一部戦争の用途に適合せしめた場合には、出港を防止するため施し得べき一切の手段を尽す義務がある(Brigs, The Law of Nations, 2nd ed. 1953, pp. 1026-27)。

中立国が自己の領域から出発することを防止せねばならぬ遠征軍の第二の形態としては戦闘部隊がある。遠征軍が中立国の陸の国境を通過して出発すると港から出発するとを問わず、均しく防止義務がある。遠征軍とよばれるためには、⑴将校の指揮下にあること、⑵団体の者が共通した敵対行為の意思があること、⑶武装していること、の三個の要件が必要である。ハーグの陸戦中立条約第四条の「戦闘部隊 corps of combattants」という言葉も不明瞭であつて、武装を必要とするか否かについて争いがある。先例も一致していない。一八七〇年にアメリカは二隻のフランス汽船に搭乗したフランス人部隊が出港することを防止しなかつた。その理由は、彼等は組織されておらず、かつその時船積された兵器や軍需品は彼等に所属するものではなかつたからである。しかし、他方において、イギリスは一八二九年に、イギリスを武装せずして出発したが、武器を与えられるならば直ちに行動を開始できるように組織されたポルトガルの軍隊がテルセイラ（Terceira）に上陸することを防止した。

以上のような二種の行為、即ち、中立港から遠征軍の性質をもつ船舶を出港せしめること及び戦闘部隊を編成出発せしめることは、中立国内における個人の行為について中立国が防止義務を負うものであるが、これらの二種の行為の外は、中立国は自己の領域で、自国人又は外国人が直接又は間接に交戦者と関係を保ち、それによつて交戦者を利する行為を為しても、それを防止する義務はない。慣習法は中立国の国家としての行為と個人の自由意思に基づく行為との間に厳重な区別を認めている。例えば、中立国内で交戦国の一方に不利益な意見又は批判を発表しても、中立国はこれを防止する義務はない。一九一四年にアメリカが中立宣言を行つて間もなく、大統領ウィルソンが国民に対し、「行為においても、思想においても公平」であり、かつ「相争つている当事者の一方に特に恩恵を与えたものと解せられるような各取引及び感情」を抑制すべきことを訴えたのは、国内政策の見地からはともかく、国際法の要求するところではない(8)。

(8)　中立国は自国民が個人として交戦者へ金銭の貸付けをすることを防止する義務はない。中立国人民が交戦者に対して寄附金を与える場合も同様である。一九一四年九月に、アメリカ国務省は「アメリカ銀行家の交戦国への貸付けは局外中立の真の精神と一致しない」と宣言した。ウィルソン大統領も亦第一次大戦の開戦当時に、交戦国に金銭の貸付けを為すべきでないとの希望を述べた。その理由は「中立の精神に反する」ということであつた。しかし、これは国際法の要求する義務ではない。

中立国人が交戦者に軍需品を売却する場合も中立国はこれを防止する義務はない。しかし、ここに問題となるのは、交戦国商船が中立国の領域を直接に有効な敵対行為に役立たしめんがために、中立港において、軍需品の手広い商業をするときは、一般原則の例外として、禁止すべきではないかとの問題が起る。交戦国軍艦が燃料及び食料等を幾度も更新することによつて、中立港を活動の根拠としてはならないことが明かであるとすれば、交戦国商船が同一の目的を達することは許さるべきでないということになる。海戦及び陸戦の両中立条約は「中立国は交戦国の一方又は他方の為にする兵器・弾薬、その他軍隊又は艦隊の用に供し得べき一切の物件の輸出又は通過を防止するを要せざるものとす」（第七条）として一般原則を規定している。

第一次大戦中において、連合軍側はその軍需品の供給を主としてアメリカから仰いだのであるが、ドイツ側は殆んど供給をうけることができなかつた。これはイギリスが制海権を握つていたからである。そこでドイツ政府は、一九一五年四月四日に、もしアメリカ国民が「真に局外中立」たらんとの意思を有するならば、アメリカはこの「一方へのみの供給」を防止するか、又はイギリスをしてドイツと中立国との合法な通商の妨害を停止せしめるように、その局外中立をもつて強制すべきである、ということを、指摘した。オーストリア・ハンガリーも一九一五年六月二九日にこれと同様な抗議を提出して、兵器工業は「予期せざりし高度の飛躍」を遂げ、ハーグの海戦中立条約は新事態に応ずるために変更されることを期待する旨を指摘した。しかし、アメリカの態度は変更されなかつた（Fenwick, International Law, 3rd ed. 1948, p. 658）。

三　中立港の使用制限

交戦国が中立国領域内で敵対行為を行い又は軍事的に中立国領域を利用することは、中立国が防止せねばならないが、一定の条件の下で、交戦国軍艦が中立港を使用することは例外的に許される。しかし、この場合に、中立国は両交戦国に対して公平に課せられた条件及び制限を適用せねばならぬ（海戦中立条約第九条）。

(1) 碇泊　中立国の港、泊地又は領水内における交戦国軍艦の碇泊の制限に関する慣行は区々であつた。海戦中立条約は、世界の各地に軍港をもつイギリスと僅少の港しかないドイツとの妥協によるものである。同条約は、中立国に条約の規定と反対の特別な立法のないときは、中立国の港、泊地又は領水内における交戦国軍艦の碇泊は二四時間に制限されることを規定する（第一二条）。この条約の成立以前の実行としては、中立国領水内における交戦国軍艦の碇泊は無条件に二四時間とする傾向があつたが、この条約の結果、これに関する中立国の立法がある場合は、その立法に従うことを認めたので、必ずしも二四時間と限定されるわけではない。開戦当時中立国領水内に在る交戦国軍艦に対しては、中立国は二四時間以内或いは自国法で定めた期間内に出発すべきことを告知せねばならぬ（第一三条）。のみならず、中立国の特別な立法のない限り、同一交戦国の軍艦は三隻以上同時に一つの港又は泊地に滞在することは許されない（第一五条）。従つて、超過した軍艦は直ちに公海に出航するか、或いは他の中立港に移動せねばならぬ。この碇泊に関する二四時間規則は、軍艦が破損のため又は海上の状態により出港し得ないときは延長せられるのであるが、出港遅延の原因が止んだときは、直ちに出発せねばならぬ。もし中立国官憲の出港命令にも拘らず、滞留する権利のない港を去らないときは、中立国はその軍艦が戦争継続中出港を不能とするため必要と認める手段を執ることができる（第二四条）。この規則は、専ら宗教、学術又は博愛の任務をもつ軍艦には適用せられないが、英・米・仏・伊・和等の諸国は軍艦以外の公船に対してもこの規則を適用している。

(2) 出港　中立国の同一港又は泊地内に両交戦国の軍艦が在るときは、一方の軍艦の出発と他方の軍艦の出発との間には、少くとも二四時間の間隔を置かねばならぬ。出発の順序は到着の順序によつて定められる。これと同様に、同一港内又は泊地内に交戦国の軍艦と敵の商船がある場合には、軍艦は敵商船の出発後二四時間以上経過せねば出発し得ない（第一六条）。

(3)　修理　中立港及び泊地で為される交戦国軍艦の修理は、いかなる方法によるを問わず、戦闘力を増加せしめることは許されないのであつて、航海の安全に欠くべからざる程度に制限される。修理すべき範囲は中立国官憲が定め、できるだけ迅速に修理せねばならぬ（第一七条）。

(4)　補給品　交戦国軍艦は中立港で補給をうけた結果、平常よりも戦闘力を増大する結果となることは、中立国領域を軍事的に利用することに外ならない故に、交戦国軍艦はその軍需品或いは武装を更新又は増加したり、艦員を補充したりすることは禁止せられるが（第一八条）、軍艦の軍需品は平時における通常の搭載量まで中立港で補給をうけ得る（第一九条一項）。燃料の補給については、ハーグ会議において意見が分れた為に、交戦国軍艦が自国の最近港に到着するに必要なだけの燃料の補給を許すべきか、又は軍艦の石炭庫を満すまでの補給を許すべきかは中立国の選択に委ねている。しかし、これ等二つの場合において、交戦国軍艦に対し三ヵ月以内に同一中立港で再度燃料の補給を許すことは禁ぜられる（第一九条二項、第二〇条）。

(5)　捕獲船の抑留　交戦国軍艦が捕獲した船は、航海の不能、海上の険悪、燃料又は糧食の欠乏等の事由による場合でなければ、中立港に引致することを得ない（第二一条一項）。これ等の理由以外の理由で引致せられたときは、中立国はその船を解放せしめねばならぬ（第二二条）。捕獲船の入港を正当ならしめた理由が止んだときは、直ちに出発せねばならぬ。出発しないときは、中立国は出発を命じ、その命に服しないときは、その職員及び船員と共にその船を解放し、かつ捕獲者が船内に乗組ましめた艦員を留置するため施し得べき手段を尽さねばならない（第二一条）。

更にハーグの海戦中立条約は、捕獲せられた船が捕獲審検所の検定のあるまでこれを拘留するため引致せられた場合には、中立国はその船が護送せられると否とを問わず、入港を許可し得る旨を規定するが（第二三条）、この規定は、日・英・タイ等によつて留保せられている。

中立国は自国領水内で起る一切の条約違反を防止するため「施し得べき手段による監視」を行うことを要する（第二五条）。従つて、中立国は自国の国力及び周囲の事情等に応じて施し得べき手段を尽して監視すれば足りる。

四　軍用航空機

交戦国の軍用航空機は軍艦と同様に取扱わるべきか否か。この点については国際法は確立せられていない。中立法は中立国の陸地及び陸地内の水域と領海との間に区別を認め、交戦国軍艦及び軍需品の領海の通過は認めるが、陸地及び陸地内の水域の通過は認めないのが原則である。この原則をそのまま適用すれば、交戦国軍艦に許される中立港の使用は、軍用機に対しても許されねばならぬことになる。しかし、立法論としては、中立国領域の利用につき、海と陸との間に区別を認めること自体が根拠のないことであつて、この区別が現存するのは慣習の惰力に過ぎないのである。ハーグの空戦法規案は「交戦国軍用航空機は中立国管轄内に入ることを得ず」（第四〇条）とし、又「中立国政府は交戦国軍用航空機がその管轄内に入ることを防止するため、及びその管轄内に入りたるときこれが着陸又は着水を強制するために施し得る限りの手段を用いることが必要である。中立国政府は、原因のいかんを問わず、その管轄内に着陸し又は着水した交戦国の軍用航空機を乗員及び乗客があるときはその乗客とともに、抑留するため施すことができる手段を用いなければならない」（第四二条）としている。立法論としてはこの規定を是認できるし、実行もこれに合致しつつある。

法学研究　第二九巻一・二・三合併号　昭和三一年

海港の開放について

一、はしがき

海港の開放という言葉には、相当広汎な問題が含まれている。第一に海港（ports maritimes）又は港という言葉自体の概念が国際法上明確であるとはいえない。第二に、海港に出入するに当つても、自国船と外国船の区別がある。第三に、外国船の場合にも、外国軍艦又は公船と私船の区別がある。第三に、外国船といつても、通商航海条約その他の条約で自国港を開放している外国の外国船もあるし、そうでない外国の外国船もある。第四に、外国船の港への出入に関しても、自国が戦争状態にある場合と、そうでない場合との区別がある。第五に、自国港内における外国船の取扱いの問題があり、この取扱いも、公船と私船とは区別され、又戦争状態にある場合と平時の場合とでは区別がある。この稿ではこれ等の総ての問題について論ずることが目的でなく、平時において、外国私船のために自国港は開放せられねばならないか否かという点に限定して取扱うことにする。

二、海港の概念

海港又は港の定義は国際法学者間に必ずしも正確に一致しているとはいえない。知名な学者の見解を挙げると、ジーデルは「海港とは一般に自然によつて配備せられ、かつ海上通商及び輸送又は航海の必要を含む活動の安全の目的をもつて船舶を碇泊せしめるために設備された（amenagé）場所である」としている。(1) ラウンによれば「海港とは陸から水上へ又は水上から陸上へ又は類似の他の輸送方法で水上輸送をする目的をもつて、人及び貨物の積み降しを目的とする施設の全体である（un ensemble d'installations）」とする。(2) 多くの国際法学者が引用する港の定義としては、第一次大戦の時ドイツ汽船メーヴェ号（Möwe）の捕獲事件でサー・サミュエル・イヴァンズ（Sir Samuel Evans）の与えたそれである。イヴァンズは「貨物の積み降し、人の乗り降りの目的のために船の来る習慣になつている場所が港である」(3) としている。この定義は、ハーグの第六条約（開戦の際における敵の商船の取扱いに関する条約）における港の意味に解釈したものである。フォーシーユは「港とは船舶に避難所を提供するために人間の設備した海岸（côte maritime）の凹所（retrait）であるとしている。(4)

以上挙げた海港に関する定義は、比較的最近の定義として代表的なものであるといつてよい。これ等の定義の中で、比較的無難なものはジーデルのそれである。その理由は、ラウンのように「貨物及び人の積み降しを目的とする施設の全体である」とする定義は大体において海港の使用目的の全般を包含するが、或場合には海港は避難所として用いられる場合があり、又燃料や乗組員の食料補給のために船舶が入港することもある故に、乗客や貨物の積み降しのみに限定して定義することは正確ではない。イヴァンズの定義もこれと同様な非難を免れない。又フォーシーユの定義は、港を「海岸の凹所」に限定しているが、世界の有名な港で河岸にある港が相当数ある。ロンドン、アムステルダム、ニューヨーク、ハンブルク等がその適例である。この点から考えて、フォーシーユの定義も不完全である。海港又は単に港という言葉は海岸にあることを必要とするのではなく、海洋から直接航行できる河岸にあるものも海港とよばれるのである。ジーデルの定義で多少明確を欠く点は、「……船舶を碇泊せしめるために設備された場所」であるという場合に、場所自体が港であつて、設備はこの場所に含まれるか否かの点である。この点はラウンの定義は明瞭であつて、「施設の全体」をもつて港としている。港の概念を明瞭にすることは国際法上無用なことではない。何となれば、港の内部を内水として港の所属国が陸地に対すると同様な支配権を行使し得るからである。それ故に、施設を含める場合と、含めない場合とでは内水の範囲に相違があるからである。次に、イヴァンズの定義は、港をもつて「船舶の来る習慣になつている場所である」として、施設の点には全く言及していない。港としての施設をもたないものは港でないか否か。この点は仲々困難な問題である。古い時代には船の発着する場所にも特に施設を設けなかつたかも知れない。しかし、現在のように大型の船舶が発着する場合には、施設なくして船舶を発着せしめることは不能であろう。それ故に、船舶の来る場所には、その発着のために必要な施設のあることは自明の理として、特に施設に言及しなかつたのであると察せられる。それ故に、何の施設もない自然のままの海岸又は河岸を港とよび得るか否か疑問である。この点において、港は碇泊所（rades）と区別せられる。碇泊所は船舶が碇泊するための特別な施設は必要でなく、そのために、船舶は海岸から離れて碇泊する。[5] フォーシーユは碇泊所を定義して「碇泊所は海への自由な出口をもち、船が投錨することができる自然的又は人工的な大きな水槽（bassin）である。碇泊所は港の入口として港の延長及び従属

物である」としている。(6)

碇泊所と港とは又他の点でも区別せられる。即ち、港は単に船舶が投錨するだけでなく、そこでは人や貨物の積み降しその他が行われる場所であるが、碇泊所は、原則として、碇泊のための場所であつて、人や貨物その他の積み降しを目的とする場所ではない。このように観るならば、港たる要素としては、(1)色々の目的をもつ船舶が碇泊する場所であること、(2)船舶が発着するための設備をもつことが必要である。(7)

以上の諸点を考察した上で海港を定義すれば「海港とは航海船の平常発着するために設備された場所である」ということができるであろう。

海港に対するこの一般的な定義に対し、一九二三年の「海港の国際制度に関する条約及び規程」は異つた定義を与えている。規程第一条は海港を定義して「航海船の平常出入し、且外国貿易のため使用せられる一切の港は、本規定の意味において海港と認めらるべし、Sont considérés comme ports maritimes, au sens du présent statut, les ports fréquentés normalement par les navires de mer et servant au commerce exterieur」と規定する。ここで平常（normalement）という意味は「常に」という意味ではなく、例えば冬季に凍結して港の使用が不能であつても、その他の時期に船舶が規則的に出入するような港も、この中に含まれる。そしてこの定義では「外国貿易の為に使用せられる港」であることを条件とする。この条件は日本政府の要求によつて附加せられたものである。(8)従つて、一九二三年のジュネーヴ条約における海港の定義は国際法上の海港の定義よりも狭いものであるが、これは前掲第一条に規定しているように、この条約における海港の意味であつて、一般的な海港の定義ではないから、この条約の規定によつて、海港の一般的な定義はなんら影響せられるものでないことはいうをまたない。

（1） Gidel, Le Droit International public de la Mer, Tome II, 1932, p. 19.
（2） B. Laun, Le Régime international des Ports（ハーグ講演集、一九二六年第一五巻五頁）.

(3) P. Fauchille et J. Basdevant, Jurisprudence Britanique en matière de prises maritimes, Tome I, p. 51. この定義はO. J. Colombos, The Intenational Law of the Sea, 3rd ed. 1954, p. 128-129 及び Fauchille, Traité de Droit International public, Tome I, 2ème Partie, p. 388 ; Gidel, op. cit., p. 20 等にも引用せられている。

(4) フォーシーユ、前掲、三八八頁。

(5) 碇泊所と港との区別をそこに碇泊する船舶の安全度に求め、港は碇泊所より安全な場所とする説もある。しかし、安全度の認定は困難な場合があり、従つて、この点からのみでは港か碇泊所か区別が困難な場合があり得る(ジーデル、前掲、二二頁参照)。

(6) フォーシーユ、前掲、三八八頁。

(7) Ports も harbours (hâvres) も日本語では港と訳されるが、フォーシーユは「hâvre とは人の手で変形せられないで船の入ることのできる自然の小さい港 (petits ports naturels) を指す。現在では hâvre という言葉は特に干潮の時には水がなくなる ports を示す」(フォーシーユ、前掲、三八八頁)。従つて、これによると hâvre も港の一種であるといえる。

スミス (H. A. Smith) は港を直接には定義していないが、「港という言葉は、人工的施設の最先端間に引かれた直線の中に横たわる総ての水域を含む……」としている (H. A. Smith, The Law and Custom of the Sea, 2nd ed. 1950, p. 23)。これは水域のみが港という意味ではなく、内水との区画を明かにするために用いられた表現である。

(8) 日本の修正案は南米の大部分の国に支持せられた。ヴェネズエラの代表は、海岸の莫大な延長と監視の困難を理由として、総ての港を外国貿易のために開くことはできない旨を述べた(ジーデル、前掲、二一頁参照)。

三、入港の自由に関する問題

外国の港に平時において、私船が入港することは自由であろうか。即ち、国家は自国と平和関係にある国の私船を自国港に入港させるために自国港を開放する義務があるであろうか。この問題については、二つの相反する学説がある。

(1) 開放義務説

開放説の理論的な根拠として、例えばラプラデル(de Lapradelle)は、万国国際法学会の一九一〇年のパリでの開期で海洋自由を論ずるに当つて、次のように述べて開放説を主張している。即ち「もし、海洋が自由であるならば、それは通路として役立つからであつて、何人も、もし停止したり、休んだり補給したりするために、道に沿つて駅を利用することができないならば、通路を利用し得ない。海洋の自由な航行は、平時においては、商船に対し、休んだり補給したりするために、地方的資源を利用する権利をもつて、外国の水域に自由に接近することを意味する。……海洋航行の自由は、停止したり補給したりすることなしに、海洋を通過することであると解するならば、これは無用の言葉である。沿岸国の防衛及び安全のために必要な例外を除いて、湾、碇泊所、港にも寄港権をもつとせねばならぬので、これなくしては、海洋の自由は人を欺く錯覚に過ぎない」[9]。このラプラデルの言葉は、港が開放せられねばならぬ必要性を強調するものではあるが、国際法上港が開放せられていることを証明するものでなく、従つて、国家は国際法上、平時において外国私船に自国の港を開放せねばならぬ義務があることを明かにしたものではない。

又フォーシーユは、「近年門戸開放の原則(doctrine de la porte ouverté)が形成せられた。この原則は、各国が他国にその産物を受け容れ、国民をしてその領土で取引せしめることを義務づけるものである。この原則を特に支那に適用して、この原則にイニシアティヴをとつたのは合衆国である。即ち、彼等は一九〇〇年にヨーロッパの諸国、殊に英国と支那における海港を同時且即時に行うべきことについて商議した」[10]として、支那の門戸開放について論じている。この主張では、単に海港に限らず、陸上からも国家は外国の産物を受け容れ、自国の領土上で、外国の産物を受け容れるための取引きを行う義務を国家が負担することになるのであるが、このような義務を国家が一般的に負担しないことについては、国際法上議論の余地のないことである。フォーシーユが、国家はこのような一般的な義務を負うことを主張するとすれば、国家は外国商船が海上から自国港に自由に出入し、陸路又は空路から自国の領域に入ることを拒否できないことになる。国家がこのような義務を負担しないことは明かであるが、さればといって、国家は一切の港を外国船に封鎖し、又陸路及び空路からも一切の外国航空機や人及び車輌が自国領域に入ることを禁止し得るか否かについては疑問がある。この意味において門戸開放の原則を主張したとするならば、国際法上考慮に値する主張であると言わねばならない。しかし、この点については後に述べることにする。門戸開放の原則をこの意味に解するとしても、フォーシーユのいうところの国家は外国の産物を受け容れ取引を行う義務があるか否かは疑問であり、むしろそのような義務はないと解することが妥当である。

更に開港義務を主張する説の根拠として援用し得るものに、万国国際法学会の二つの決議がある。一八九八年にハーグで開かれた国際法学会は「外国港における船舶及びその乗組員の法律制度に関する規則（Règlement sur la régime légal des navires et de leurs équipages dans les ports étrangèrs）」を同年八月二十三日に採用しているが、その第三条は「原則として、港及び第一条で定められた海の他の部分への出入は、外国船に開放せられたものと推定せられる……。（est présumé ouvert）」としてある。[11] この決議では「推定」という言葉を用いて、港の開放を確定的な言葉で表現していないが、一九二八年にストックホルムで開かれた万国国際法学会の「平時において外国港における船舶及びその乗組員の制度に関する規則」では、同じく第三条で「原則として、港及び第一条で定めた海洋の他の部分への出入は外国船に開放せられる……[12]」と確定的な表現が用いられている。この二回の決議を比較すると、港を外国船に開放することの主張が懐疑的な態度から確定的なものに進展したことを物語るものであり、この決議は文字通り解釈すれば、国家は外国船に自国港を開放する義務があることになる。上述の二つの決議でも、無条件に開放の義務を主張するものでなく、開放の原則に対する例外として、第一に、国家の安全又は公衆衛生上の利益により閉鎖を必要とする場合、第二に、復仇の手段として特定国の船に対し閉鎖する場合を挙げている。このような理由によつて自国港を閉鎖する場合は、相手国との条約で、一般的に前掲の港又は泊地への自由出入が保障せられる場合にも港を閉鎖し得ることが認められている。この規定は一八九八年のハーグでの規則第三条にはないが、一九二八年のストックホルムの規則第三条に規定せられている。右の二つの決議は、従つて、原則的には開放の義務を認めるが、例外的には閉鎖し得ることを承認するものである。

（9） Gidel, op. cit., p. 40-41.
（10） Fauchille, op. cit., Tome I, 1922, p. 487.
（11） En règle générale, l'accèss des ports et des autres portions de la mer spécifiées dans l'art. 1, est presumé ouvert aux navires étrangers.
（12） En règle générale, l'accèss des ports et des autres portions de la mer spécifiées dans l'article premier, est ouvert aux navires étrangers.

学説として開港説を強力に主張する学者にラウン（Laun）がある。彼の学説を要約すると次のようになる。即ち、もし港は国家の領域の一部であるとの見解から出発すると、自国の領域内にある港に対しては、国家は国際法規の制限内で、外国船に対する港への出入、使用をいかなる条件の下に認めるかについて決定し得る。しかし、二世紀以上このかた国際法の実行において、特別な例外があるとは言え、総ての国の船舶は国際法団体に属する総ての国の港に自由に出入し得るという法律上の原則が確認せられている。外国船の出入を許すということは、必然に外国人の出入を許すことを想定する。このことは、国家間の多くの条約を通して、最近では国際法の一般原則と認め得る。それによれば、外国人は国籍に区別なく平等に取扱われねばならない。少くとも、国際法自体は、例えば、中立国民と交戦国民との間における場合のような例外を認めない。それ故に、国際法に基礎をおかない外国民の差別待遇は国際法の原則の侵犯となる。この国際法の原則は、ある国家における外国人の総ての平等待遇を目的とするものであることは事実である。このことからして、外国人は自国人と平等に取扱われねばならぬと結論することはできない。それ故に、人々はこの国際法の原則は、外国船は自国港で自国船と平等に取扱わねばならないことであると結論することはできない。しかし、歴史的な進化は先ず次のような方法に従つた。即ち、通商、航海、友好等の個別的な条約は港への船舶の出入の自由に関する規定を挿入する。例えば、われわれは、条約の規定で、条約国の国民が他国の総ての場所、港、河川等に寄港し、積荷の揚げ降しをなし得る規定を見出す。更に又そこでの通商は自由であり、そして彼等はそこで土着民又は第三国の国民と同様な条件で商品を船積したり荷降しすることができる。このような条約は次第に増加しつつある。従つて、外国軍艦の出入を禁止する極めて稀な港又は港の一部を除いては、国際法団体に属する総ての国のほとんど総ての港は、総ての国の船舶に開放せられている。このことは極めて一般的に為されているので、もはやこの自由制度は国際法における特殊な制度であると考え得ない。むしろ、そこには普遍的に認められているという国際法上の観方がある。国家の立法が国際法で認められた例外から成つていない限り、現在の支配的な法的確信によれば、特別な条約のない場合でも、海港への自由なる出入は国際法団体に属する総ての国の船舶に保障せられていると言い得るゆえんである。

以上のように述べた後に、彼はこの外国港への出入自由の原則が、法典化せられつつある傾向にあるとして、一九二一年の「国際関係を有する可航水路の制度に関する条約」及び一九二三年の「海港の国際制度に関する条約」等をあげている。(13) 彼の開港義務説に対しては、納得し難い諸点がある。

第一に、二世紀以上に亙る国際法の実行において、総ての国の船舶は、総ての国の港に自由に出入し得る法律上の原則が確立せられているという点である。東洋の諸国がこの実行の中に入らないことは明かな事実であるし、ポルテンディック（Portendick）港の閉鎖事件（一八三四年）、ベノスアイレス港の閉鎖事件（一八七〇年八月一日）においても、仲裁裁判所は、閉鎖を合法と認めている。[14] 又開港の原則が法典化せられたとする前掲の一九二一年のバルセロナ条約においても、航行の自由は締約国が相互に認めるのであつて、締約国以外の国は開放する義務は負担していない。又一九二三年のジュネーヴ条約でも出入の自由は締約国相互の間において認められるのみであり（第二条）、しかも、この出入の自由が認められるのは総ての港ではなく、外国貿易のために使用せられる港に限定せられるのである（第一条参照）。これ等の諸点から考えて、彼の主張は事実に合しないと言わねばならぬ。

第二に、国際法に従つて国内立法で港の自由な出入を制限する場合を除いて、無条約国に対しても、海港の自由な出入権は国際法団体に属する総ての国の船舶に保障されているという点である。この場合に、外国船の出入に関し、国家に制限を課すことができる国際法はいかなる内容の国際法であるかが確定せられねばならない。もし、国際法は、国家の意思によつて任意に外国船に対し自国港を閉鎖し又は自国港への出入を制限し得るというような国際法であるとすれば、外国船に総ての港を開放する義務があるとする説は、全く無意味になつてしまう。彼は他の場所で、「出入の自由は、国内立法が船舶の交通に反対する国内立法、例えば、衛生又は治安警察又は関税規則の遵守に関する利益等の制限の総てを禁止するものではない[15]」と述べているから、これ等の制限は国際立法として国際法の認めたものであり、この外、前掲の彼の主張の中で、「外国軍艦の出入を禁止する極めて稀な港又は港の一部を除いて」という言葉があるので、外国軍艦の自由出入は国家が禁止できることを認めているわけである。従つて、彼の主張が軍艦以外の外国船舶は、国家の安全、公衆衛生及び関税規則の実施等の為にうける制限以外では自由入港が総ての港に対して自由でなければならないとするものであるとすれば、この主張は事実に合しない主張である。多くの国の通商航海条約を観ても、締約国が相互に相手方の船舶を自国の総ての港に入港することを認めるのでなくて、外国との通商及び航海に対して開放せられている港への自由入港を認めるのみである。例えば、日米友好通商航海条約（一九五三年）第十九条第三項の規定を見ても「いずれの一方の締約国の船舶も、他方の締約国の船舶及び第三国の船舶と均等の条件で、外国との間における通商及び航海のため開放された他方の締約国のすべての港、場所及び水域に積荷とともに入る自由を有する。……」と規定する。[16] 現在は失効している古い日英通商航海条約（一九一一年）を見ても、その趣旨に変りはない。即ち「締約国の一方の臣民は他の一方の版図内において、外国通商のために開かれ又は開かれることのあるべき一切の場所、港及び河川に船舶及び貨物をもつて自由に到ることを得る……」（第六条）と規定している。これ等の規定の示すように、通商航海条約の多数は、締約国が他の締約国との通商及び航海のために開放している港に限つて、出入の自由が認められるので、自国港の全部を相手方に開放するものではない。通商航海条約中には、例外的に、「両締約国の領域の間には通商航海の相互の自由がある」[17] とするものがあるが、このような規定のある場合に、締約国は互いに自国の総ての港を相手方に開放する意志であるとすることはできない。この条約では各締約国の国民の通商、航海及び産業については最恵国待遇を規定し（同条約第十六条）、最恵国以上の待遇を通商航海に関し供与する意思とは解せられないからである。又通商航海条約中には、海港への出入に関しては最恵国待遇を与える旨を規定して、第三国のために既に開放し、又将来開放されることのある港への自由出入を保障する場合もある。[18]

以上の実例は、主として日本を中心とする通商航海条約の規定を検討した結果であるが、いずれの形式の規定をもつを問わず、締約国船に対し自国港の全部を開放するものでないことは明かであつて、従つて、現在世界各国の間に網の目のように張りめぐらされた莫大な数の通商航海条約の全部又は殆んど全部が自国港の全部を外国船に開放することを約している場合でなければ、国際法上の一般原則として国家は自国港の全部を外国船に解放する義務があると結論することはできない。しかるに、実例は全くこれに反するものであることは明白な事実である。以上のような理由によつて、開放義務説は事実に反する説であることは明白である。

(13) R. Laun, Le Régime international des Ports（ハーグ講演集、一九二六年第一五巻三〇—三四頁）.
(14) Gidel, op. cit., p. 42-47.
(15) Laun, op. cit., p. 34.
(16) 外国船の入港に関しては、日米友好通商航海条約と同趣旨の規定をもつものが非常に多い。殊にアメリカを相手方とする条約がそうである。例えば、アメリカ合衆国とコロムビア共和国との友好通商航海条約、第十九条、三項（一九五一年）。アメリカ合衆国と中華民国との友好通商航海条約、第二十一条、三項（一九四六年）。アメリカ合衆国とイスラエル国との友好通商航海条約、第十九条、三項（一九五一年）。アメリカ合衆国とイタリアとの友好通商航海条約、第十九条、三項（一九四八年）。アメリカ合衆国とウルガイとの友好通商及び経済発展条約、第十六条、三項（一九四九年）。日本とデンマーク間の通商航海条約、第五条（一九一二年締結、一九五二年効力確認）。日本とアルゼンチンとの友好通商航海条約、第三条（一九〇一年締結、一九五三年復活）。日本とオランダとの通商航海条約、第五条（一九一二年締結、一九五三年復活）。日本とスウェーデンとの通商航海条約、第五条（一九一一年締結）。日本とタイ国との友好通商航海条約、第七条（一九三七年）。
(17) 日本とユーゴースラヴィアとの通商航海条約、第五条（一九二三年締結、一九五二年存続確定）。
(18) 日本とフィンランドとの通商航海条約、第十二条（一九二四年締結、一九五二年効力確認）。日本とギリシャとの修好通商航海条約、第三条（一八九九年締結、一九五三年復活）。

(2) 開放義務否定説

国家は平時において、外国私船に自国港を開放する義務はないとする説の根拠は、港は内水であるということが、その有力な理由である。港が内水（interior or national waters, eaux interieures ou nationales）をなすことについては最近の国際法学者の一般に認めるところであつて、ここに一々学説を引用する必要はあるまいと思う。内水と領海とを国際法上区別する重要な点として、オッペンハイムは次の三点を挙げている。即ち⑴領海では外国は自国の船舶に或種の通行権を要求できるが、内水ではそのような権利は存しない。⑵内水であることが認められた湾の場合には、領海を計る基本線は内水でなくなつた線からである。⑶或国家の国内法が管轄権事項について区別することも可能である[19]。この記述は、内水が陸域と同様にその所属国の排他的管轄権の下に立つことを原則とすることを意味する。内水において外国私船の無害通行権が認められないとすれば、内水たる港に外国私船が港の所属国の許可なくして入ることができないのは当然である。この原則を貫くならば、船舶が外国港に入るためには、個別的な条約（一般には通商航海条約）によつて相互に相手国港に入ることを認めるか、又は一般的な条約（例えば、海港の国際制度に関する条約のような条約）によつて、締約国が相互に自国の特定港に入ることを認めるか、このような条約のない場合には、一々入港に際して港の所属国の許可を得た場合の外は、外国港に入ることはできない。ただ海難の場合に、これに対する例外が認められるだけである。従つて、このような相手国の許可のない場合は、外国船の入港は一切拒否できるわけである。その必然の結果として、もし国家が欲するならば、自国港の全部を一切の外国船のために永久的に閉鎖することもできることになる。国際法上果してこのような法規の存在を主張しうるであろうか[20]。

(19)　Oppenheim, International Law, Vol. 1, 8th ed. 1955, p. 461.

(20)　港や湾がいわゆる内水として領海と区別して取扱われることに学説が発展したのは比較的新しいことである。英国の代表的な国際法学者、オッペンハイム、ローレンス及びホール等の一九一〇年代の著述は領海と港や湾（内水たる）が国際法上同一に取扱われることを述べている（Sir Cecil Hurst, The Territoriality of Bays, The British Yearbook of International Law, 1922-23, p. 43）。

四、結　論

以上挙げた二説の中で、国家は自国港の総てを平時においては外国私船に開放する義務があるとする説が実際に合致しない説であることは既に論証した。しからば、国家は、港が内水たる性質上、もし欲するならば、自国港の全部を、永久的に外国私船に閉鎖し得るとする説を是認すべきであろうか。この閉鎖説で、注意すべき点は、港が内水たる性質を認めるとしても、この性質から必然に、港の開放と閉鎖は全くその所属国の意志によつてのみ決せられるとする結論が国際法上必ずしも是認せられないことである。内水でありながら、国家はその意志によつて、そこに行われる国権を制限し得るし、又国際慣習法上、内水たる国家の領域に開放の義務を課し得るし、条約により開放の義務を負担することも可能である。即ち、内水たる国際法上の性質と、内水の一部に課する国際法上の義務とは決して矛盾するものではない。それ故に、内水たることより、必然に閉鎖が合法であるとの結論は生れない。

国家は自国港の総てを平時において、外国私船のために永久的に封鎖し得るか否かの点に関しては、国際法上問題がある。第一に、港をもつ世界の総ての国家は、一般的な条約又は通商航海条約等によつて特定の自国港を外国私船のために開放している。即ち、国家であつて、平時に、自国港の全部を一切の外国私船のために閉鎖している事実はない。この事実は、国家が国際社会の一員として国際人格を相互に認める基礎的な問題と関連するものであるといえる。海上よりの門戸を完全に閉鎖し、従つて、一切の国と通商航海条約を結ばず、しかもなお、国際社会の一員として止り得るか否かは問題である。海に接しない国は別として、港をもつ国家として、海上よりの一切の外国との交通を永久的に遮断している国際社会の一員たる国家は実存しない。即ち、国家は総ての国との条約により、相互的に自国港の一部を開放してはいないが、特定国には開放している。自国のいかなる港を外国私船のために開放するかは、それぞれの国家の任意に決定できることであるが、少くとも、自国の特定港を外国との通商貿易のために開放することによつて、国家が国際人格を取得した事実はある。わが国の実例を見ても、一八五七年のアメリカとの修好和親条約の締結により、日本は国際社会の一員となつたのである。このように観るならば、国家は自国港の一部を、平時においては、外国私船のために開放する義務があるとしなければならない。そこで、問題となるのは、自国と通商航海条約を締結していない国の私船が自国港に入港する場合である。このような外国船の入港は拒否できないが、開放の義務がある港は条約上外国船に開放している船でなければならない。外国船に開放している港でも、条約上特定国のみに開放している港には、無条約国船の入港は拒否できる。無条約国船に入港を認めるとしても、船の施設の利用、関税その他について、無条約国船には条約国船と平等な待遇を与える必要がないことは当然で、港の所属国の意志によつて、その待遇を決定することができるわけであるから、実際には不利な待遇を与えることができる。或国家が国際社会に属するいかなる国家とも通商航海条約を結ばず、従つて、自国の特定港を外国貿易のために開放しているという事実のない場合に、外国私船はその国のどの港に入港を許されるか不明なわけである。この場合に、外国私船が或港に食料又は燃料の補給のために入港せんとしたとき、その国は入港を拒否できるが、或港を外国私船に開放すべき国際法上の義務があるとすれば、いずれかの港を指定して、入港を許さねばならないことになる。しかし、これは単なる理論上の問題に過ぎない。何となれば、実際上いかなる国家とも通商航海条約を締結していない国家は皆無だからである。

以上のことを要約すると、国際社会に属する国家は、平時においては、自国港の全部又は一部を、外国私船のために開放しなければならない義務がある、ということになる。この開放という言葉は、単に入港を許すことに外ならないので、開放して通商、交易する義務があるという意味ではない。それ故に、単に入港するだけでは、燃料、食料等の航海に必要な品の補給をうける程度に過ぎず、実際上大した意味をもたないことになる。従つて、事実上、通商航海条約を締結せねば、外国港の充分な利用は不可能になるわけである。

自国港の全部又は一部を外国私船に開放する義務は、国際社会に属する国家の相互間の義務であるから、未承認国家の私船に対しては開放の義務はない。例えば、アメリカは一九三二年七月九日に国務省は、「外国旗を掲揚する商船がアメリカ港に入港することに対し、なんら制限を課さない」と声明したが、未承認国たる満洲国の船舶書類をもち、満洲国旗を掲げるタンカーの入港は、総ての合法なる手段によつて阻止さるべきである（the entry of such a vessel into our ports should be discouraged by all legitimate means.）と述べている。[21] フランスも亦、ソ連の政府に法律上の承認を与えた時（一九二四年十月二十八日）以前には、ソ連旗を掲げる船に対し、その入港を制限した。即ち、ソ連旗を掲げる船は、一定の条件の下にダンケルク、アーブル及びマルセイユの三港のみに入港が許された。[22] ソ連は国際社会の一員であるが、未承認政府の発給する船舶書類をもつ船であるが故に、入港の制限を付したものと思われる。

平時において、外国私船に開放する港も、国の安全又は緊切な利益に影響する事変の場合には閉鎖することができる。[23] 緊切な利益に影響する事変とは、公衆衛生を維持のため外国船の入港を拒否せねばならぬような出来事を指すものである。一九〇三年のヴェネズエラ委員会（Venezuelan commission）で国家が主権を行使するための港の閉鎖権について論ぜられた。オリノコ汽船会社事件（Orinoco Steamship Co.）で裁判官は国家は、「主権者として、その領域内の一定の港や河川を財政法の侵犯を防ぐために、開放したり閉鎖したりする権利」を認め、そして、「この権利は或財政的な権利を防ぐためのみならず、政府の存在そのものを防ぐためには尚更否定できない」[24] と述べて、国家財政に関する法を擁護するために港を閉鎖することも認めている。

結論を要約すると次のようになる。国家は平時において、外国私船に対し自国港の全部を開放せねばならぬ義務は国際法上存しないが、無条約国の私船に対しても、条約国に開放している港への入港は認めねばならない。

しかし、この場合において、条約国船に対すると同様な待遇を与える義務はないということになる。

(21) Hide, Digest of International Law, Vol. II, p. 207.

(22) Gidel, op. cit., p. 46.

(23) 海港の国際制度に関する条約、第十六条、一八九八年の国際法学会の決議、第三条、一九二八年の国際法学会の決議、第三条。

(24) H. Ralston, The Law and Procedure of International Tribunals, 1926, p. 305.

法学研究　第三三巻二号　昭和三五年

領空の限界

一　科学の進歩と法の生成

十九世紀の終り頃から人間が空を飛ぶようになる可能性があることが予想せられるに至つた。このことは、「軽気球上より又はこれに類似したる新なる他の方法に依り投射物及び爆裂物を投下することを禁止する宣言(1)」及び一九〇七年の陸戦法規第二十五条が、一八九九年の陸戦法規第二十五条に修正を加え、「防守せざる都市、村落、住宅又は建物は、如何なる手段によるも、之を攻撃又は砲撃することを得ず」として、「いかなる手段によるも」なる言葉を挿入したことは、航空機による攻撃を予期したものであることによつても、知ることができる。このように、科学の進歩による航空機の出現は、空域の法的性格を究明する必要を生ぜしめた。それまでは、人間は空に対して支配力を及ぼし得なかつたために、空の法的性格を明かにする必要はなかつたのである。十九世紀末までは、国家の領域を考える場合には、領土と領水を取り扱えばこと足りたのであつた。航空機の出現は、空域の法的性格の決定を迫つたわけである。そこで、国際法学者及び国際法学会等はこの空域の性質につき盛んに研究を開始した。国際法的に空域の法的性格を論じた最初の論文は一九〇一年にフォーシーユがフランスの国際法評論に発表した「空域と航空機の法律制度 La Domain Aérien et le Régime juridique des Aérostats」であるとせられる。(2) 学者の見解、学会の意見等は区々であつたが、第一次大戦の経験を経て、一九一九年にパリーで結ばれた国際航空条約第一条は「締約国は、各国がその領域上の空間（airspace）において完全かつ排他的な主権を有することを承認する」と規定して、領土、領水上の空間が、領土、領水国の領域であることを認めた。これと同趣旨の規定は一九二六年のイベロ・アメリカン航空条約、一九二八年のパン・アメリカン商業航空条約等にも見られ、極めて一般的な条約である一九四四年にシカゴで結ばれた「民間航空条約」の第一条も、パリー条約と同文の規定がなされている。(3) かくして、国家の領土、領水上の空間の性格は一応国際法上解決されたかに観えたのであるが、最近の科学の発達につれて、人工衛星やロケットが大気圏を離れて高く打ち上げられ、宇宙旅行の可能性すら期待されるに及んで、国家が完全かつ排他的な主権をもつと認められている国家の領土、領水上の空間の範囲はどこまでであるか、言いかえれば、領空の範囲はどこまでであるかという問題が提起せられるに至つた。その理由は、国家の領空が無限の上方まで延びるものとすれば、人工衛星、宇宙ロケット等は、地球の自転により打ち上げられて上昇中に或国の領空から他国の領空に入り、又人工衛星の場合にも、地球の自転と人工衛星そのものの速度から、ほとんど瞬間的に多くの国の領空を通過することになり、領空国は外国の人工衛星が自国の領空に入つたことを知り得ないか、あるいは知ることができたとしても、これに対し何ら下位国は支配力を及ぼすことはできない。かりに支配力を及ぼすことが可能であるとしても、そのような外国の人工衛星が自国に無害に運行しているものに対し、支配力を及ぼすことが果して妥当であるか否か、という問題が起って来る。このように、科学の進歩は、領空を無限とする観方に反省を促すべき必要を生ぜしめているということができる。

一方において、国際連合でも、第一三回総会は、一九五八年一二月一三日に大気圏外（outer space）平和利用に関する特別委員会を設置する旨の決議一三四八（XIII）を採択した。その委員会の任務は

(a)大気圏外の平和利用に関する国連、その専門機関及びその他国際機関の活動及び能力

(b)経済的及び科学的発達状態のいかんにかかわらず、各国の利益のために、国連の主催下に特に下記の諸提案を考慮に入れて、適切に行い得る大気圏外の平和利用における国際的協力及び計画の範囲

(1)国際地球観測年の枠内において実施されている大気圏外調査の恒久的基礎に基く継続

(2)大気圏外研究に関する情報の相互交換及び頒布の組織化

(3)大気圏外研究のための国家的調査計画の調整及び右の実現のためのすべての可能な援助の供与

(c)国連の枠内でこの分野における国際的協力を促進するための将来の機構上の取り極め

(d)大気圏を開発するための計画の実施にあたり生ずることあるべき法律問題の性質

以上の四項目について検討し、その結果を第一四回総会に報告することにした。このような事実は、大気圏外（outer space）と大気圏（airspace）との法的性格の区別を前提とするものと言えるのではあるまいか。大気圏と大気圏外とが全く同質のものであるとするならば、特に大気圏外についてのみ平和利用が問題とさるべきではなく、大気圏についても同様な考慮が払わるべきではあるまいか。それにしても、大気圏、大気圏外という表現を用いるなら、この二個の圏の限界はどこにあるかということが明かにせらるべきである。更により根本的な問題は、国家の領域としての領空の限界はどこにあるか。それとも領空は無限であるか。この問題が解決せられるならば、

大気圏外とよばれている部分は、その全部又は一部が国家の領域として処理せられるか、或いは国家の領域とは無関係な存在として処理せられるかが明かになるであろう。大気圏外の平和利用ということが国連で取り上げられたとしても、このことから直ちに、大気圏外は領空外であると結論することはできない。かりに、大気圏外が国家の領空であるとしても、これの平和利用ということを問題として国連が検討すること自体は国家の領域権を侵すものではないからである。

以上述べたように、航空機の出現によつて二十世紀の初頭に起つたと同じような空域に関する問題が、一九五七年一〇月四日にソ連が八三・六キログラムの人工衛星スプトニク第一号を打ち上げてから、現実の問題として提起せられたわけである。人工衛星を発射する計画は、一九五五年にアメリカが国際地球観測年のために発射計画を発表しているし、一九五七年六月一日には、ソ連の科学アカデミー会長はプラウダ紙上にソ連科学者の努力により、ロケット及びその必要部分が造られたという「人工衛星製作の問題」につき論文を発表している。このような宇宙ロケットの実現は切実に領空の範囲を確定することを要請しているわけである。このように、科学の進歩に伴う新事態の出現は、領空の限界、ひいては宇宙に関する法の生成の必要性を訴えている。

以下において、領空は無限であるか、それとも一定の限界があるか。領空に限界があるとすれば、その限界線をいずれに求むべきであるか、という点についての諸見解を紹介し、併せて私見を述べたいと思う。

（1） 一八九九年の第一回平和会議において五ヵ年の期限でこの宣言は採択された。従つて、一九〇七年の第二回会議の時には、この宣言は失効していたが、第三回の平和会議終了の時までを有効期間として、第二回の平和会議でこの宣言が成立した。

（2） P. Fauchille, Revue Générale de Droit International Public, 1901, p. 414 et suiv.
領空制度の成立に至るまでの経過は拙稿「領空について」綜合法学、第二巻、四月号、二九―三三頁参照。

（3） 英文では The contracting States recognize that every State has complete and exclusive sovereignty over the airspace above its territory. 仏文では Les Hautes Parties contractantes reconnaissent que chaque Puissance a la souveraineté complèts et exclusive sur l'espace atmosphérique au-des-sus de son territoire. となつている。

二 現行法から観た領空の限界

現行国際法上領空の範囲はいかになつているかという点について考察する場合に、この問題について最も基準的なものとしては一九四四年のシカゴ民間航空条約を挙げねばならない。その理由は、この条約は一九一九年のパリー条約と同文であるから、シカゴ条約を考察することは、同時にパリー条約についても考察することになるのみならず、シカゴ条約は比較的最近の条約であり、しかも、締約国の数は本年一月までに七十ヵ国以上に及び、ほとんど全世界的な条約だからである。この条約第一条には、前述のように、国家の領域上の空間（airspace, l'espace atmosphérique）には、国家は完全かつ排他的な主権をもつていることを認めている。そこで、国家が完全かつ排他的な主権を有する airspace とは何を指すかということが明かにせられるならば、この条約での領空はいかなる意味をもつかということが明かになるわけである。しかも、この条約が世界の大多数の国の参加する条約であるから、世界のほとんど総ての国は、この条約の規定を承認している故に、この条約での領空は現行国際法上の領空の意味を表現しているものと観ても誤りではないであろう。

シカゴ条約第一条のエアー・スペースの意味の解釈に関しては、大体三つの見解がある。第一は国家主権は、大気圏外にも及ぶとするものであり(1)、第二は、国家主権は大気圏の限度まで及ぶとするものであり(2)、第三は、国家主権はシカゴ条約の意味での航空機が行動できる高さまで及ぶというものである(3)。第一説の領空が無限に上方まで拡がるという見解は、二十世紀の始めに空域の法的性格が問題とせられた頃から現われた最も古い見解である。領空の必要は、下にある国家の安全と利益を保護することを目的とするものであつて、このためには、国際法は国家が自己の安全のためには、いかなる飛行をも統制する権利があることを認めると解する。例えば、ニジェホルト（Ycklamà Nijeholt）は、一九一〇年の著で「それ故に、われわれは、国家主権は国家の利益の到達する高さまで到達する。しかし、その到達する高さの可能性は大気圏の最高の限界で終る。……原則として、エアー・スペースは主権国の領域に属する。それ故に、国家は無限の高さまで完全な主権をもつ。その主権は条約によつてのみ消滅され又は制限し得る」(4)。この記述が明瞭に示すように、「国家主権は無限の高さまで及ぶ」と言いながら、「大気圏の最高の限界で終る」と言い、この当時は大気圏を無限の高さと解していたかも知れない。宇宙ロケットや人工衛星は夢想だにしなかつたことであろうから、この時代の学者が、このような非科学的な意見を述べたとしても笑うべきではないであろう。シカゴ条約のエアー・スペースの解釈として、無限の高さまでを表現した言葉であると解することは文理的に無理な解釈であると思われる。エアー・スペースは「空気のある場所」の意味であるから、空気のない無限に上方の空間をエアー・スペースという言葉の意味とすることは無理である。殊に、宇宙ロケットや人工衛星が天体としての地球を離れて、他の天体に近く飛び去り、又は地球の囲りを回転している時に、例えば人工衛星の速度と地球の自転の速度とを考えるならば、人工衛星は極めて短時間に或国の上空から他国の上空に移り、下位国が人工衛星の飛ぶ場所に自国の領域権を主張することが実益を伴わないのみならず、無害に運行する場合の人工衛星に領域権を主張することは、実益がないのみならず、却つて国際的見地からは、空間の平和利用の障害となるとさえ考えられる。このように考えるならば、領空の無限を主張する意見には賛成し難い。のみならず、一方において、国家が自国の領域であることを主張するには、そこに有効な支配（effective control）を及ぼし得ねばならないということから考えても、領空無限説を容認することはできない。

次には、第三説のシカゴ条約やパリー条約でのエアー・スペースとは条約に規定する航空機（aircraft）が活動し得る高さまでであるとする説についてであるが、この説を主張する根拠としては、シカゴ条約の附属書第七条に航空機を定義して「航空機とは空気の反動によつて大気中で運航できる機械 Any machine that can drive support in the atmosphere from the reaction of the air」としているので、シカゴ条約と附属議定書とを一体的に考えるならば、本条約第一条のエアー・スペースは航空機が飛び得る高さまででなければならぬ、というのである。この観方に対して、本条約第一条は領空の一般原則を定めたものであり、従つて、この規定はシカゴ条約の締約国であると否とに拘らず適用せられるが、附属協定の方は締約国のみを拘束するのであつて、両者はその性質を異にするものであるから、附属協定によつて一般原則を制限的に解釈するのは誤りであるとの説がある。[5] 論理的には、この反対論にも充分の理由があることが認められる。しかし、この条約が結ばれる当時において、領空は航空機の昇り得るよりもより高い空域まで及ぶか否かという点が条約締結の衝に当つた各国の全権委員達の考慮に入つていたかどうか。恐らく、これ等の点には考え及ばなかつたというのが現実ではあるまいか。その証拠には、これ等両条約の議事録には、航空機の昇り得る高さ以上に主権を及ぼす必要はないと条約参加国が考えたという何の証拠もないからである。航空機以外の方法で、航空機の達し得ない高い空間に実力を行使する方法の無かつた当時においては、これはむしろ当然のことであろう。従つて、シカゴ条約やパリー条約でのエアー・スペースという言葉は、無自覚的に使用したというのが実状であるように思われる。無自覚的という意味は、エアー・スペース以外に国家主権が及ぶか否かについて判断することなく、用いられたということである。それにしても、エアー・スペース（大気圏）はゲッドフイス（Goedhuis）の指摘するように、大気のない空間（airless space）を含むものと解することはできないので、大気圏外はエアー・スペースという言葉の中には含まれない。又ゲッドフイスは大気圏は土地の附属物であるが、大気圏外はそうでない。大気圏と大気圏外との土地に関する関係は程度の相違ではなくて、性質（kind）の相違であると言つている。このような理由によつて、シカゴ条約やパリー条約第一条のエアー・スペースという言葉は大気圏（atmospheric space）と同義に解すべきであるとする。文理的には、エアー・スペースは大気圏、即ち空気のある空間と解することが正しいと考える。しかし、この大気圏とはどこまでであるか。空気の稀少な分子でも存在するならば、それは大気圏であろうか。空気の極めて僅かな分子は相当高度の所まであるし、空気分子の存在する所とその存在が認められない所との分界線は必ずしも明瞭ではない。空気は高度が高くなるにつれて段々と稀薄になり、遂には空気がなくなるわけであるが、果してどの線で空気が無くなつたかの限界線は明かでないそうである。僅かな空気の分子は高度一〇〇〇マイルでもあるとのことである。果してそうであるならば、空気分子を認め得るところは大気圏とすれば、大気圏内を人工衛星が運行することになるから、これでは非実際的であるということになる。ここに、大気圏とはどこまでを指すかという問題を決定する必要があるわけである。(6)

（1） Ming Min Peng, Le Vol à haute altitude et l'article ler de la Convention Chicago, 1944. (Revue française de Droit Aérien, 1952, p. 390 et suiv.)

（2） Alex Meyer, Rechtliche Problem des Weltflugs, 1553, p. 31 et seq.

（3） John C. Cooper, American Soelety of International Law の第五〇回総会の議事録、一九五六年四月、八〇頁。

（4） Lycklama A Nijeholt, Air Sovereignty, 1910, p. 46.

（5） D. Goedhuis, Air Sovereignty and the Legal Status of Outer Space, 1958, p. 4-5.

（6） Goedhuis は一九五八年ニューヨークで開かれた International Law Association の総会に提出する決議案として次のようなものを作成した。

大気圏外の平和的且有益な利用における国際団体の拡大されつつある利益に鑑み、且大気圏外における人間活動の規律に法体系が必要であることに鑑み、次のような決議を承認する。

(1)国際法協会は一九四四年十二月七日のシカゴ協約第一条に用いられている airspace なる言葉は、その明白な意味で大気圏（atmospheric space）と同義であるとの意見である。
(2)国際法協会は、outer space（大気圏外）は人類の共同財産をなし、総ての者の使用に解放せられ、いかなる一国の領有にも属せず、かつ各国がこの原則を承認することを要求するとの意見である。
(3)国際法協会は国際連合が大気圏外を支配する法の発展と作成に役割を演ずべきであることに留意し、国際連合が大気圏外の含む政治的、経済的、社会的及び科学的問題を研究することを要請する。

三　大気圏の範囲（領空の範囲）に関する学説

シカゴ条約にいうエアー・スペースとは大気圏であるとして、その大気圏はどの範囲を指すか。大気圏が下位国の領空としてその主権を及ぼし得るとすれば、大気圏より上部は国家主権の支配が及ばない空間であつて、いわゆる大気圏外であるとすれば、この大気圏外はどこから始まるのであるか。この二圏の境界をいかなる基準によつて決定すべきかについては、いろいろの見解がある。ここでは、その中の主なるものについて検討する。

(一)　大気圏は航空機が昇り得る高さまでであるとする説がある。この説を唱える者も、その立論の基礎は必ずしも同一ではない。例えば、ゲルラッハ（F. Gerlach）によれば、航空の技術的性質は、空気が航空機を支えるという事実にある。これは丁度航海の性質が、水が船を支えるという事実にあると同様である。それ故に、空法の適用は航空機で正規の空気力学的な飛行が不能となつた場所で終止する。この境界は、ゼンガー（E. Sänger）教授の研究によれば、地球の表面から六五キロメートル附近にある。又カルマン（Kármán）教授の計算によると、熱力学的な熱によつて、現在まで知られている材料では高空では飛行が不能となる。この高さは地球の表面から約八五キロメートルの所である。ここから大気圏外が始まる。地球から非常に遠い所まで大気の少量は存在するが、そのような高さでは、大気はもはや浮揚力や輸送力の要素として働くよりも、むしろ障害となるのである。

それ故に、このような高さでは航空（air flight）というべきではない、というのである。[1] ゲルラッハの見解では、空気力学的な飛行が可能なところまでが大気圏とするのであるが、その限界は必ずしも明確でなく、八五キロ以上の高さでは熱力学的に航空は不能であるが、空気力学的には六五キロ附近まで航空が可能であるという。そうであるとすれば、八五キロと六五キロとの間に大気圏の限界線が引かるべきであるということに帰するのであるが、この限界線が明瞭でない。のみならず、科学の進歩によつて航空機の機材の新なものが発見せられてカルマン教授の八五キロの線を越えてもなお航空に堪え得ることになるかも知れないし、航空機自体の改善により、空気力学的に観て六五キロ以上の高空の飛行が可能となるかも知れない。このように考えるならば、この限界線は不動なものでなくて、科学の発達に連れて変更せられる可能性のある線であると観ねばならない。果してそうであるならば、この限界線は甚だしく不安定なものであるという欠点がある。

次に、シャハター（O. Schachter）は異つた根拠から同一の結論を引き出している。彼によれば、国家は自国の領土、領水上の総ての飛行を統制する権利があることは、永い国際慣習によつて認められているが、これ以外に一般的慣行で法と認められている証拠としての国際慣行も事実も存しない。これ等の条約では、空気の反動で大気圏内で航行し得る機械以外の形式の航空機は取り扱つていない。なぜならば、これ以外の航空機は無いからである。それ故に、空気の反動で大気圏内で航行し得る機械を支えるに充分なガス体のある大気圏の他の部分を取り扱うものではない、というのである。この説は、シカゴ条約とその附属協定とを一体的に考えることから出発し、条約第一条のエアー・スペースという言葉は、附属協定で航空機を定義して空気の反動で航行する航空機としてあるし、これ以外の航空機は事実上存しないのであるから、エアー・スペースという言葉は大気圏内の航空機の昇り得る高さまでであると解するのである。本条約と附属協定との関係については既に述べた故に、彼のこの解釈には疑問がある。

更に彼は、エアー・スペースを大気圏と解しながら、大気圏の範囲を航空機の昇り得る高さまでとする点において、大気圏を大気（空気）のある圏内と解せず、縮少解釈をしている点も注目すべきである。上述のような根拠に基づく説も、前に挙げた根拠による説も、航空機の進歩につれて、エアー・スペースの限界が移動せねばならぬ欠点があることは避けられない。殊に、「X一五」の形に属する航空機は、低空では空気力学的な上昇をするが、最高の空気力学的な上昇範囲を超えて上昇することが可能である。

このような事実を考え合すならば、空気力学的に航空機が昇り得る高さまでとする説はいよいよ不確実なものであるといえるであろう(2)。

(二) 人工衛星が軌道に乗る高さ

この説によれば、地球を廻る軌道に乗せられ又は地球の引力から脱して機器（vehicles）の通る区域が大気圏外であるとする。軌道に乗せられた機器又は人工衛星の関係は大気圏の限界に対し物理的に健全な定義を直ちに与える可能性を与える。これより低い高度のところでは、人工衛星は大気の摩擦で直ちに破壊される。軌道に乗った人工衛星であるためには、機器は、少くとも、摩擦で破壊される前に地球を一周しなければならない。それ故に、大気圏の境界は「大気の密度が充分低くて、大気の摩擦で破壊されることなしに、軌道上乗せられた機器が完全に地球を一周できる高度」であると定義せねばならぬ。人工衛星の生命に関するわれわれの計算によると、この高度は、典型的な重量と容積のもの、即ち重量一トンで容積三〇立方フィートの人工衛星に対しては一〇〇マイルである。その高度における大気の濃度の相違と人工衛星の質量と横断区域の避け得ない変化、更に適確に言えば、この二要件の変化に比例して、約五マイルのズレは認めなければならない。この五マイルという数字が、この定義の任意度を表すのである。カルマン教授の計算によると、秒速二五、〇〇〇フィートで飛ぶ物体が軌道に乗る高さは二七五、〇〇〇フィートであるという。この線を「カルマン基本管轄権線 KÁRMÁN Primary Jurisdictional Line」とよぶのである。[3] 天体を観察したところによると、地球上から約七〇マイル以下の大気は大部分の流星を十分防ぎ得るほど濃いことが証明されているので、この線から上は、どこでも人工衛星を軌道に乗せることができるとのことである。

この説は、地球から或物体を打ち上げて、その物体が地球の引力にさからつて、人工衛星となつて地球を一周するには、一定の高度以下では絶対に不可能であるということが、物理的に証明せられているなら、この説も大気圏の境界を示す有力な一つの基準ということができるであろう。しかし、地球の引力から完全に離脱せずして、引力にさからつて人工衛星となり地球を廻るには、高度が低ければ低いほど引力は強く働くから、その引力の影響を押し切つて進むためには、高度が低ければ物体の秒速を増すという方法で、やはり人工衛星を造ることができるとすれば、この説は、大気圏の境界決定の基準とはならない。物理学的な精細な理論は私の能力の限界外にあることで、ここで論ずることを避けねばならない。

(三) 引力の価がゼロの線

この説は、例えばクレール (Kraell) によれば、「空の境界 (une frontière céleste) 即ち、地球の大気圏 (zone atmosphérique terrestre) と天体間の空間 (l'espace interplanétaire) との境界は、地球の重力圏の数学的価がゼロの線で形造られる」というのである。[4] この説の思想的根拠となるものは、国家の利益保護という点にある。二十世紀の初頭に領空制度が確立せられた理由は、上空から引力によつて物体が落下する場合に、それによつて惹き起される損害から下位国を守るということにあつた。そこで、地球の引力圏内では、上空の物体はやはり地球に向つて落下するから、この危険から下位国を保護するためには、引力圏内には下位国の主権を認める必要があることになる。それでは、実際上地球の重力の数学的価がゼロになる線を確定することができるであろうか。地球に近い天体の月や太陽等の場合を考えてみても、地球と太陽との距離は常に一定してはいないし、二個の物体間の引力の強さは、その距離の二乗に反比例するから、距離の相違は引力に変動を来すことはいうまでもない。それ故に、地球と太陽との位置の移動によつて、この二個の物体間の引力の価がゼロになつている線は常に変動していることになる。のみならず、この関係は地球と月、地球とその他の天体の間にも存在するのであるから、引力がゼロになる線を確定することは不可能である。この理由によつて、この説の着想には賛成であるが、具体化する方法が困難である。

㈣　国家が現実に支配力を及ぼし得るところまで

パリー条約第一条を説くに当つて、ケルゼン（Kelsen）はこの考えを述べている。彼によれば、「国家はこの条約の規定又は自国の国内法秩序を、他国の航空機に対して、自国が有効な支配をもつ空域内においてのみ実施し得る。いかなる法秩序の有効性も、この範囲を超えて拡張することはできない。一方において、公海自由の原則に類似した空域自由、地下自由を定めた一般国際法の原則はない。このような規範の欠如から、必然的に、地面の上下は関係国の領域であるという結論にはならない。領域国の有効な支配外にある空域及び地下は無主の性格をもつことは全く可能なことである。しかし、一般国際法によれば、他国は、たとえ技術的には占有する能力があつても、占有権をもたないようである。このような空間を有効の原則に調和さして特徴づける唯一の方法は、領域国が排他的に占有する権利をもつと解することである。即ち、技術的手段の進歩によつて、有効なる支配外にあつた空域のこれ等の部分や地下に自国の法秩序の効力を拡大し得ると解することである[5]」。

ケルゼンの右のような主張も、彼自身が主張するように、科学的な進歩が国家の有効な支配範囲を拡大することになるから、科学的発達につれて、領空の範囲が拡大せられ、大気圏に一定の境界を設定することにはならない。それ故に、この基準は採用し難い。

右に挙げた諸説の外に、領空の無限を主張する説、大気のあるところまで、即ち極めて微量の空気のあるところまでも大気圏に属するとする説等については、既にその採用し難いことを述べた。これ等の各種の意見がいずれも賛同するに躊躇せしめるものであるところに、この問題の困難さがあるわけである。

（1） A. G. Haley, First Colloquium on the Law of Outer Space, 1958, p. 66.
（2） J. C. Cooper, The Problem of Definition of "Air Space" (Haley, op. cit. p. 40).
（3） R. Jastrow, Definition of Air Space (Haley, op. cit. p. 82). Welf Heinrich Prince of Hanover, Problem in Establishing a Legal Boundary between Air Space and Space (Haley, op. cit. p. 29).
（4） J. P. Honig, The Legal Status of Aircraft, 1956, p. 8.
（5） Cooper, op. cit. p. 40. Kelsen, General Theory of Law and State, 1949, p. 217.

四　結　語

大気圏の範囲を決定することが現状で甚だ困難であることは上述したところで明かであるが、既述の大気圏の範囲決定に関する努力は、主として、大気圏の境界につき、なんらか自然的境界を発見することにあつたと言えるであろう。例外的に、航空機の昇り得る高さ、及び国家が有効な支配を行い得る範囲という境界線は科学的発達を基礎とするものであつたために、そこに不確定という欠陥を暴露した。航空科学、宇宙科学等の進歩の現状を基礎とするものである限り、不動の境界を定め得ないことは当然である。試みに、空法に関する世界の第一人者と言われるクーパー（Cooper）の意見でも、その意見は幾度か変転している。彼は一九五一年には、国家の領域の上部の境界は、エアー・スペースの上部の境界と地球の引力の上部の限界との間に定められなければならない。そして、その引力の限界は国家が物理的かつ科学的能力でいつでも統制し得る能力によつて決定せられる、と述べているが、(1)一九五六年には、領土の上に三つの区域を設ける国際協定を提唱している。第一の区域は一九四四年のシカゴ条約により航空機の活動する区域で、これをテリトリアル・スペース（territorial space）とよんでいる。第二の区域は接続区域（contiguous space）とよび、これは三〇〇マイルの高さまでで、この区域では、総ての非軍事的航空機器は、上昇、下降の時に通過権をもつ。最後に、接続区域の上部の区域は、総ての機器の自由通行を認める区域である。この提案は批判の的となり、彼は、接続区域を六〇〇マイルまでの高さに修正した。この案に対しても、(1)空域を分割することは尚早であること、(2)テリトリアル・スペースの範囲が定められていないこと、(3)六〇〇マイルまで主権を及ぼすことは非現実的である。その理由は、地球物理学の特徴そのもの並びに或時に上空にあるロケットを国家が発見し、それを阻止することは不可能であること、(4)領水制度を類推した基礎に立つ接続区域は、不明確であり、不用であり、かつ実施不能であること、(5)クーパーの定義による接続区域には、微量の空気があり、それは大気圏に属する。従つて、その使用については精密な規則があること、等が非難の主なる点であるが、この批判の当否は別としても、その後の科学的進歩、即ち、人工衛星や宇宙ロケットの打ち上げ等に影響せられたものと思うが、クーパーは、一九五八年には、更に前説を変えている。それによると、彼は諸国は先ず(A)エアー・スペースの上部の境界を定める国際協定、即ち、領空の範囲画定に関する協定を結ぶか、或いは(B)エアー・スペースとアウター・スペースとの間の境界を画定することなく、高度飛行の統制に関する協定を結ぶか、この点が先決問題として決定せられねばならない。この協定がなされるならば、それに従つて、詳細な検討、即ち、大気圏及び高度飛行に関して、現在蒐集されている資料は総て検討されねばならぬ。最善の科学的背景をもたない法的決定は、無用を通り越して悪であると述べている。(2) クーパーの最後の考え方は、大気圏についての自然的な境界探究の方法を避けて、国際協定で境界線を確定する考え方に変つている。つまり、科学的進歩の現状を基礎として、大気圏の上部の境界線を決定するのは時期尚早であると考えるのであろう。この考え方には充分な理由がある。大気圏の限界につき、科学の進歩によりより合理的な基準が提供せられる日が来るかも知れない。しかし、領空の限界を決定するに当つては、下位国の安全を保障することは最少限度の要求であつて、これを無視した領空の限界は到底受け容れられないであろう。それと同時に、国際的利益にも当然考慮が払われねばならぬ。この二個の利益の調和点が発見せられねばならない。

領空の上限がどこで定められるかということが、われわれの直面する問題であつて、領空の無限説とは反対の方向に進みつつある。今や空域は領空と公空に区分せられるのではなくて、大気圏と大気圏外に区別され、大気圏が領空と公空に分たれるという法的制度へと発展することは間違いないようである。顧れば、約五〇年以前に空域の法的性質が取り上げられて、これに関して多くの珍説を産んだ。そして現在は、領空の限界、即ち大気圏の範囲について現在の学者がいろいろの主張を披瀝している。これ等の諸学説の中で、後世珍説のそしりをうけないですむ学説は、果して、どの学説であろうか。

（1） J. C. Cooper, High Altitude Flight and National Sovereignty, 1951, p. 417. Cooper, Legal Problems of Upper Space, Proceedings of American Society of International Law, 50, 91 (1956).

（2） Haley, op. cit. p. 43-44.

国際法外交雑誌　第六〇巻四・五・六合併号　昭和三七年

北方領土の法的地位

一

ここで北方領土というのは、南樺太、千島及びその周辺の島々で、第二次大戦までは日本の領域であつたことは争いがなく、従つて、一般的に日本領域と認められていた区域をさす。ところが、この北方領域については、その帰属が未だ明瞭であるとはいえない。現在日・ソの間に、直接利害関係国として、これ等の領域の帰属が争われつつあるし、またこれ等の領域が、日・ソいずれに帰属すべきかについては、日・ソ両国以外の第三国の見解も必ずしも一致していないようである。この小篇では、この北方領域の法的地位の検討を目的とする。これ等の領域の法的地位がそれ等の帰属を決定する断定的な条件とはならないかも知れない。つまり、北方領域の法的地位いかんに拘らず、それ等の帰属は政治的に決定せられるかも知れない。しかし、このことは、法的地位の検討が全く無意味なことを意味するのではなく、法的地位のいかんは、その政治的決定に大きな作用を及ぼすのであつて、このことは、過去の歴史的事実がこれを証明しているし、社会の組織が進歩すればするほど、法的関係が事案の解決に決定的な役割を演ずることになる。この意味において、北方領域の法的地位の検討は無益な業ではないであろう。

二

先ず、問題となつている北方領域は、千島についていては、日・ソ間にいろいろの経緯はあるが、終局的には、一八七五年にセント・ペテルスブルクで調印せられた「樺太、千島交換条約」により、エトロフ以北の十八の島と一八六七年に樺太を日露両国の所属とした「日露間樺太島仮規則」によつて、日本が樺太に対してもつた領有権とを交換して、千島列島を日本の領域と認めたのである。従つて、一般に北千島とよばれるエトロフ島以北の十八の島々は、日本が戦勝の結果、ロシアの意志に反して取得したものではないし、又戦争以外の実力行使の結果、ロシアより強奪したものでもなく、平穏・公然と両国の合意によりその帰属が決定せられたものである。この点は、後において重要な意味をもつものと考えるので特に注目すべきである。

樺太については、言うまでもなく、日露戦争の結果、一九〇五年のポーツマス条約により、北緯五十度以南の樺太島を日本に割譲したのであつて（ポーツマス条約、第九条）、平和条約の結果、日本が合法に取得した領域である。このように、千島列島及び南樺太に対する日本の領域権は、後日いかなる国によつても非難さるべき法的欠陥なく合法に取得せられたものであることは明かである。(註)

（註）　樺太千島交換条約第二条『全ロシア国皇帝陛下は第一条に記せる樺太島（即、サガレン島）の権利をうけ、代として其後胤に至るまで現今所領「クリル」群島、即ち第一「シュムシュ」島、第二「アライド」島、第三「パラムシ

ル」島、第四「マカンルシ」島、第五「オネコタン」島、第六「ハリムコタン」島、第七「エカルマ」島、第八「シヤスコタン」島、第九「ムシル」島、第十「ライコケ」島、第十一「マツア」島、第十二「ラスツア」島、第十三「スレドネワ」及び「ウシシル」島、第十四「ケイト」島、第十五「シムシル」島、第十六「ブロトン」島、第十七「チェルポイ」並びに「プラット、チェルポエフ」島、第十八「ウルップ」島、共計十八島の権利及び君主に属する一切の権利を大日本国皇帝陛下に譲り、而今而後「クリル」全島は日本帝国に属し、東察加地方「ラパッカ」岬と「シュムシュ」島の間なる海峡を以て両国の境界とす。』

ポーツマス条約第九条一項「ロシア帝国政府はサガレン島南部及びその附近における一切の島嶼並びに該地方における一切の公共営造物及び財産を完全なる主権と共に永遠に日本帝国政府に譲与す。その譲与地域の北方境界は北緯五十度と定む。該地域の正確なる境界線は本条約に附属する追加約款第二の規定に従い之を決定すべし」。

樺太・千島交換条約で問題となる点は、ロシアが日本に割譲した十八個の島が千島列島であるか、それとも、クナシリ、エトロフ等を含めたカムチャッカ半島と北海道の間に横たわる一連の島の全部がいわゆる千島列島であるかということである。条約のフランス語の原文では、En échange de la cession à la Russie des droits sur l'île de Sakhaline, énoncée dans l'Article premier, Sa Majesté l'Empereur de toute les Russies, pour Elle et Ses héritiers cède à Sa Majesté l'Empereur du Japon le groupe des iles dites Kouriles qu'Elle possède actuellement, avec tous les droits de souveraineté découlant de cette possession, en sorte que désormais le dit groupe des Kouriles appartiendra à l'Empire du Japon. Ce groupe comprend les dix-huit iles ci-dessous nommé：として十八の島々を挙げている。この規定の中に用いている le groupe des iles dit Kouriles qu'Elle possède actuellement. とその後に来る le dit groupe des Kouriles という表現はいずれも不明確で、Kouriles（千島）とは日本が譲りうけた十八の島を指すとも解せられるし、十八の島は千島に属するが故に、そのような表現を用いたとも解釈できる。この点は、平和条約第二条C項で、千島列島の放棄を規定しているから、日本が放棄した千島列島とは、いかなる島々であるかということと関連して重要な意味を

もつことになる。

三

日本の北方領域の法的地位を決定するに当つて、参照すべき多くの宣言、協定等がある。これ等の協定や宣言は終始一貫したものでなく、その各々の間に多少の矛盾を含み、そのために、北方領域の法的地位の決定に疑問を生じ、混乱を来すことになるのは洵に遺憾である。年月を追つて、それ等の間に存する矛盾と、意味の不明瞭な点を指摘することにする。

最初に一九四二年一月一日に連合国のなした共同宣言は、その前年、即ち一九四一年八月四日にチャーチルとルーズヴェルトでなした英米共同宣言（大西洋憲章）に賛意を表し、この宣言に示された八つの平和原則を採択しているのであるが、（連合国共同宣言の前文）、この原則の第一に、領域不拡大の原則が挙げられ、第二に、関係国民の自由に表明する希望と一致しない領域的変更を認めないことを述べている。この宣言をなした連合国は、この原則を認めているはずである。それにもかかわらず、ソ連は南樺太及び千島列島を自国領として現実に領有することは、ソ連の領域を拡大するのであり、領域不拡大の原則に反するものである。又千島列島及び南樺太のソ連への併合は、それ等の地域に居住する人民の自由に表明する希望と一致するものであるか否かの点は不明である。カイロ宣言（一九四三年）では、一九一四年の第一次大戦の開始以後において、日本が奪取し又は占領した太平洋における一切の島嶼を剝奪すること、並びに満洲、台湾及び澎湖島の如き日本が清国人より盗取した一切の地域を中華民国に返還し、日本が暴力と貪欲によつて略取した他の一切の地域から日本を駆逐することが規定されている。これ等の規定は、過去の戦争の結果相手国から取得した領域は盗取であり、暴力と貪欲による略取であるとするのであつて、敵国に対する敵慨心からの表現であろうが、カイロ宣言の中には、盗取したり、略取したものでない領域、例へば千島列島の如きものは当然含まれないものと解せられる。

これに反し、ヤルタ協定（一九四五年二月）では、日本の北方領域に関しては、(イ)、樺太の南部及びこれに隣接する一切の島嶼と千島列島のソ連への引渡しを規定している。つまり、ヤルタ協定とカイロ宣言との間にも、明かに矛盾があることが認められる。ヤルタ協定と連合国共同宣言との間にもまた矛盾がある。

次に、ポツダム宣言（一九四五年七月）では、その第八号に「カイロ宣言の条項は履行せらるべく又日本国の主権は本州、北海道、九州及び四国並びにわれ等の決定する諸小島に局限せらるべし」としている。これを日本の領域について解釈するならば、カイロ宣言では、日本が日清、日露両戦役及び第一次大戦の結果取得した領域の返還を規定するから、「カイロ宣言の条項は履行せらるべく」といえば、領域に関する限り、このカイロ宣言の条項を履行しなければならないわけであるが、ポツダム宣言では、日本が戦争の結果取得した領域に関係なく、日本の領域としては本州、北海道、九州及び四国の四つの島は残されるが、その他の島々については、連合国が一方的に日本領と認めるものだけが残され、その他の島は全部日本から奪い得ることになつている。それ故に、ポツダム宣言はカイロ宣言の領域に関する原則を覆したものであつて、この二つの宣言の間には、領域に関する限り、大きな不一致があることが認められる。このように、一方的に連合国が日本の領域を決定し、それが連合国に併合せられて、その併合国が領域を拡大することになれば、それは連合国共同宣言に反することになり、又日本国民の一致した希望によらないで領域の変更を行うことになれば、これも連合国共同宣言に反することになる。

対日平和条約（一九五一年）は、北方領域に関しては「日本国は、千島列島並びに日本国が一九〇五年九月五日のポーツマス条約の結果として主権を獲得した樺太の一部及びこれに近接する諸島に対するすべての権利、権原及び請求権を放棄する」と規定するこの平和条約の規定も既に述べたように、ソ連が千島列島を取得すること は連合国共同宣言に述べるところの領域不拡大の原則に反してソ連は未だかつてソ連の領域であつた事実のない クナシリ、エトロフ以南の千島列島を取得することになるのである。のみならず、それ等の領域の住民の一致し た希望にも反することになる。

以上述べたところで明かなように、連合国の一方的な宣言及び協定、条約等はその間に一貫性を欠き、互いに 矛盾・撞着するものであるが、北方領域の法的地位を決定するに当り、これ等をいかに解釈すべきであろうか。

四

連合国の一方的な宣言、例えば、連合国共同宣言、ヤルタ協定、カイロ宣言等は、連合国の意志の表明として の意味はもつているが、これ等の一方的な意志表示が日本を拘束するものでないことは言うをまたない。しかし、 ポツダム宣言は、連合国が対日休戦の条件として日本になした申込みであり、日本はこのポツダム宣言を受諾し たのであるから、ポツダム宣言は、日本及び連合国を拘束する。そして、このポツダム宣言の中に「カイロ宣言 の条項は履行せらるべく」と述べているから、この点において、カイロ宣言も日本と連合国を拘束することにな る。このポツダム宣言で日本の主権は本州、北海道、九州及び四国の四つの島と連合国が決定する諸小島に局限 せられることになつているから、日本のために明示的に確保せられている領域は、本州、北海道、九州及び四国 だけで、この外には連合国が決定するいくつかの小島だけである。諸小島となつているから、連合国が一つだけ の小島を指定することはポツダム宣言の違反になるが、二つ以上の小島を指定して日本の領域として残し、他の 島は全部日本から奪つたとしてもそれはポツダム宣言に反するものではない。そこで平和条約第二章の規定において、連合国は日本の領域に関する規定を設け、北方領域については、日本は「千島列島並びに日本国が一九〇五年のポーツマス条約の結果として主権を獲得した樺太の一部及びこれに近接する諸島に対するすべての権利、権限及び請求権を放棄」しているのであるから、この平和条約の規定とポツダム宣言との間には、日本の領域に関する限りにおいて矛盾するところはない。この平和条約第二条の規定が、連合国共同宣言に反し、又カイロ宣言にも反するという理由で、日本は平和条約のこの規定の効力を争うことはできない。これ等の一方的な宣言は、政策の表明に過ぎないので、宣言国の意志の表示ではあるが、この意志表示は宣言国以外の国に対し法的義務を負うものでなく、或宣言を行つた後に、その国が他の国との間に宣言の内容と異つた内容の条約を締結した場合に、条約の規定が一方的な宣言よりも法的に優越するものである。具体的に述べれば、平和条約の締結に当つて、その第二条の規定が、連合国宣言に反し、又カイロ宣言に反することを主張して、連合国にこの規定の修正を要求し得るはずであり、連合国がこの要求に応せず、又は日本がその修正を要求せずして、この第二条の規定に同意して平和条約を締結した以上、この平和条約の規定が、日本の領域に関し、決定的な基準を成すものであることは争う余地はない。

平和条約において、北方領域に関し、問題となるのは、千島列島（Kuriel Islands）とは、いかなる島々を指すかという点だけである。

五

千島列島とはいかなる区域を指すかについての参考資料として一九四六年一月二九日の「若干の外廓地域を政治上行政上日本から分離することに関する覚書」という占領軍最高司令官の指令の中で、日本の地域から除かれる地域を列挙しているが、その（C）として、千島列島、歯舞群島（水晶、勇留、秋勇留、志発、多楽島を含む）色丹島を挙げている。この指令は、指令の目的から日本という場合には、日本に含まれない地域の一つとして、千島列島と歯舞島、色丹島を挙げたのであつてこの指令が日本の領域の範囲を決定したものではないが、千島列島と並んで歯舞島、色丹島を挙げたことは、歯舞、色丹は千島列島に属しないと解したものであることは明かである。これ等の島々が千島列島に含まれるとすれば、単に千島列島と記せばよいので、特に歯舞、色丹を挙げる必要はないからである。

サンフランシスコ平和会議におけるアメリカ代表の演説の中でも、「平和条約第二条（C）に記載された千島列島という地理的名称が歯舞諸島を含むかどうかについて若干の質問がありました。歯舞を含まないというのがアメリカの見解であります」（外務省、サン・フランシスコ会議議事録、六三―六四頁）と述べて、千島列島という地理的名称は歯舞、色丹を含まないとのアメリカの見解を明かにしている。

又吉田首相はサンフランシスコ会議の演説の中で、千島列島及び南樺太が日本の侵略によつて奪取したものであるとのソ連全権の主張を反駁して、エトロフ、クナシリ以南の島は日本開国の当時から日本領であり、千島列島は「樺太、千島交換条約」の結果、日本領となつたもので、侵略の結果奪取したものではないこと、及び日本の本土たる北海道の一部を構成する色丹島及び歯舞諸島は、終戦当時たまたま日本兵営が存在したためにソ連軍に占領されたままである旨を力説している。この演説では、千島列島の範囲については特に述べられていないが、少くとも、歯舞諸島及び色丹島は日本本土の一部を構成するものであり、従つて、それは千島列島に属するものでないとの意味が明かにされている（一九五一年、九月七日、第八四総会における演説）。

これ等の外に、一九五二年十月七日に北海道沖において、ソ連が米機を撃墜した事件で、アメリカから国際司法裁判所に提出した訴状の中で、「右事件の発生地であるハボマイが日本から分離されるような措置は、いまだかつてとられたことがないこと、サンフランシスコ条約においても、日本は右地域に関する主権を放棄していないこと、アメリカ政府は同平和条約の署名の際及び上院の承認を求めた際に、また、アメリカ大使館は批准の際に、ハボマイは依然として日本領土と認められることを明かにしたこと、アメリカ上院は同平和条約を承認した際、ソ連の利益において千島列島、ハボマイ、シコタンその他に対する日本の権利が減損され、又は害されるものでないことを記している（南方同胞援護会「北方領土」問題基礎資料集、一二三―一二四頁、参照）。

以上挙げたところから明かなように、アメリカ及び日本の見解としては千島列島には、歯舞諸島及び色丹島が含まれないことに一致している。特に、日本の見解では、歯舞、色丹は、日本の本土の一部であるから、千島列島の一部を構成しないことはもちろんであるが、千島列島とはいかなる島々であるかについては、明確に意見を述べていない。前掲日本占領軍総司令部の指令は、歯舞、色丹を日本の施政地域外に置いているが、これはこの両島が千島列島に属していないから日本の施政権外に置くという意味ではなく、むしろ占領行政上の便宜的処置と解すべきであろう。このことは、同指令中の第六号に「この指令中の条項のいずれも、ポツダム宣言第八条にある小島嶼の最終決定に関する連合国側の政策を示すものと解釈してはならない」と規定していることからも明かである。

六

日本の領域処理を規定するサンフランシスコ平和条約第二条の規定は、その（a）項では「朝鮮の独立を承認して……」という言葉を用いていて、済州島その他の列挙する島々が朝鮮に帰属することを推定できるが、（b）項も（c）項も列挙した地域に対する「すべての権利、権原及び請求権 all right, title and claim を放棄（renounce）

することだけを規定して、日本がすべての権利、権原及び請求権を放棄した地域がどこに帰属するかについては規定するところがない。しかし、一方において、カイロ宣言では、「日本が清国より盗取した一切の地域を中華民国に返還すること」を規定し、台湾や澎湖島等をあげている。このカイロ宣言はポツダム宣言に継受せられ（ポツダム宣言、第八項）、日本は休戦の条件としてポツダム宣言を受諾したのであるから、台湾、澎湖島等が中華民国に返還せられることについては、承諾しているわけである。しかるに、南樺太及び千島列島については、それがソ連に帰属するについて、日本はいまだかつて同意を与へた事実はない。日本は平和条約第二条（c）項の規定で、南樺太及び千島列島に対するすべての権利、権原及び請求権を放棄しているのであるから、千島列島の範囲について争いがあるにしても、平和条約の締約国たる連合国に対して、日本がその領域権を放棄した以上、平和条約締約国以外の国に対しても、日本は千島列島及び南樺太に対する領域権を主張することはできない。日本の立場から言えば、南樺太及び千島列島の帰属については、平和条約締結以前にそれ等がいずれの国に帰属するかについて、事前に諒解を与えていないということである。それ等の帰属について、ヤルタ協定でソ連が対日戦に参戦する条件として米・英・ソの間にそれをソ連に帰属せしめる約束があつたにしても、それは日本の全く関知しないことである。ヤルタ協定の条約としての有効無効論は、米・英・ソ三国には関心事であるかも知れないが、日本とは全く無関係である。日本はヤルタ協定の結果、条約上の権利を取得することもなければ、義務を負担することもない。日本の領域から平和条約の結果離脱した南樺太及び千島列島の帰属は平和条約を締結した連合国の決定すべき問題である。この決定に参加する連合国はサンフランシスコ平和条約の締約国に限るという法的根拠は見出せない。それ故に、締約国以外の国ソ連を加えて南樺太や千島の帰属が決定されてもよいわけである。

領域の割譲について、誤解を生じ易い点を指摘すれば、例えば、二国条約で一方が自国の特定地域の領域権の放棄を約すれば、その領域権放棄国は、締約国以外の国に対しても、割譲条約の効力発生後はもはやその地域が自国の領域たることは主張できない。領域権の放棄は条約の相手国に対してのみ効力を発生する相対的な関係ではなくして、総ての国に効果が発生する絶対的な関係である。この意味において、最近池田首相とフ首相との間に行はれている北方領域に関し交換せられている両国の主張には私の意し難い点がある。

先づ、両者の主張の主なる点から検討すれば、平和条約は日本が南樺太や千島列島を何国のために放棄するかを規定していないから、平和条約の直接の結果、ソ連が南樺太や千島列島に対する領域権を取得したと主張することは誤りである。ソ連の北方領域に対する領域権は連合国の同意によつてのみ領域権が取得され得るので、この点については、既に述べた通りである。

アメリカ上院の「対日平和条約」批准決議の中にも、「一九四一年一二月七日、日本国が所有していた且つ条約に規定されてある南樺太及びそれに近接する島々、千島列島、ハボマイ群島、シコタン島及びその他の領土、権利、権益をソヴィエト連邦の利益のために当条約を減少したり曲解したりすること、及びこれにある権利、権原及び権益をソヴィエト連邦に引渡すことをこの条約は含んでおらず、又この条約及びアメリカ上院の本条約批准に対する助言と同意は、一九四五年二月二日の日本国に関するヤルタ協定とよばれるものをソヴィエト連邦の利益のために承認することを合衆国として認めるものでない」と述べているのは、平和条約自体は日本の北方領域は、何国のために日本がすべての権利、権原及び請求権を放棄することを規定していないのであるから、平和条約そのものの解釈としてソヴィエト連邦の利益のために日本が北方領域の領域権を放棄すると解釈することは無理であり、又この平和条約が、アメリカに対しヤルタ協定をソ連の利益のために承認するものでないと、ことわつたことも、対日平和条約とは別個のヤルタ協定であるから、当然のことといえる。このアメリカ上院の批准決議は、従つて、アメリカが終局的に日本の北方領域がソ連に併合せられることを推定する意味をもつものでなく、平和条約により直接にその効果として、ソ連が南樺太及び千島を取得するものでないとの意思を表示したものと解するのが妥当である。

次に、千島列島の範囲に関する問題であるが、千島列島全部に対する日本の領域権は、カイロ宣言にいうところの「暴力及び貪欲によつて略取」したものでないことは、既に述べたように明白な事実であつて、従つて、平和条約第二条（c）項の一部がカイロ宣言や連合国共同宣言に反することは明瞭である。しかし、これ等の一方的な宣言と平和条約の規定が矛盾することを理由として平和条約の効力を争うことはできない。もし連合国が、彼等のかつてなした宣言に忠実であるならば、千島列島に対する日本の領域権を放棄さすような規定はなされなかつたはずである。一九五一年八月二三日の対米覚書の中で、インド政府は「日本が侵略によつて他の国から獲得したものでない地域」に対する日本の主権が完全に回復さるべきであることを希望している。それにも拘らず、連合国はその規定を設けて日本をして北方領域権を放棄せしめる規定を設け、日本はこれを承認したのであるから、平和条約第二条（c）項によつて北方領域の法的地位が決定されなければならないのは当然である。そこで、前にも述べたように、北方領域については、千島の範囲いかんが問題となるだけである。池田書簡にあるように、樺太、千島交換条約では、クナシリ、エトロフ以北の十八の島々があげられているので、千島列島とはこの十八の島を指すのであるというのも一つの解釈である。これに対し、カムチャッカ半島と北海道との間に連なる一連の諸島の全部が千島列島であり、ハボマイ、シコタンも千島列島の中に含まれるとの解釈及びハボマイ、シコタンを除いたものが千島列島であるとの解釈も成り立ち得るであろう。条約の解釈は、条約締結の際における当事国の真意の発見にあるのであるから、もし、千島列島の解釈に関し、日本が平和条約締結当時に意図したものと、連合国のそれとの間に不一致があることが発見せられ、両者の間に意見の一致を得ることができない場合には、平和条約第二二条に規定する紛争解決の方法によらねばならない。この場合における紛争は、ソ連と日本との間における平和条約解釈に関する紛争ではない。

池田書簡では、エトロフ、クナシリ以南の諸島を南千島と称し、この南千島は日本の固、有、の領土、であるから、日本が領域を放棄したのは、これ等以北の十八の島、即ち、北千島に対してであると主張するが、ここで固有の領土というのは、歴史的に古い時代から日本の領土であつたという意味であろう。しかし、固有の領土であつたか否かということは時間的に長期に亙つて領域権をもつているか否かで決せらるべきものでなく、法的な立場からは、それは外国の領域であつたものを強力によつて取得したものであるか否かがむしろ重要な点である。この意味において、千島列島全部が固有の領土であるということができる。千島列島の全部は日本が戦争により又は実力の行使或いは威嚇によつて外国から取得したものでなく、平穏、公然に樺太に対する日本の領域権を放棄した代償としてロシアから得た領域である。それにも拘らず、平和条約は日本に千島列島を放棄せしめた。しかし、千島列島に属しない島々は放棄したことはない。日本のいわゆる千島列島に属しないという理由のみが、南千島が日本の領域であるという根拠になり得るのである。千島列島の解釈について日本と連合国（平和条約批准の）の間に争があるならば、平和条約第二二条の規定により、日本はこの問題を解決すべきであつて、この千島列島に対する解釈が確定せられて、もし、ソ連が千島列島に属しない島々を占拠している事実があれば、ソ連の不法占拠をとがむべきである。それ故に、日本が直接ソ連と千島列島について交渉する前に連合国（平和条約の締約国）との間に千島列島の範囲につき決定しその決定を待つて、対ソ交渉を行うという順序を踏むべきである。

綜合法学　第六巻三号　昭和三八年

国際法上の仲裁と調停

一、はしがき

国際紛争を平和的に解決する方法としては、国際憲章第三三条に列挙するように、外交々渉、審査、仲介、調停、仲裁裁判、司法的解決、地域的機関又は地域的取極めの利用等の方法がある。仲裁裁判及び調停はこの規定が示すように、国際紛争を平和的に解決する手段である。中でも仲裁裁判は非常に古くから行われている紛争の解決方法であって、モーリスはその著書の中で、「事実上仲裁裁判は戦争そのものと同じ位古い」と述べている（Robert C. Morris; International Arbitration and Procedure. 1911. p. 1）。ここでは、仲裁裁判の歴史を振り返ってみる余裕はないが、古代ギリシャの時代においても地域的な政治団体（都市国家）間の紛争を実力に訴えて解決するのでなく、平和的な手段で解決することを望んだこと、即ち、正義に対する愛情と征服に対する愛情とは人類の終局的な事実であるといってよい。かくして、仲裁裁判は古代から現在に至るまで紛争解決の手段としてしばしば利用せられて、その間におのずから仲裁裁判に関する国際慣習法が成立するに至っている。その外に、二国間条約として、特に第一次大戦後において、多数国間に仲裁裁判及び調停に関するものが結ばれ、その数は夥しいものになっている。これは、国際連盟成立後における、世界の平和的な雰囲気を現わすものといえる。このような多数の両辺条約の外に、仲裁裁判と調停に関する一般条約としては、一九〇七年の国際紛争の平和的処理条約と一九二八年（一九四九年修正）の国際紛争の平和的処理に関する一般議定書を挙げることができる。この二つの条約を対比して後の条約が前の条約よりも進歩した点としては、前の条約では仲裁や調停に附することが当事国の自由となっていたのであるが、後の条約では、締約国が義務として一定の条件にある紛争は仲裁や調停に附さねばならなくなったことである。

二、仲裁裁判

イ、仲裁裁判の性質

仲裁裁判とは国家間の紛争を当事国の選んだ一人又は二人以上の仲裁者の裁決によって決定することである。国家に優越する中心的政治権力は存在しないのであるから国家は、条約で義務を負担しない限り、自己の意思に反して紛争事件を仲裁に附さねばならない義務はない。紛争事件を全面的に仲裁に附すか、或いは紛争事件中の或点のみを仲裁に附すかも当事国の自由である。その他、誰を仲裁者とするか、何人の仲裁者を選ぶか、何を仲裁裁判の規準として適用するか、裁決の効果をいかにするか等は、条約で特に当時国間で定められたものがある場合の外は、当時国が合意によって結ぶ仲裁契約（compromis）の中に確立せられる。そして、この仲裁契約の規定に漏れている点、或いは仲裁契約に規定はあるが、その意味が明瞭でない場合等には仲裁に関する国際慣習法によって補充せられ、解釈せられねばならない。

仲裁裁判は、原則として、国際法を適用して事件を決定するのであるから、その意味において、司法裁判と同様であるが、厳格に裁判の基準を国際法に限定するものでない点において、司法裁判と区別することができる。例えば、一九〇七年の国際紛争の平和的処理条約（以下、平和的処理条約と略称する）では、その第三七条で、「国際仲裁裁判は、国際間の紛争をその選定したる裁判官をして法の尊重を基礎として処理せしむることを目的とす」として、「法の尊重を基礎として」と記して「法によって」とは規定していない。それ故に、法を無視することはできないが、法のみによって裁判するのでなく、法を尊重した上で、法以外の基準、例えば、衡平と善によって裁判することもできる。又一九二八年の国際紛争の平和的処理に関する一般議定書（以下一般議定書と略称する）も、法的紛争の場合は、仲裁契約に特に裁判の準則を規定していない場合には、国際司法裁判所規程第三八条に列記した実質的規定を適用することを規定する（第一八条）。非法律的紛争の場合の仲裁裁判には、裁判の準則は当事国が仲裁契約の中で規定することができるが、仲裁契約中に規定が無いか又は仲裁契約が存在しない場合には、国際司法裁判所規程第三八条に列挙された実質的規定を適用する。この紛争は非法律的紛争であるから、裁判所規程第三八条に列挙するものの中で、適用できるような規定のない場合には、衡平及び善に基いて裁判を行うことになっている（第二八条）。この二個の条約を比較してみると、平和的処理条約では、仲裁裁判は「法の尊重を基礎」として裁判すべきことを要求し、一般議定書では、法律的紛争の仲裁裁判も非法律紛争の仲裁裁判も、裁判の基準は当事国が仲裁契約の中に規定したものによるのであるが、もし仲裁契約の中に裁判の準則について規定がない場合は、法律的紛争では国際司法裁判所規程第三八条に列挙する実質的規程、即ち当事国間の条約、国際慣習法、法の一般原則及び法則を決定する補助手段としては、国際裁判の判例や諸国の最優秀の公法学者の学説を利用することができるが、非法律的紛争の仲裁裁判の準則としては、この外に第三八条に列挙する実質規定で、紛争に適用し得るような規定がない場合には、当然に衡平と善に基いて裁判できることになっている。法律的紛争と非法律的紛争との裁判の基準について、何故にこのような取扱いの相違があるかというに、法律的紛争は、その紛争の性質上、国際法の適用によって解決せられるが、非法律的紛争については、その性質上国際法を適用することができないものがあるから、そのために、そのような場合には、衡平と善を基準として決定することを認めたものと考える。いずれの場合にも、一般議定書では、仲裁契約中に、当事国が裁判の準則について合意して、規定を設けることができるのであるから、もしその裁判の準則が国際法以外のものであるならば、仲裁裁判は法を適用しないで裁判せられることになる。この点において、仲裁裁判と司法裁判とは区別せられる。例えば、仲裁契約中に、裁判の準則を衡平と善によることが規定されれば、仲裁者はこれによって裁判しなければならない。前述のように、当事者間に合意があれば、衡平と善に基いて裁判し得ることは、国際司法裁判所においても同様である。しかし、仲裁裁判の場合において、衡平と善以外のものを裁判の準則として合意することもできるわけであるから、国際法以外のものを裁判の準則として選択することのできる範囲が広いわけである。それ故に、仲裁裁判は、原則として国際法に基いて国際紛争を仲裁者が解決するものであるということができる。

ロ、仲裁者の選任

仲裁裁判条約を締結した国家は、誰を仲裁者に選定するかについて合意せねばならぬ。当事国は第三国の元首を仲裁者として選ぶこともできる。仲裁契約で仲裁者を指定する場合もあるし、仲裁者を選定する方法のみを合意する場合もある。歴史的に観て、仲裁者の選任には、二個の方法があった。その一は、アメリカに起源をもつものであって、紛争当事国の委員と第三国の委員とで混合委員会を設け、この委員会が仲裁者となる制度であり、その二は、古くからヨーロッパで行われたところの第三国の主権者を仲裁者とする方法である。この二種の方法には、それぞれ得失がある。混合委員会の場合は、当事国から同数の委員を出す外に、第三国から委員を加える制度であるが、紛争当事国から選ばれた委員は厳正に裁判官として行動することはむずかしく、ややもすれば、選任国の利益代表の如き観を呈して、選任国の利益のために行動するという弊害を伴うのである。他方において、第三国の元首を仲裁者に選任しても、元首が実際に仲裁者として行動するのでなく、その国の官吏が元首に代って、必要な調査や研究を行わねばならない故に、この方法は手続の簡易化、仲裁者の裁判官としての独立を保障するには便利であるが、元首はしばしば裁判官としての能力を欠き、判断を誤ることがあるのが欠点である。のみならず、元首はややもすると、裁定の結果が自国に及ぼす影響について無関心ではあり得ないから、厳正な法的判断を下すとは限らない。このような欠陥があるので、仲裁裁判には、これ等の弊害を避けるような方法で仲裁者が選任せられることが望ましい。このために、平和的処理条約では、当事国が各二人の仲裁官を指定することができるが、その中一人だけが自国民であり得るので、他の一人は自国民でない者から選び、双方の当事国が選んだ四名の仲裁裁判官が協議の上、更に一名の裁判官を選び、五名で法廷を造ることになる。この五名の裁判官で少くとも三名は紛争当事国の国民でないから、裁判の公平を期することができるわけである（第四五条）。一般議定書でも、仲裁裁判所は五名の裁判官で構成せられ、当事国はそれぞれ一名だけは自国民から選任することができるが、他の二名の裁判官及び裁判長は、合意により第三国の国民から選任されることになっている（第二二条）。

ハ、仲裁裁判に附される紛争

仲裁裁判は原則として、国際法に基いて行われる裁判であるから、法律的紛争が仲裁裁判で解決するに適した紛争であって、政治的紛争は仲裁裁判で決定するに適しない紛争であるといえる。平和的処理条約でも、法律問題なかんずく国際条約の解釈又は適用の問題に関し、外交上の手段によって解決することができなかった紛争を処理するには、仲裁裁判が最も有効でかつ最も公平な方法であると認める旨を規定する（第三八条）。法を適用して解決できないような種類の紛争は、仲裁裁判で解決するに適しない紛争であるから、この種の紛争は仲裁で解決することはむづかしい。しかし、法的紛争の総てが仲裁に付されるのでなく、法的紛争の中でも、国家の独立、名誉及び重大なる利益に関する紛争は、仲裁で解決するに適しない紛争であるとせられる。例えば、一九〇三年にイギリスとフランスとの間に結ばれた条約では、法的性質の紛争で国家の重大な利益、独立及び名誉又は第三国の利益に影響を及ぼさないような紛争の総ては仲裁裁判で解決する旨を規定している。他の多くの国々もこれに倣った。しかし、もし当事国が、この種の紛争でも仲裁によって解決することに同意するならば、この限りでない。

仲裁条約に留保を附して、或種の紛争を仲裁裁判の範囲から除外することは自由であるが、国家間の独立や名誉に関する紛争を無制限に留保する傾向は次第に改められつつある（例えば一九二八年のトルコとイタリアとの条約では、国民主権に関する問題を除外している）。最近では、仲裁条約の中で最もしばしばつけられる留保としては、国内管轄事項、過去の紛争、第三国の利益に関するもの、及び特別な領域的及び政治的利益に関するもの等である。司法的解決に関する条約では、留保の範囲に入るか否かを決定する権限を国際司法裁判所に委ねるものが多い。仲裁裁判条約では何らかの留保をつけているのが普通であるが、留保附でない条約でも、法律的紛争のみが仲裁に附されるという規定をしばしばもっている。

仲裁裁判で解決するに適する法律的紛争であるか否かは、当事国の決定する問題である。しかし、当事国間に意見が分れて、一方の国は法律的紛争であるから仲裁裁判で解決しようとし、他方は法律的紛争でないとの理由で、仲裁裁判を拒否する場合があり得る。この場合には、仲裁条約でこの点を決定する規定をもつ場合は、それによって法律的紛争か否かが決定せられるわけであるが、もし規定のない場合には、この問題は、当事国が合意すれば、国際司法裁判所が決定することになる。国際司法裁判所規程第三六条第六項は「裁判所が管轄権を有するか否かについて争がある場合には、裁判所の裁判で決定する」と規定している。この規定にいう裁判所というのは、もちろん国際司法裁判所を指すのであるが、当事国が或紛争が法的紛争であるか否かの決定につき国際司法裁判所に提訴するならば、国際司法裁判所は、この点につき決定を下すことになるからである。

二、仲裁者の権限

仲裁者は当時国間の仲裁契約によって一定の紛争に介入して仲裁する資格を与えられるのであるから、仲裁者の権限は仲裁契約にとって定められる。仲裁契約では、紛争はどの点について仲裁裁決を求めるかが明かに規定せられるのが普通である。仲裁契約にこの点について何の規定もない場合には、仲裁者は自らの判断に基いてその権限を決定できることになる。国際法委員会が、その第五開期に採決した「仲裁手続に関する条約案」第十一条は「自らの権限の裁判官である法廷は仲裁契約の解釈に関し最も広い権限をもつ」と規定する。仲裁者が仲裁契約で認められた権限を越えて行動した場合、殊に、仲裁者の権限外の点について裁決を与えた場合には、そのような裁決は越権の裁決として無効である。仲裁契約中に仲裁者の権限について規定はあるが、その権限の内容について疑問を生じた場合には、仲裁者自身がその内容を決定し得る。その理由は、総ての裁判所がそうであるように、仲裁者は自らの権限の判断者でなければならないからである。この点についていろいろ問題の生ずる可能性がある。当事国の一方が仲裁者が自らの権限の内容を決定することに反対する場合があり、更にまた、仲裁者が自ら決定した権限の内容は、仲裁契約の解釈上不当であると当事国の一方が主張するかも知れない。このような場合には、仲裁者は仲裁契約の解釈に関して自らの解釈が正当であるか否かを検討して、正当な仲裁者の権限を確定しなければならない。仲裁者は受任者ではない。仲裁者は独立した司法官であるから、総ての司法官の如く、訴訟の裁判官であり、抗弁の裁判官である。もし仲裁者が受任者であるとすれば、そこには複数の委任者があるのだから、委任者間の意見の一致を確立することは困難であるのみならず、一たん仲裁契約を結びながら、後に至って仲裁契約の内容について相手国に反対する意見を述べることによって、容易に仲裁を拒否する結果を生ぜしめることができるからである。

ホ、仲裁裁判（award）の拘束力

仲裁条約に反対の規定がない限り、仲裁裁決は最終的な決定として当事者を拘束する。平和的処理条約第三七条にも「仲裁裁判に依頼することは、誠実にその判決に服従するの約定を包含す」と規定して、当事国が裁決に服する義務のあることを明かにしている。国際法委員会の条約案第二六条も「裁決はそれがなされたときは当事者を拘束する。裁決は誠実に履行されねばならぬ」と規定する。しかし、国際社会には、超国家的な中心権力が存しないから、裁決に服しない国家に対し、裁決を執行する機関はない。それ故に、相手国は仲裁裁決に服しない国家に対し、国際法上許される強制手段を執り得る。(註)

（註）国際法上許されている強制手段とは何であるか。仲裁裁決に服しないことを理由として、現行国際法のもとにおいて執り得る強制手段は限定されている。不戦条約及び国連憲章第二条三項及び第三三条によって、実力行使は禁止せられているのであるから、非服従国に対して、相手国が実力を行使して強制することはできない。従って、この場

合には、安保理事会に提訴して、安保理事会が憲章第三九条によって、仲裁裁判への不服従は平和に対する脅威又は平和の破壊であると決定し、その決定によって安保理事会がこれに対し、強制措置を執ることを決定しなければ、非服従国を強制することはできない。裁決が無効であるか否かの決定は、国際法委員会の条約案では、国際司法裁判所が決定することになっている（第三一条）。

しかし、仲裁裁決が拘束力をもつというのは、仲裁者が審判者としての業務を完全に果した場合に限るのであって、仲裁者が買収されたり、仲裁契約規定で与えられた権限を越えたり、或種の強制をうけたり、当事国が故意又は過失によって仲裁者に重要な過誤を犯さしめた場合などには、裁決は拘束力をもたない。これに関する二三の実例を示せば、イギリスとアメリカ間の北東の国境に関する紛争において、一八三一年にオランダ王が下した裁決は、仲裁者の越権の裁決であるとして両当事国ともその裁決の拘束力を否認した。ペルーとボリビア間の国境紛争でも、仲裁者のアルゼンチンの大統領が一九〇九年に下した裁決に従うことをボリビアは拒否した。また一九一〇年にハーグの常設国際仲裁裁判所は、オリノコ汽船会社（Orinoco Steamship Company）の請求権に関するアメリカとヴェネズエラ間の紛争で、前の仲裁裁決の或点は無効であるとした。仲裁者が下した裁決に対し、越権その他の理由で、当事国の一方は無効を主張し、他方は有効であるとするような場合に、その仲裁裁決を無効とするような欠陥が仲裁裁決に存在するか否かを決定する方法が必要になるわけである。この解決方法を当事国が仲裁条約又は仲裁契約の中に規定するならば、その方法で解決する。例えば、仲裁裁決の効力に関し争のある場合には国際司法裁判所の決定によるというような場合である。ところが、これに対し当事国間に合意がない場合には、裁決の効力が疑問のまま残されることになる。この裁決の効力に関する当事国間の紛争の継続が、国際の平和及び安全の維持を危くするおそれのあるものであれば、憲章第六章の紛争の平和的解決の方法で解決せられることになるであろう。

三、調　停

イ、調停の性質

調停（conciliation）は国際紛争の解決の一手段である。個人から成る委員会にその紛争を附託し、委員会の任務は事実を解明して、通常当事国から事情を聴き、当事国が合意に達するように努力し、紛争解決案を提示するにある。その解決案は判決や仲裁裁決のように、当事者に対し、拘束力はもたない。それ故に、調停は国際審査委員会（International Commissions of Inquiry）とは性格を異にする。審査委員会の主な目的は、事実の解明にある。事実が解明されれば、当事者は自発的に紛争を解決し得るとするのであるが、調停の主な目的は、紛争を解決するために調停委員会が協力するのである。また仲裁裁判や司法的解決と異り、当事国は委員会から提出された紛争解決案を採択しなければならない法的義務はない。

調停はまた仲介（mediation）とも区別しなければならない。仲介とは第三国が当事国をして、その紛争問題につき交渉を開かしめるように努力するのであって、紛争問題そのものに介入するのではない。しかし、調停の場合には、当事者は紛争を個人からなる団体（調停委員会）に附託し、その団体は事実を公平に確定し、そして適当な解決案を提示するのである。（註）

（註）　調停という日本語の用語には注意しなければならない。一九〇七年の国際紛争の平和的処理条約では、居中調停という言葉が用いられているが、その原語は mediation であって、conciliation ではない。この mediation という言葉は国際連合憲章では「仲介」と訳されている（憲章第三三条一項）。「国際紛争の平和的解決に関する一般議定書」では conciliation をやはり調停と訳している。平和的処理条約の中の居中調停というのは何であるかというに、「居中調停

者の本分は、紛争国の主張を調停し、且その間に悪感情を生じたるとき之を融和すに在るものとす」（第四条）と規定している。従って、調停者が当事国に紛争解決のための条件を提示するか否かについては規定せず、単に「紛争国の主張を調停し」としている。その後に当事国間の悪感情を融和することも調停者の本分であることから考へて、居中調停という言葉は、むしろ本来の調停よりも仲介に近いものというべきである。これに反し、一般議定書では、調停委員会の任務は「紛争問題を明らかにすること、そのために事実審査又はその他の方法によって、すべての有益な情報を集めること、及び当事国を調停するのに努めることを任務とする。委員会は事件の審査後、適当と認める協定条件を当事国に提示し、……」（第一五条一項）と規定しているので、前掲の平和的処理条約の居中調停と比較して、調停者の任務が異っていることがわかる。しかし、平和的処理条約の居中調停は純然たる仲介とは言えないようである。それは、居中調停者は紛争当時国の間に交渉を開かしめるように努力するだけでなく、「紛争国の主張を調停」する（第四条）任務をもち、同条約第五条には「居中調停者の職務は、その提供したる調停方法（les moyens de conciliation proposés）の受諾せられざることを紛争当事者の一方又は居中調停者において認めたるときに終止す」と規定する。調停方法とは何であるかが明瞭ではない。「紛争国の主張の調停」という場合に、紛争国の主張が単に、紛争当事国が交渉を開くことに関する主張であるか、紛争そのものに関する主張であるかも明瞭でない。「提供した調停方法」という場合にも、当事国をして交渉を開かしめるための方法か、紛争の実体的な解決方法を指すか明かでない。これ等の諸点から考えて、平和的処理条約の居中調停は、仲介と調停との中間的なもののように考えられる。その点はとにかく、平和的処理条約で mediation という言葉を「居中調停」と訳していることは事実で、この訳語は現在では用いられない。

ロ、調停方法

国際紛争で調停に附せられるには、その紛争が法律的紛争でも非法律的紛争でもよい。紛争の平和的解決に関する条約の中には、法律的紛争は裁判に附し、非法律的紛争のみを調停によって解決することを規定するものもあるが、この点は当事国の自由であって、法律的紛争は調停という方法で解決するに適しない紛争であるとは言えない。

調停が行われるには、通常は紛争の平和的解決に関する条約の中に、調停に関する規定があり、それによって調停に附されるのであるが、このような条約が予め結ばれていなくても、紛争が発生してから、当事国の合意で調停に附することもあり得る。調停者としては、調停委員会が設けられる。調停委員会の構成は予め条約に規定がある場合はこれにより、規定のない場合は、当事者の合意による。通常の場合は奇数の委員で構成せられる。例えば、一般議定書では、調停委員会は五名の委員から構成され、当事国は各その一名を任命し、この自国の任命する一名は、自国民でも差支えない。他の三名の委員は、合意により第三国の国民の中から選任される。この三名の委員は異なる国籍の者であることを要し、当事国の領域に居所をもたず、またその国に勤務してないことを要する。当事国は、この三名の委員の中から、委員会議長を選任することになっている（第四条）。このような方法で調停委員会を構成して公平な調停を行わんとする趣旨である。

調停委員会に事件を附託するには、紛争当事国の一方または双方が委員会議長に請願書を提出する。この請願書には、紛争の目的を略述し、調停に達するのに適当なすべての措置をとることを委員会に委嘱する旨を記載する。附記せられた事件に関し委員会は、まず紛争問題を明かにしなければならない。そのためには、事実審査又はその他の方法によって有益な情報を蒐集し、当事国を調停することに努めねばならない。紛争の原因である問題を公平に審査した後に、その結果を一つの報告書に書き、公正且衡平な解決による和解の基礎を当事者に提供する。第二に報告書の中には公正妥当と認める紛争解決条件を記し、当事国に提示する条約の規定により、単に問題となっている事実を解明した報告書のみの提出も委員会の任務とするもの（前掲リオ条約、第一〇条一項）と紛争解決条件の提示をも委員会の任務とするものとある（一般議定書、第一五条一項）。委員会が問題となっている事実の解明を任務とする場合には、（この場合には実質は国際審査委員会である）委員会の提出した報告書を基礎として当事国間に交渉が開かれ、その結果、当事国間に問題解決に関する合意が成立した場合に、紛争が解決せられることになり、合意に達しなければ、その紛争は未解決で、他の解決方法によらねばならぬことになる。解決条件を当事国に提示した場合には、この条件に対し、当事国が意見を表明するための期限を定めることができる。当事国がその解決条件を認めた場合及び当事国の一方又は双方がその条件に不賛成であり、従って、調停が不成功に終ったとき、このいずれの場合にも、その事実を確認するために、調書を作成する。この調書は遅滞なく当事国に通達しなければならぬ。調書を公表するか否かは当事国の自由である。

ハ、調停の効力

調停委員会に紛争を付託した国家は、調停委員会が作成した報告書の結論及び紛争解決のために提示した条件のいずれにも拘束されない。この点が調停と裁判との相違である。調停条約の中には、この旨を明記するものが多い（例へば、日蘭条約第一四条、二項、不侵略及び調停に関するリオ条約、第一〇条、二項）。

調停委員会が提出した報告書の中の事実審査の結論及び解決条件を当事国は受諾せねばならぬ義務はないが、調停手続の進行中に、委員会の調停の効果を傷けるような行動は、当事国として慎まねばならない。この点は条約中に規定するものもある。例えば、一般議定書第三三条三項は「当事国は、司法もしくは仲裁判決の執行又は調停委員会より提議される協定に有害な影響を及ぼすおそれのあるすべての措置を執らないこと、及び一般に紛争を重大化し又は拡大するおそれのある行為を、その性質のいかんを問わず、執らないことを約束する」と規定する。たとえ調停条約中にこのような規定の無い場合においても、当事国は当然この義務を負うものと解することができる。このような行為は紛争を調停に付して、平和的に解決しようとする目的と背反するものであって、紛争を調停委員会に付託することの中には、このような義務が含まれていると解すべきである。条約を締結する場合に、条約書に調印した国は、その条約の効力発生前に、条約の目的を実現することが不可能になるような行動を慎しまなければならないと同じ法理である。

二、調停委員会の利用

第一次大戦以後において、戦争を嫌悪する気分が強まり、数百の条約が調停に関して規定し、百以上の常設調停委員会が設置せられた。しかし、実際にこれ等の条約で設置せられた常設調停委員会を利用して、紛争事件を解決した例は極めて少ない。紛争の平和的解決に関する現段階では、調停のもつ本来の機能は大部分その意義を失つたようである。紛争解決のために国際連合の機関を利用し得る現在において、国家間の重大な紛争を紛争国が調停委員会に進んで付託するか否か疑問である。しかし、一方において、調停は裁判では解決できない紛争を平和的に解決するための有効な手段である。例えば、安全保障理事会の投票手続に関し理事国の意見が対立した場合に、調停委員会に付託してこれを解決するような場合がこれである。

紛争当事国の合意によって設けられる調停委員会と、国際連合が紛争を解決し平和を保障するという任務を遂行するために設ける調停委員会、例えば、総会が一九四八年の十二月にパレスチナ問題に関し、当事国間に存する総ての問題を最終的に解決するために、当事国政府を援助することを目的として設けた調停委員会とは区別しなければならない。

主要参考文献
横田喜三郎「国際裁判の本質」二七三―三八二頁。
田岡良一　法律学全集第三巻、第三章「裁判及び調停に関する若干の法律問題」
前原光雄「仲裁裁判制度の発達」法学研究、第二二巻、第五号、三一―四六頁。

Commentary on the Draft Convention on Arbitral Procedure adopted by the International Law Commission at its Fifth session, 1955.

Robert C. Morris, International Arbitration and Procedure, 1911.

Jackson H. Ralston, The Law and Procedure of International Tribunals, 1926.

N. Politis, La Justice Internationale, 1924.

R. Wahecd, Le Problem de la Securité internationale, 1930.

Vulcan, La Conciliation dans le droit international actuel, 1932.

Hadson, international Tribunals, 1944.

安全保障理事会の構成

一　はしがき

安全保障理事会の構成は、憲章第二三条一項、第三一条、第三二条及び第四四条等に規定するところであるが、このような安全保障理事会の構成はいかなる経過を辿って成立したか。それにはいかなる思想的根拠があるか。又この規定は、果して合理的な規定といい得るか。この規定による安全保障理事会の構成は、理事会の実際的な運営の面において遺憾のないものであるか。もし、この安全保障理事会の構成が不満なものであるとすれば、それは、いかに改善さるべきであるか。安全保障理事会の構成についても、いろいろの面から考察され得るわけであるが、理事会の構成に関する前掲のいろいろの問題について、ここでその総てに触れることは、私に割当てられた紙数では不可能であるので、本稿では、主として、理事会の構成に関して憲章の規定が成立するに至った経過に重点を置いて述べることにする。(1)

(1) Ruth B. Russell, A History of the United Nations Charter, 1958, p. 96-97, p. 102-103, p. 271-273.

二　ダンバートン・オークスの会議に至るまで

第二次大戦終了後において、世界平和はいかなる方法で維持せらるべきであるかについて、ルーズヴェルトの構想は、近代戦の条件下では、小国は侵略者に対して自らを守ることは不可能であると考えた。その理由は、小国が自国を侵略から守るような軍備をもつことは、その国民がとうていその経済的負担に堪え得ないからである。それ故に、一九四二年一月の連合国共同宣言の後で、大統領はソ連や中国をも、今後起る侵略を避ける責任を分つことのできる充分強力な国家の中に含めた。この少数の強国が、世界平和に関する警察力を握るべきことを確信していた。この強国群の一致に基いてのみ正当な、かつ永続的な将来の世界に必要な経済的・政治的了解に達することができると考えた。

イギリスも戦後の安全保障に対しては、アメリカと根本的な考え方については一致していた。一九四二年一〇月に、イギリス外務省は、ワシントンの国務省と図って作成した四カ国計画（The Four Powers Plans）を戦時内閣に廻付し、その中で、戦後組織の最高指導権（supreme direction）は、英、米、ソ、中国の四カ国で構成せらる理事会（council）がもつことを提案している。このように、戦後の安全保障問題の根本的な考え方については、米、英の間には意見の相違はなかったのであるが、この大国を根幹とする会議の構成については必ずしも、頭初から意見が一致していたわけではない。

ルーズヴェルトは世界の安全保障に責任をもつ理事会は七国で構成せられることが適当であると考えた。即ち、四大国と三つの小国で構成せられるわけである。このルーズヴェルトの考え方はダンバートン・オークスでの議案を検討する団体（Agenda Group）で審議せられた結果、大国たる常任理事国の数よりも、非常任理事国たる小国の数が少ないことは、理事会の決議の力を弱めることになるとし、最初の理事会のメンバーは、大国四、小国四の八国が適当であるとした。最初このエゼンダ・グループは、総会が大国の同意を含む議決で、理事会のメンバーの資格、任期及び選挙方法を決定し得る規定を設けた。この原則を認めると、議決に大国の全部の同意を必要とするという保障はあるものの、総会が理事会をコントロールする懸念が多少あるし、理事会の構成が度々変ることがあり得るので、メンバーの数を変更するための規定は憲章中に入れないことを最終的に決定した。かくして、この事項は、大国の確固たるコントロールの下に置かれている憲章修正手続を経ねばならぬことにした。しかし、この点について、一九四四年にロンドン訪問から帰って来た国務次官ステティニアスの報告によると、イギリスは、理事国の数を大国優位に構成することは、小国側から大国が恣意的に支配するとの批難が加えられるから、大国よりも小国の数を多くすべきであると考えている。より多い小国が理事会を構成していれば、理事会で審議せられる問題を総会に持ち込もうとする傾向が弱くなるというのである。加うるに、ハル長官は、同年五月この問題がアメリカの上院の委員会で討議せられた時に、フランスは、後日常任理事国となるべきであることを提議した。理事国が、常任と非常任と同数であるとすれば、常任理事国フランスの追加は、当然に理事国数を一〇カ国にすることになる。

同年六月、連合軍のヨーロッパ侵入が開始されたときに、エゼンダ・グループは「理事会（Executive Council）

がフランス人民によって自由に選ばれた政府が設立せられたと認めたときは、いつでも」フランスを常任理事国とすることを決定した。理事国数を常任五、非常任六の十一にすることは、理事会が大き過ぎないし、小国の要求にもよりよく合致することに意見が一致した。理事会の構成をこのようにすることは、(1)ヨーロッパにおけるフランスの地位の強化、(2)フランスにヨーロッパの小国の指導権を握らせること、(3)大国がヨーロッパを彼等の後見の下に置かんとしているとの恐怖を取り除くこと、等の理由によるものである。(2)

（2） Ruth B. Russell, ibid. p. 271-273.

三　ダンバートン・オークスの会議

この会議で、米・英・ソ・中の四カ国は、平和と安全の維持の機能は、安全保障理事会で統制され、大国は安全維持のための特別な責任を負うのであるから、安全保障理事会で特別な地位をもつべきであることについて完全に意見が一致した。彼等のもつ特別な地位とは、安全保障の機関で常任的なメンバーとなることで、安全保障理事会の実質的な決定は、彼等の一致した同意がなければ、成立しないようにすることである。

安全保障理事会のメンバーは十一であること、そしてフランスがやがては第五番目のメンバーに成ることについて四大国の意見は一致したが、理事国の資格に関する他の点については、最初は意見の相違があった。

イギリス及びソ連は理事会の構成員及び常任理事国の数は不動のものとして、憲章の修正によってのみ変更し得るとの意見であった。しかし、アメリカは第六番目の常任理事国の席をブラジルに認めらるべきであるとの提案をした。これに対し、イギリス代表は、フランス以外の常任理事国を増加することは、常任理事国の増加を希望する国々に門戸を開くことになる旨を強調した。その結果、常任理事国を六カ国にする問題はそのままとなった。しかし、国務長官ハルがルーズヴェルトと会談した後に、国務次官ステティニアスは、ブラジルが常任理事国たることを欲する旨をアメリカ国家群に報告した。これに対し、アメリカ国家群としては、これに反対の声を揚げたので、この問題は一層困難になった。アメリカ国家群が反対する理由の一つは、もし常任理事国を六カ国にすると、非常任理事国が常任理事国より僅かに優勢という原則が維持せられるならば、理事会のメンバーは、少くとも、十三カ国にならねばならない。これでは理事会のメンバーが多過ぎて、投票制度が複雑になる。ブラジルを常任理事国に推す最も強い理由は、地域代表ということであるが、これを認めるとすれば、これと同様な理由で他の地域を代表する国も常任理事国として認めねばならぬことになる。ラティン・アメリカは、特に指定されなくても、非常任理事国に選ばれることは確実である。もし、一国が常任理事国に選ばれると、他の多くのラティン・アメリカの諸国は不平を鳴らすであろう、というのである。

大統領はアメリカ国家群の意見を快く認めたが、しかし、彼は新しい提案をした。即ち、理事会のメンバーを将来増加することができるような一般的規定を設けようというのである。これもアメリカ国家群の賛成を得なかった。その理由は、もしそうすれば、将来憲章を変更しようとする多くの要求を誘発するおそれがあるというのである。それにも拘らず、アメリカは指導委員会（Steering Committee）で、理事会のメンバーたる資格の将来の変更を認めることのできる規定を設けることを提議したが、英・ソの反対に直面して、これを推進し得なかった。そしてブラジルに関する提案を撤回した。

非常任理事国たる資格について、イギリスは、国際平和と安全の維持に軍事的寄与をすることに関し「適当な考慮（due regard）」を払う必要があるとした。ソ連代表は、そのような貢献に考慮を払うことには賛成したが、総会が非常任理事国を選ぶ場合に、自分自身で選択する基準を制限することになるかも知れないから、非常任理事国としての適格の指定が適当であるか否かを疑った。アメリカも国家を三つのカテゴリー、即ち、大国と特別な軍事的貢献国と、残りの国とに分ければ、軍事的に貢献するものと認められない小国は永久に理事会のメンバーとなれないことをおそれた。

そこで、イギリス代表は、軍事的規定をはずしたが、その代りに、国際連合という機関の目的の総てに対し貢献するということを条件とした。イギリスの主張は、より大きな国家に、更に度々この機関の目的に奉仕せねばならないが、このように、機関の目的に貢献するという、より広い規定を設ければ、どの国家も選ばれることを妨げることはできないとした。この提案に対し、米・ソは最初はその態度を留保した。後に、ソ連はイギリスの提案は総てのソ連の共和国に適用されるという了解の下で認めると声明した。この点について、イギリスはアメリカの提議によって、この提案を撤回した。

中国は非常任理事国は、それぞれの国家群を適当に代表するものが選挙せられるために或一般原則が設けられねばならないと主張した。しかし、総会自身が理事会の代表的性質を保障する範囲を決定し得るとの説明を承認して、そのような規定を憲章に含ませるべきでないことに同意した。(3)

(3) Ruth, B. Russell, op. cit. p. 443-44; Goodrich, The United Nations, 1959, p. 22-25.

四　サンフランシスコ会議

サンフランシスコ会議においては、安全保障理事会のメンバーを増加することを目的とする多くの修正案が出た。ラティン・アメリカ諸国は、ラティン・アメリカのために一常任理事国を割当てるか、少くとも、非常任理事国の一定の割当てを得るために非常な努力を払った。そして三つのメンバーを西半球に割当てることを提議した。理事国の増加に関するそれぞれの国の主張は区々であった。例えば、メキシコ、ウルガイ及びフィリッピンは一般的な地域的配分を希望し、リベリアは総ての国が非常任理事国たり得るために、国名のＡＢＣ順に非常任理事国になることを提議した。

この外に、国家を大中小の三つのカテゴリーに分って、中位国の役割を増加さす努力もなされた。フランス、カナダ及びオーストラリアは、非常任理事国となる基準を、国際的安全保障に貢献する能力と意思に結びつけようとした。オランダは、もっと直接的に中位国は常に非常任理事国でなければならないと主張した。インドは非常任理事国を選ぶ場合には、人口と経済的能力に適当な注意を払はねばならないとした。加うるに、オーストラリアは、非常任理事国は総会の同意を得て、直ちに再選され得ることを欲した。ニュージーランドは総会に非常任理事国の任期の変更を許すべきであると考えた。エジプトは非常任理事国の任期三年を提議した。

サンフランシスコ会議の前に、主催国の外相会議が開かれたとき、イギリスはダンバートン・オークスで拒否せられた提案を再び持ち出した。その提案というのは、平和への貢献を非常任理事国を選ぶ場合の主な基準とすることである。アメリカは一つの基準を認めることは、他国に対し主張の口実を与えることになり、殊に地域的主張に口実を与えることになるとして再び反対した。更に又憲章の形式的基準は、総会がその規則を定める制限になり、そして小国によって、他の特別な団体に思想を与えようとするものであると解釈されると主張した。そこでイギリスは、安全に貢献するという条件では資格がないような国家を含ませるために、地域的配分を第二の主な基準として提案した。これは一つの妥協案として承認され、主催国の修正案として提出された。それは次のようなものであった。即ち「総会は、先づ第一に国際平和と安全の維持及びこの機関の他の目的への貢献並びに妥当な地理的配分に特に適当な考慮を払って、非常任の六つの議席を満すために選挙せねばならない」というのである。

安全保障理事会の構成に関する規定が専門委員会で取り上げられたとき、適当な時期に常任理事国たる地位になる資格を認められていたフランスが他の四主催国と共に、正式の常任理事国たる地位が与えられた。又非常任理事国の選挙に関する基準の修正も認められた。しかし、その後、エジプトとウルガイは地域的修正を強調し、又リベリアはABC順の交代案を主張したが、これ等は多数で否決された。非常任理事国の任期の満期後直ちに再選を認めるという案も否決された。その主な理由は、再選が繰り返されれば、常任理事国と非常任理事国との区別がなくなるという国際連盟理事会での半常任理事国が出現した事実を想起したからである。

安全保障理事会を拡大しようという意見は⑴理事会のメンバーを十五名としても、その活動力は害せられないし、人員の増加は代表的性質を強めることができること、⑵六議席では地域的配分を適当に適用することができないこと⑶安全保障への貢献という基準は、構成員が増加されなければ、小国がメンバーになる機会を失わしめること、などである。

右のような理事会の拡大、殊に非常任理事国の増加に関しては、英・ソ・中の三国は強い反対の意思をもっている。このような理事会のメンバーの増加は、理事会の議決の形式を顚倒させることになるからである。それ故にこの点についていては、常任理事国は強硬な態度をとることに一致し、委員会で遠廻しにその意思を表明すると同時に、委員会外においても、諸国の代表達にその立場を明らかにした。

これと殆んど時を同うして（五月中旬）、他の委員会で決定せられた地域機関の権利と安全保障理事会の関係というより大きな問題が理事会を拡大するというラティン・アメリカ修正案を徹回さす交渉手段の役割を果した。その結果、十一人の理事会が、棄権者はあったが、委員会の全員一致で認められた。

次に、理事会の構成に関するメキシコの修正案は、理論的にも重要な意味があるのみならず、国際連盟の理事会の構成とも関連があるので、一言触れる必要があると思う。メキシコ案は、常任理事国の議席は「平和の維持に最大の責任をもつ（having the greatest responsibility for the maintenance of peace）」というように修正しようとするものである。特権ある地位は、「より広汎な権利は、最も重い義務をもつ国家に認められる（more extended rights were granted to these states which have the heaviest obligations）」という法律上の原則によらねばならないことは明らかである。もし、このような定義が五常任理事国に附加されたとすれば、事情の変更によって、常任理事国として名を挙げられている国が平和に対し最大の責任をもたないようになれば、自働的に常任理事国が変るようになるであろう。実際問題として、常任理事国を変更するには、憲章の修正が必要である。それ故に、最初常任理事国となった五カ国が憲章の修正手続を統制する限り、憲章の変更は困難であろうが、常任理事国たるべき資格に条件を規定することは、後に常任理事国の変更を容易ならしめる助けとなるであろう。後に述べるように、常任理事国の地位を確定不動のものとして、その国名を挙げることについては批判がある。しかし、大国は、彼等の特別な地位の基礎に、このような定義を与えることを好まない。その結果、結局、主催国の修正のみがダンバートン・オークスの原文に加えられ、それが憲章第二三条になった[4]。

A　非理事国の理事会の討議への参加の問題　　ダンバートン・オークス案第六章、D節、第四号の利害関係国及び、第五号の紛争当事国が理事会の審議に参加する問題がサンフランシスコでも非常な論議を起した。ダンバートン・オークス案では、利害関係国や紛争当事国は討議に参加することが許されるだけで、議決権は認められていない。それ故に、厳格な意味では、一時的にも安全保障理事会のメンバーではないが、討議に参加することができる点においては理事会のメンバーということができる。このダンバートン・オークス案に対し、ブラジルは投票で決定する事項については、理事会のメンバーと同様な地位が認めらるべきであるとし、カナダも利害関係国、紛争当事国は理事会の特別（ad hoc）メンバーとして参加が許さるべきことを希望した。オランダ及びエチオピア等も同様な主張をした。このような主張は、利害関係国及び紛争当事国は理事会の討議に参加するのみならず、完全に理事会のメンバーとして行動することを要求するのであって、議決権の行使は勿論、拒否権も認めるべきであるとするのである。

B　兵力提供の場合　この外に、カナダは兵力の使用が理事会で審議せられる場合には、理事会のメンバーでない国の特別参加を規定するダンバートン・オークス案第八章の新しい条項を提出した。それは「安全保障理事会に代表せられていない国際連合加盟国は、特別協定又は前述の協定に従い、安全保障理事会の利用し得る兵力の使用を討議する理事会の会合にメンバーとして出席するために代表者を送ることを招請せられる」というのである。(5)

この修正案は、第三委員会の第三部会で審議せられた。このカナダ案と関連する提案がニュージーランドからもなされ、ニュージーランドの主張は、小国の代表者達が本国に帰って、彼等は決定に何の発言権もなくして、戦争に彼等の子供達を送ることに同意したことを認めるのは困難であるというにある。カナダ代表は、自国軍隊の使用が審議せられる場合には、その国を決定に直接参加さすことを規定した方がよい。非理事国は何の相談も受けないで、理事会の決定を遂行する義務を負わせるよりも、彼等が、彼等の兵力の使用に発言権をもっていることを知るならば、理事会の処置に実質的な力を置くであろう。憲章がこの相談の必要を認めなければ、事実上その批准に対し、多数国で一般の支持を得ることは困難であろう、と主張した。(6)

このような主張に対し、米・英・ソは特別参加の特権を、このように作用させることに反対し、理事会に代表せられない国の利益は第六章に十分規定せられていると主張した。中国及びノールウェーも、新安全保障制度はその最初から妨害さるべきでないとして弁護した。

他方において、カナダの修正案の支持は強かった。例えば、オランダの代表は安全保障理事会によって他国は戦争に入ることを要求される。「代表なきところに軍事行動はあるべきでない」旨を主張した。ソ連はこの問題は小委員会に付託さるべきであると提議した。その理由は、この点については全会一致を得ることが重要だからであるというのである。

この問題の重要性のために、五カ国（Little Five）の専門委員会は、カナダの修正案に対するイギリスの書直し草案を審議した。その再修正案は「安全保障理事会が兵力使用の規定をなしたときは、前項の下での義務を履行するために、安全保障理事会に代表者を送っていないメンバーに兵力提供を要求する前に、もし必要があるならば、理事会がそのメンバーの兵力提供問題を審議しているときに、安全保障理事会のメンバーとして出席する代表を送ることをそのメンバーに招請する」[7]、というのである。この案には、中国とアメリカが反対したので、最初は五人の専門家の意見が一致しなかった。アメリカはカナダの修正案は安全保障理事会の迅速な行動を害することをおそれた。しかし、カナダに対する重要性から、アメリカ当局はカナダを助けることのできる妨害の少ない方法を追求した。そして、この問題は兵力提供に関する特別協定に委ねることが提議された。しかし、イギリスの見解ではこれはカナダの政治的地位に適合しないので将来の協定では、更に大きな保障を含むことになると考えた。事前に理事会で相談するということは、事実上軍事行動の停止を来すおそれがあるのである。

審議が続けられた後に、英仏代表から新修正案が提議せられた。五国委員会のソ連の代表は、この二つの修正案は安全保障理事会の決定は拘束力があるという根本原則を侵す悪い先例を残すことになると主張した。イギリスの委員は、安全保障理事会に兵力を提供する信託的な規定を一般的に承認するような適切な譲歩ができれば大きな成功であることを強調した。中国は、原則としては、ソ連の考えに賛成であるが、修正はその成果に対しては小さい犠牲であると考えた。ソ連代表は、新草案に賛成であることを終局的には説得せられた。そして、次のような形のものが作られた。「安全保障理事会は、兵力を用いることを決定したときは、理事会に代表を送らない国に前項の下での義務を履行するために兵力の提供を要請する前に、その加盟国が希望すれば、その国に割当てた兵力中の割当部隊の使用に関する理事会の決定に参加するように、代表を送ることを、その国に招請する」[8]。

小委員会で、カナダはその提案を撤回し、修正案が採択された。このことが全員委員会に報告されたとき、エジプトは、この特別手続を兵力以外の便宜（facility）と援助を含む場合にも適用しようとした。エジプトの最近の経験から、便宜の供与は国を戦争に巻き込むことがあり得ることを指摘した。しかし、イギリスとカナダは、便宜の使用は人力の使用ほどに主権に重大な関係がないと主張した。更に幾人かの代表も、かかる使用の協議は必要な軍事計画の本質的なものであることを強調したが、この点は報告書の中に含めるということでエジプトはその提案を撤回した。そこで、小委員会の原文は採択せられ、終に憲章第四四条となった。(9)

（4） United Nations Conference on International Organization, Vol. 3（1945）p. 624, Vol. 11, p. 289; Goodrich, op. cit., pp. 25-28.

（5） Unico, Documents, Vol. 3, pp. 240, 590, 591, Ruth B. Russell, op. cit., p. 651.

（6） Unico, Documents, Vol. 12, p. 303.

（7） 原文は When a decision to use force has been taken by the Security Council, it shall, before calling upon any Member not represented on it to supply armed forces in fulfillment of its obligations under preceeding paragraph, invite such Member if it so request, to send a representative to sit as a member of Security Council when that body is considering the question of the supply of armed forces by such Members.

（8） 原文は When a decision to use force has been taken by the Security Council, it shall, before calling upon any Members not represented on it to supply armed forces in fulfillment of its obligations under preceeding paragraph, invite such Members, if it so request, Security Council concerning the employment of contingents of its armed forces. Unico, op. cit., Vol. 12, p. 417, Ruth B. Russell, op. cit., p. 654.

（9） Unico, op. cit., Vol. 11, pp. 54, 542.

五　安全保障理事会の構成に関する憲章の規定

安全保障理事会は既に述べたところで明らかなように、正規の安全理事会の構成は憲章第二三条に規定するが、この外に、一時的なメンバーとして、投票権なくして利害関係国が理事会の討議に参加する場合は憲章第三一条、非理事国たる紛争当事国が一時的なメンバーとして参加する場合、この場合にも投票権をもたないが、これについては第三二条が規定し、この外に、兵力提供国たる非加盟国が理事会の決定に参加する場合は第四四条に規定する。これ等の諸規定について批判を加えたい。

A　常任理事国　　先ず憲章第二三条についてであるが、理事国を常任理事国と非常任理事国に分ける根拠については、既に述べたように、権力と責任とは結合されねばならない。従って、重い責任を負担する国家には、特別な地位が認めらるべきであるとの考えによるものである。この考え方は、法的にも承認さるべきものであって、国際平和と安全の最も重要な保障者は平和と安全の維持を主要目的とする国際連合で特別な地位を与えられることは不合理だとはいえない。この特別な地位を認められるものは、いわゆる大国である。しかし、大国は常に大国であるとは限らない。国際事情の変動により、大国も遂に大国たる地位から去らねばならぬときが来るかも知れない。しかるに、憲章では大国の国名を挙げて常任理事国たる地位を与えているので、このような規定は憲章修正の手続を経なければ常任理事国の変更を行い得ないことになっているので、この常任理事国の国名を挙げる規定の仕方は批判の対象となっている。この規定の仕方では名前を挙げている五大国以外の国は憲章修正の手続をふまない限り常任理事国たる地位を得ることはできず、しかも、憲章の修正には大国の拒否権が認められているので、五大国の常任理事国たる地位は固定的なものとなり、このことは、国際事情の変更を無視するものだからである。国際連盟規約では、第一次大戦のときの主たる同盟及び連合国である五常任理事国と四非常任理事国で理事会を構成するが（第四条一項）、連盟理事会は連盟総会の過半数の同意があるときは、連盟理事会に常に代表者を出す連盟理事国、つまり常任理事国を追加指定することができることになっている（二項）。このように、連盟規約では、常任理事国の追加が可能であるが、憲章では常任理事国の追加は認められない(10)。

B　非常任理事国　非常任理事国については、国際連合では六つの非常任理事国があるが、理事会における非常任理事国の数を幾つにするかを決定することは非常に困難な問題である。いかなる過程を経て六非常任理事国ということになったかについては既に述べた。国際連盟の場合にも同様な問題が起った。理事会は他の国家群が代表せられるために、非常任理事国をときどき増加した。その上に、非常任理事国という特別な種類の国家を造った。連盟規約では、非常任理事国がその任期の満了後再選を禁止していないから、引続き再選されることによって、あたかも常任理事国のように引続き理事国としての地位を保つことができるからである。連盟の実行では、一定の国家群又は宗教は常に理事会に代表せられていなければならない。かくて、スカンジナヴィア諸国（デンマーク、フィンランド、ノールウェー及びスウェーデン）は一代表をもち、小協商国（チェコ・スローヴァキア、ルーマニア及びユーゴースラヴィア）、イギリス連邦、極東及び中東もそうである。ラティン・アメリカは三代表をもった。それでも、やはり連盟理事会に代表者もたぬ国家があった。安全保障理事会に六つの席しかもたない国際連合の場合は、その議席の割当ては更に困難である。

憲章では、非常任理事国を総会で選挙する場合の基準を二つ掲げている（憲章第二三条一項）。第一に、国際平和及び安全の維持と、国際連合のその他の目的に対する貢献、第二に衡平な地理的配分である。国際連盟では、この問題は、主として地理的配分による国家群の代表者ということで解決した。そのために、地理的配分上、非常任理事国を増加する必要のある場合は、その増加を実行した。しかし、憲章では非常任理事国の数は六つに限定せられているので、増加することはできない。前掲二個の条件を備えた国家であっても、それが必ずしも非常任理事国として選挙せられるとは限らない。反対に、憲章の要求する条件を満さない国家が総会で選挙せられた場合でも、その選挙を無効することはできないであろう。言い換えれば、総会がこれらの基準を無視して選挙した場合にも、その選挙の効力を争うべき場所はない。それ故に、非常任の議席の分配を支配する基準は、非常任理事国の選挙に当って、法的には、総会が行動する方法を勧告するという性格しかもたない。総会がこの勧告を無視した場合には政治的な結果は重大であるかも知れないが、法的には何等効果を発生しない。総会の選挙は依然として有効である(11)。

非常任理事国がその任期中に、理事国たる地位を失った場合については憲章に何の規定もない。憲章は総会が三年の期間で非常任理事国を選挙し、この全期間が切れた場合に、次の非常任理事国を選挙することを規定するのみである。総会は憲章第二一条によって自らの議事手続規則の中で、このような非常任理事国の空位を満たす規則を定める権限があるか否か疑問であるが、しかし、手続規則第一二九条は「メンバーがその任期の終了前に理事会に属しなくなったときは、総会は次の会期に、残任期間に対しメンバーを選挙するために、別に補欠選挙を行」うと規定する。

安全保障理事会の構成について、憲章の規定がないために疑問の起る事項としては、常任理事国が国家として消滅した場合、又は脱退・除名等によって常任理事国の数が減少した場合には、いかにして満すべきであるか。常任理事国の数は減少したままで放置されるか。もしそうであるとすれば、非常任理事国数も六つのままであろうか。非常任理事国の数が常任理事国の数より僅かに優位という原則はどうなるか等の疑問が残される。

次に、憲章第五条により、理事国が特権を停止せられた場合には、この理事国は理事会に出席し得るか。出席し得るとして議決権を行使できるか。これ等の問題は未解決である(12)。

C　一時的な理事会のメンバー　　憲章第二三条に規定する安全保障理事会のメンバーの外に、一定の理由によって、一時的に理事会のメンバーとなる場合は、既に述べたように、憲章第三一条による、利害関係国の参加、第三二条による紛争当事国の参加及び、第四四条により、兵力割当部隊の使用に関する決定に参加する場合である。これ等三つの場合に、非理事国が理事会の一時的なメンバーとなる態様は同一ではない。第三一条の利害関係国の参加の場合は、理事会が或非理事国の利害に特に影響があると認めた場合に限るのであって、理事会が「利害に特に影響がある」と認めなければ、その国は一時的に理事会のメンバーとして出席することはできない。従って、この利害関係ありや否やの認定は、理事会の決定にかかっているわけで、特定国が理事会に付託されている或問題について、自国の利害に特に影響があることを主張しても、理事会がこれを認めなければ、理事会の審議に参加できない。この理事会の認定が不満であったとしても、この不満を訴えるべき他の方法はないわけである。

連盟規約第四条五項は、非理事国の利益に特に影響する事項の審議中、理事会に理事会員として列席する代表者一名の派遣をその非理事国に招請せねばならぬことになっている。第一にこの規定と憲章第三一条の規定との相違は、連盟規約では理事会が利害関係国を招請する義務があるが、憲章では招請の義務はない。第二に、連盟規約では、利害関係国として理事会に招請せられた国は、理事会のメンバーとしての資格を認められ、従って、討議に参加するのみならず、投票権も認められるが、憲章第三一条の利害関係国は討議に参加するだけで、投票権はない。しかし、第一の相違点、即ち、利害関係国を理事会に招請する義務の有無は、利害関係国であるか否かの認定は全く理事会の意見にかかっているのであるから、実質的には憲章と規約との間には大きな相違はないことになる。

次に、第三二条の紛争当事国の参加は、理事会で審議中の紛争事件の当事国は、この紛争に関する討議に投票権なしで参加するように、理事会が勧誘しなければならないので、理事会は紛争当事国をその審議に参加するよう勧誘する義務がある。理事会から勧誘せられた紛争当事国が、理事会の討議に参加するか否かは紛争当事国の自由である。勧誘せられたにも拘らず、理事会の討議に参加しない紛争当事国は、自国が討議に参加しなかったことを理由として、理事会の決定の効力を争うことができないのは勿論である。しかし、理事会は紛争当事国を、理事会でのその紛争問題の討議に勧誘すべき義務があるにも拘らず、勧誘せずして理事会で決定を下した場合には、その決定は無効であると解すべきである。以上二つの非理事国の理事会への参加の場合に、参加国に投票権のないことは同様である。

次に、第四四条の理事会が兵力の使用を決定したときに、加盟国の兵力割当部隊の使用に関する決定の場合であるが、この場合には、加盟国が兵力割当部隊の使用に関する理事会の決定に参加を希望することが第一の条件であって、もし、理事会の決定に参加することを希望しなければ、理事会としては、理事会の決定への参加を勧誘する義務はない。参加を希望した場合には、理事会はその非理事国を理事会の決定に参加するよう勧誘する義務がある。この勧誘の義務を怠ってなした理事会の決定は無効である。この場合は、前掲の二つの場合と異り、非理事国は、理事会の決定に参加することができる。勧誘せられた非理事国は理事会の決定に参加することができる旨を規定するが、討議に参加できるか否かについては憲章の規定では明らかにされていない。が、決定に先立つ討議には当然参加し得るものと解するのが至当である。[13] このように、非理事国で討議に参加するのみならず、投票権も認められるとなれば、問題の割当部隊の使用に関しては非常任理事国と同一の地位に置かれることになる。この場合に、参加国が拒否権をもたないことはいうまでもないが、この非理事国の参加した理事会の決定にも、憲章第二七条三項は適用せられるから、大国の拒否権によって、参加国の議決権が効果を発生しないことがあり得るのは当然である。[14]

（10） Kelsen, Law of the United Nations, 1951, p. 222, Goodrich and Hambro, Charter of the United Nation, 1949, pp. 199-200.

(11) Goodrich and Hambro, op. cit., p. 202.

(12) Kelsen, op. cit., p. 222.

(13) Kelsen, op. cit., p. 231.

(14) 本稿で述べたところは、安全保障理事会の構成に関する憲章第二三条及び特定の理由により非理事国が一時的に限定せられた条件の下に理事会に参加する場合を規定する憲章第三一条、三二条、及び第四四条の規定の成立過程を主として述べたのであるが、これらの規定がいかに実際上運用されているかの点に触れる紙数がなかった。これ等の規定の実際上の運用については、United Nations, Repertory of Practice of United Nations, Organs, Vol. II, Articles 23-54 of the Charter, 1955 を参照せられたい。

解説、書評ほか

法学研究　第二五巻九号　昭和二七年

ドナウ河の航行制度

一、はしがき

ヨーロッパ第一の大河であるドナウは、その貫流する地域が広大であり、西から東へ数国を貫いて流れて黒海に注ぎ、水量も豊富である。これを利用することから来る経済的価値も極めて大きい。そのために、ドナウの航行制度は、この経済的利益とドナウを繞る諸国の政治力とを反映して、しばしば変化している。殊に、第二次大戦中及び大戦後のヨーロッパの政治情勢の変動が、ロシアを中心としてドナウの流域国である東ヨーロッパに大であつたことは、ドナウ河の航行制度にも当然影響を与える結果となつた。ドイツが東ヨーロッパに進出した時も、これがためにドナウの航行制度が修正せられるというように、常に政治的支配力のために動揺を続けて来たのである。そして一九四八年にはベルグラードの会議で新協約が成立している。大戦中並びに大戦後に起つたドナウの航行制度の変動を、フランス国際法雑誌（Revue général de Droit International Public）の一九五一年第一号が記しているので、ここにその概要を伝えて、ドナウ河の航行制度の現状を明らかにしたいと思う。

二、ドナウ河航行制度の経過

ドナウ河の国際制度が最初に成立したのはクリミア戦争を終結せしめた一八五六年のパリー条約においてである。この条約では、ドナウの航行の自由と河岸国と非河岸国の代表者をもつて構成する団体による監理が規定せられた。のみならず、ドナウ海（ドナウ河の河幅が広い部分、ブライラから河口までを See Donau とよび、それより上流を Fluss Donau とよぶ）の監理に関しては、ヨーロッパ委員会が設けられ、この委員会はヨーロッパ諸国の商業を監視すると同時に、ロシアの圧力及びドナウ地域におけるオーストリア・ハンガリイの政治的拡大を監視するためであつた。

その後、第一次大戦後一九二一年七月二十三日にパリーで締結せられたドナウ河の確定法規設定条約（Convention etablissant le Statut définitif du Danube）は、ドナウの国際制度を確認・強化したものである。

第一次大戦後の政治勢力の変動、殊に、ドイツの勢力の増大は、一九二一年の制度の適用に根強い反動を惹き起した。国際化制度は「河のドナウ」についても、「海のドナウ」についても極めて敏感に退歩の状態を示した。「海のドナウ」の制度は一九三八年八月一八日のシナイア（Sinaia）協定によつて修正せられた。この協定によつて、フランスとイギリスは中央ヨーロッパで彼等が直面した困難のために、ヨーロッパ委員会で、ルーマニアが領土主権の侵害であるとする切望に譲歩した。そして、ヨーロッパ委員会の立法と行政の権力はルーマニアの自発的なサーヴィスに委ねることになつた。ヨーロッパ委員会の司法権はルーマニア裁判所に帰属した。ヨーロッパ委員会は単に監視の使命をもつに過ぎなくなつた。ドイツは一九三九年五月一六日のブカレスト協定で、ヨーロッパ委員会の構成国との合意で、この委員会のメンバーとなつた。

「河のドナウ」の制度も一九三六年に修正せられた。一九三六年一一月二八日にドイツはヴェルサイユ条約の河川条項並びに一九二一年七月二三日の協約の廃棄を一方的に宣言した。ドイツは自国内のドナウ河に対し排他的な支配を確立した。一九三八年のオーストリア併合及び一九三九年のボヘミヤ、モラヴィアの保護領化で、ドイツはブラティスラヴァ（Bratislava）までのドナウ河の全河流をドイツに従属せしめた。

第二次大戦はドナウの航行制度に更に新しい修正を齎した。一九四〇年春の英仏の悲劇の後で、同年一〇月ドイツはドナウ河岸国会議をウィーンに召集した。この会議はブラティスラヴァからブライラ（Braila）までの河川の統治権を河岸国の代表者だけで構成するドナウ河評議会（Conseil fluvial du Danube）に与えることに決定した。一九四〇年にソ連がベッサラビア（Bessarabie）を回復したので、ソ連も再び河岸国となつた。ドイツとソ連はヨーロッパ委員会の代りにルーマニア・ロシア委員会を置くことについて協定しようとした。一九四〇年一〇月二八日に、この協定の適用の妥当性を決定するためにブカレスト会議を開いたが、この会議では何の了解も成立しなかつた。

一九四一年の独ソ戦争の開始によつて、ドイツは支配を「海のドナウ」まで拡大した。敵対行為の継続中、ドナウは占領軍司令官の支配下におかれた。

一九四五年の終戦に伴う新政治情勢は、ドナウ河の法制の修正を不可避のものとした。この政治情勢は、特に河岸国の発展、ドナウ地域におけるソ連の膨脹、ヨーロッパ事件へのアメリカの介入によつて特色づけられるものである。一九二一年七月二三日の条約が締結せられた当時は、国家として漸く誕生したに過ぎなかつたチェッコ・スロヴァキアやユーゴースラヴィアが、第二次大戦後にはその個性と勢力を確認せられた。これらの国の国民的感情は極めて活発であつた。一九四六年九月三〇日にバルカン経済委員会（Comission Economique des Balkans）でルーマニアの条約草案が討議せられた際、フランス代表がドナウの国際化を主張したら、チェッコの代表は、彼の国は「自分の家の主人」として止まる意思をもつていると宣言した。

ソ連は、戦勝のために中央ヨーロッパで優越的な地位を獲得した。一九四〇年にベッサラビアを獲得したので、ドナウの河口を支配した。ソ連軍はドナウのオーストリア側の大部分を占領した。ソ連はドナウ河岸国とは同盟条約及び通商条約によつて結ばれている。ソ連の地位は中央ヨーロッパ各国内の共産党の勢力によつて強化せられた。ソ連によつて調印せられず、又その条約でいかなる地位も与えられなかつた一九二一年の協約は、もはや中央ヨーロッパの新しい政治的・経済的情勢には適しなくなつた。ドナウの中流及び下流の主人となつたソ連は、ドナウは河岸国の共同領域の一種を成すものであるとの観念を護持した。ソ連は、ドナウの航行の管理権は専ら河岸国の代表者のみで構成せられる委員会に与えらるべきである、何となれば、そこにおける河岸国の勢力が決定的であるから、という考えをもつている。

ソ連の考え方に対立するのは西半球の大国、殊にアメリカである。ドナウの歴史において、ソ連は初めて彼の面前に立つものとしてのアメリカを見た。第二次大戦までは、アメリカはドナウ問題に興味をもたなかつた。しかし、一九四五年七月のポツダム会議で、トルーマン大統領はヨーロッパ諸河川の国際化の問題を提出した。この提案の検討は外相会議に移送せられた。しかし、ポツダム会議の終了に当り、トルーマンは次のような宣言をした。即ち「ヨーロッパにおける可航水路の利己的支配は、過去二世紀に亙つて絶えずヨーロッパの戦争の原因となつた。私はドナウ、黒海の海峡、ライン、キール運河及び二国或いは多数国を横切るヨーロッパ間の総ての可航水路を考える。合衆国はベルリンにおいてこれらの国内可航水路に総ての制限を免除した自由な航行を保障することを提案した」と。

ドナウの法律制度に新しい検討を加える必要のあることは一般的に認められた。この議論は平和条約の作成中に始つたのである。

一九四六年一〇月一〇日、ルーマニアとの条約第三六条討議の際に、イギリス代表に支持されたアメリカ代表は、ドナウの国際化を要求した。ソ連代表はこの主張に対し次のような言葉で反対した。即ち「英米の代表はここで支持しようとする原則に、常に従うか否かをわれわれは伺いたい。北米にセント・ローレント河（Saint Laurent）があることは誰でも知つていることであるが、この河の制度には非河岸国が参加しているであろうか。ドナウとセント・ローレント河との二つは何故に異つた方法によるのであろうか」と。

しかし、一九四六年一二月五日ニューヨークで、モロトフは平和条約にドナウの自由航行の条項を挿入することに同意した。米英の代表はこの形式を認めた。しかし、ドナウの新法律制度を作成するために特別な国際会議が開かるべきことの了解が成立した。

一九四六年一二月一二日にニューヨークで開かれた外相会議はこの会議の開催を決定した。そしてこの会議は一九四八年七月三〇日にベルグラードで開会され、同年八月一八日に、そこで作成せられた条約が調印せられた日に終つた。

三、一九四八年の協約の起草

イ、ベルグラード会議の構成

ベルグラード会議は一九四八年七月から八月に亙つて開かれた。この会議には河岸国と非河岸国が出席した。即ち、河岸国はドイツを除く全部であつて、ソ連、ウクライナ、ブルガリア、ハンガリイ、ルーマニア、チェッコー・スロヴァキア及びユーゴースラヴィアである。オーストリアはこの会議に発言権（voix consultative）を認められたに過ぎなかつたが、七月三一日の第二会期から議決権（voix délibérative）を要求したが、オーストリアが戦争中敵国であつたこと、まだ平和条約が成立していないことを理由として、ソ連の代表ヴィシンスキイ（Vichinski）はこれに猛烈に反対し、結局議決権を与えられなかつた。ドイツについては、この会議への参加は考慮せられなかつた。それはドイツの国際的地位によるものである。

非河岸国でこの会議に代表者を送つたのはアメリカ、イギリス及びフランスである。英仏は久しきに亙つてドナウに経済的利益をもつている。この両国は一八五六年のパリー条約及び一九二一年の協約にも参加している。殊にイギリスはドナウ河岸諸国との貿易を拡大しようと希望しているのである。これに反し、アメリカはドナウ会議に初めて参加したわけである。アメリカの参加は、本質的には政治的理由によるものと解せられる。ドイツに属するドナウの流域の占領者であるという性格とは独立して、トルーマン大統領がポツダムの宣言で示したように、アメリカはドナウ河に国際政治的な要素を認めるのである。即ち、アメリカは中央ヨーロッパにおける勢力を制限しようとする希望をもつていることは英仏と異らない。

ロ、会議の審議方法

一九四八年八月四日の総会で、この会議の問題を採択した。それによると、議長はこの会議に代表者を出している国で、議決権をもつ国の主席代表者がアルファベット順で、順番になることになつている。議長の職務は一日である（第二条）。会議の公用語は仏・露の二国語である。事務用語は、仏・露及び英の三カ国語である（第一〇条）。

各国の代表は一個の議決権をもつ（第二三条）。必要な定員数は会議に参加し、議決権をもつ代表者の単純多数である（第一四条）。賛否同数の場合はその議案は否決せられたものとせられる。

ハ、会議の権限の範囲

ベルグラード会議の当初から、この会議は一九二一年の条約を白紙として新しくドナウの法的制度を確定するものであるか、それともそうでなく、一九二一年の条約は依然として効力を持続するかについての問題が生じた。ソ連並びに河岸国は一九二一年の条約はベルグラード会議開会の時から効力がないと主張した。その結果、ソ連は一九二一年の協約とは完全に独立した新条約案を提出した。これに反し、西部三国は一九二一年の協約は常に効力があると主張した。これ等三国は一九二一年の基本原則が維持せられるならば、一九二一年の条約の修正に同意する意思があることを明らかにした。この二個の意見がいかに峻厳に対立したかは一九四八年七月三一日にヴィシンスキイが西部三国の代表に述べた言葉を見ても解る。即ち「門戸は開かれている、入るためにも、出るためにも」と。

ソ連並びに河岸国の主張は、一九二一年の協約は、少くとも三個の理由で消滅したというのである。その理由とは、失効、廃棄及び更改である。

第一に、一九二一年の協約は「事情変更の原則」の適用によつて失効した。チェッコー・スロヴァキアの代表は、一九二一年以来ドナウ地域の政治的並びに経済的構造が根本的に修正せられたことを主張した。

第二に、一九二一年の協約は、その締約国が条約原文に加えた修正の結果廃棄せられたというのである。その修正というのは、一九三八年八月一八日のシナイア協定、一九三九年三月一日のブカレスト議定書及び一九四八年にベルグラード会議が開かれたという事実である。これ等の異つた事情の下に用いられた手続は、一九二一年の協約の効力を持続することと相容れない。協約の第四二条は、この協約は署名国の三分の二の同意がなければ修正し得ないことを規定する。一九二一年の協約は一二カ国が調印しているので、それ等の中の少くとも、八カ国が同意しなければ修正できないわけである。しかし、シナイア協定はルーマニアにドナウ河ヨーロッパ委員会の権限の大部分を移譲したものであるが、英・仏・ルーマニアの三国間のものに過ぎない。一九三九年三月一日のブカレスト議定書は、シナイア協定の三カ国に独・伊を加えた五カ国間に結ばれたものである。ベルグラード会議におけるソ連代表は、シナイア協定及びブカレスト議定書は一九二一年の協約を修正したものであり、同協約第四二条の様式に従つて締結されたものであると主張した。

西方三大国もベルグラード会議が一九二一年の協約第四二条の規定にいうところの条約の修正手続の外で開かれたことで一九二一年の条約の廃止は認めた。第四二条の規定によれば、修正会議開催の提案は署名国の三分の二が行うことになつている。また、署名国の全部の参加が招請せられねばならない。ブルガリア代表は、この点について、次のように述べている。「われわれは一九二一年の制度の修正のためにこの会議に出席しているのではない。実際上一九二一年の制度で定められた手続は守られてはいないのである。この会議は、新しい、かつ完全に独立したドナウの制度の確立を目的とする新会議を予見した、一九四六年一二月一二日ニューヨークの四国外相会議の決議に従い、召集されたのである」と。

第三に、一九二一年の協約はブルガリア（第三四条）、ルーマニア（第三六条）、ハンガリイ（第三八条）等との平和条約に挿入せられたドナウの制度に関する新規定の事実により、更改せられたことをソ連代表は主張した。これ等の規定は航行の自由を規定する。それ故に、それ等は一九二一年の協約第一条と同様な目的をもつている。しかし、ソ連代表の主張するところでは、前掲平和条約のドナウ条項は一九二一年の協約の第一条、従つて全協約の更改であることを主張する。即ちヴィシンスキイによれば、「この条文なしには、一九二一年の協約はその意義を失う、何となれば、その他の規定は第一条の規定の発展と実際的適用と原則に関する技術に外ならないからである」と。

西方三国はこれ等の三個の主張の各々の価値について争つた。

先ず第一に、一九二一年の協約は事情変更の原則の適用によつて失効したと考えることを拒否した。その論拠として、次のような点を挙げた。即ち、シャルル・ルソー（Charles Rousseau）教授によれば、「事情変更の原則は条約の一方的廃棄の権限を与えるものではなくて、締結国が事情の変更を証明するための協定、或いはこの合意のないときは、仲裁的或いは司法的決定を必要とする。この点に関する主なる先例は、黒海の中立化に関する一八五六年三月三〇日のパリー条約の第一一、一三及び一四条を一七八〇年一〇月三一日にロシアが廃棄したことに続く、一八七一年一月一七日のロンドン議定書によつて与えられている」と。一七八一年一月一七日のロンドン議定書は、ロシアの態度に反対して、次のように述べている。「いかなる締約国も、友好的な了解の方法による締約国の同意によるにあらざれば、条約の拘束を免れ、或いは条約の規定を修正し得ないことが国際法の重要な原則であることを承認する」と。ロンドン議定書で高調せられている規則が、ベルグラード会議では、西方諸国によつて主張された。

第二に、シナイア及びブカレスト協定の結論並びにベルグラード会議の召集等の従つた手続の結果として一九二一年の協約の規定は廃棄せられたとの主張に対しては、西方諸国は、修正手続に関する一九二一年の協約はこれ等の会議でよく守られた、と答えた。

一九二一年の協約第四二条は、その協約の修正に関するものである、即ち、一九二一年の協約によつて設定せられた一般的規律の修正である。これに反し、シナイア協定は一九二一年の協約の一般経済を修正したのではない。一九二一年の協約で創設せられた組織、即ち、ヨーロッパ委員会の能力の制限に限定されたのである。しかるに、一九二一年の協約第七条は「ヨーロッパ委員会の権能は、委員会に代表せられた諸国の間で締結される国際協定の効果によつてのみ終止し得る」と規定する。この条文は、ヨーロッパ委員会の構成国にこの組織体の権限の廃止や停止の能力を与えたのである。ヨーロッパ委員会のメンバーであるイタリアがシナイア会議に参加しなかつたのであるが、一九三九年三月一日にブカレスト協定が調印せられたときに、その協定に加盟した。加うるに、イタリアは一九四七年二月一〇日にパリーで調印せられた平和条約で、バルカンに関する総ての協定や議定書の有効性を承認した。

西方諸国によれば、一九二一年の条約の第七条並びに第四二条の適用は、条約の解釈においては、特別法は一般法に優るという原則の適用で説明せられるのである。このほか、西方諸国は、ベルグラード会議が召集せられた方法は、一九二一年の協約第二条と完全に一致するというのである。

第三に、西方諸国は一九二一年の協約は平和条約中のドナウ条項で更改の目的となつたことを争つた。彼等の観るところでは、一九四六年にパリーで開かれた平和会議はドナウの国際制度の完全な改造を行う資格を与えられたものではない。フランス及び一九二一年の協約の多数の調印国は元の枢軸の衛星国と結ばれた協約の当事国ではない。もとより、これ等の条約作成の時は、一九二一年の条約は効力を持続すると考えた。一九四六年九月三〇日のバルカン委員会の席上でアルファン氏（M. Alphand）は、「一九四〇年にドイツによつて一方的に廃棄せられた一九二一年の制度は、その規定の法律的修正を除いて、その法的価値を保つ」と言つた。

ベルグラード会議に当つて、西方諸国の観るところでは、平和条約のドナウ条項は、河岸国の沿岸貿易が規定された点を除いては、一九二一年に定められた国際化の原則をそのまま、単純に確認したものである。

イギリスの代表ピーク（Peake）は、「私は一九二一年の協約の第一条と、これに対応する平和条約の規定を読んだ。第一条は、言葉はより詳細であるが、平和条約で定められた原則の単なる確認のようである。二個の表現の内容となつている原則は同一である。一方を他方に置き替える問題しかない。平和条約は協約の第一条を確認するもので、この確認は何の偏見も交えない」と。

西方諸国は、一九二一年の協約の調印国の明示的な同意によつてのみ廃棄をなし得ると結論した。また、実定国際法に従えば、集団条約の廃棄或いは修正は全締約国の同意によらねばならないと主張した。イギリス代表は、一九二一年の協約が効力を持続するか否かの問題は、国際司法裁判所によつて解決さるべきであると提案した。しかし、ソ連の代表はこの提案に対して争つた。ヴィシンスキーは国際司法裁判所に諮問的な意見を求めるのは国際連合憲章第九六条に規定する条件の場合、即ち、国際連合の機関、殊に総会及び安全保障理事会によつてのみ求め得ると主張した。

ベルグラード会議はソ連の立場を採択した。一九四八年八月一八日にソ連の条約案が河岸国七代表によつてそのまま採択せられた。英、仏の代表は投票を棄権した。アメリカの代表は反対投票をした。一九四八年八月一八日の協約の附属議定書は「ドナウの航行に関して従前適用せられた制度、並びにこの制度の設定を前提とする諸文書、殊に一九二一年七月二三日にパリーで調印せられた協約は、もはや効力を有しない」と規定する。

四、一九四八年八月一八日の協約の内容

一九四八年の協約は殆んどソ連代表の提出した草案の再生であつて、その草案が討議の基礎とせられたのである。この協約の基礎を成す原則は一九二一年の協約のそれとは相反する。この協約はドナウは河岸国のみならず非河岸国をも含むところの国際団体に属する国際水路であるとの観念を否定する。一九四八年の協約は、非河岸国の航行の自由を規定するが、ドナウは地方的な法秩序にせられているのである。新協約はドナウを河岸国の主権下に、もつと正確に言えば、ドナウ地方の人民の主権の下に置いている。ヴィシンスキーによれば、この協約は国家主権及びドナウ地方の人民の尊重に基礎を置くものである。この点についてルーマニア代表は「河岸国の人民、そして河岸国の人民のみが彼等固有の河川の主人となる権利をもつているのである」と。国際化制度の否認は、規範的及び制度的の二つの観点に表現せられている。

イ、協約の原則

規範的な観点、即ち、規則適用の見地からすれば、一九四八年の協約は河岸国及び非河岸国、この協約の調印国と非調印国の総ての利益のために、航行の自由を明示的に規定する。第一条は「ドナウ河の航行は自由であり、総ての国の国民、商船及び貨物に開放せられると規定する。しかし、航行の自由は、一九二一年の協約によつて創設せられた国際化のそれとは、その意義、範囲及び内容が異つている。この点について、会議中にヴィシンスキーは次のように述べている。即ち「ドナウの航行制度に関する協約草案の第一条に定められている航行の自由は、一九二一年の協約のこれに対応する条文の規定とは本質的に異つている。私は本会議にドナウ協約の新草案を提出するに当り、ソ連の基本的な前提について疑問を残さないために、この事実について会議の注意を促す義

務があると考える」と。西方諸国は、航行の自由は、一九二一年のそれと同様に、ドナウは国際的な水路を成し、従つて、河岸国は何等の特権をもたないとの観念からの必然の結果であると主張した。従つて、彼等は一九二一年の協約の第一条と同様な平等待遇を要求した。

一九四八年八月五日の会議に英国代表は一九二一年の協約の公式を再現したものを提案したが、この提案は退けられた。一九四八年の協約は、航行の自由は河岸国が自由意思で同意した犠牲に外ならないとの観念を認めるのである。この自由は、河岸国の主権と調和し得るような方法において存在し得るに過ぎない。これが、一九四八年の協約の第一条及び第二六、四〇及び四一条が、各国の平等を入港税・衛生規則について明示的に規定するに過ぎない所以である。

一九四八年の協約では、航行の自由は、河岸国の主権の否認と考えられているので、その適用の範囲は一九二一年の協約の与えるよりも非常に制限されている。第二条においては、国際化せられた水路を定義し、それによるとウルムから黒海に至るまでの航行可能の主動脈のみならず、支流や運河も含まれている。一九二一年の協約はラインとドナウを結ぶ大運河の建設を中央ヨーロッパ諸国に課すことが規定されている。

八月五日の会議で、英国代表はこの協約に、一九二一年の協約で規定しているように、河川の総ての河口を含むところの国際化さるべき河川の水路の定義を挿入することを主張した。しかし、河岸国は、このようにドナウを拡大する考え方に反対した。彼等はそれは、彼等の領域への侵入であり、主権の侵害であるとして反対した。第二条は「この条約により設けられる制度は、ウルムからスーリナ（Soulina）運河による海への出口とともに、スーリナの支流に沿つて黒海に至るドナウ河の航行可能の部分に適用される」と規定する。航行の自由は支流や側面の運河には拡張されない。航行の自由は一九二一年の協約により制限された適用範囲をもつのみならず、その内容も削減されている。この協約はドナウで行い得る活動を制限しているのである。第二五条は輸送の自由を規定するが、沿岸航行は除外している。西方諸国は二一年の協約に規定するところの沿岸航行の自由を要求したが無駄であつた。二一年の協約第二二条は河岸国に定期的な小航行、即ち、旅客及び貨物を同一国の港から他の港へ、地方的、定期的に輸送することを河岸国にのみ認めたに過ぎなかつたのである。

二一年の協約はドナウを軍艦が周航することに制限を加えてないが、この協約は「非河岸国の総ての軍艦に対し、ドナウの航行を禁止する。河岸国の軍艦もドナウの利害関係国の友好的な事前の了解ある場合の外は、国境を越えてドナウを航行することは禁止される」。

ロ、これ等の原則の適用

一九四八年の協約が国際化の制度を否定していることは、単に規範的な観点からのみならず、制度的な観点からも現われている。一九二一年に定められている概念と異り、航行の自由は異つた組織をもつている。国際管理の手続は、西方諸国はその実現を要求したが、ベルグラード会議では拒否せられた。この協約は、ドナウの管理については国家的性質を採用している。各国が自国の領域を流れ或いは自国の領域に接する河川の部分について管理するのである。

国際機関としてはドナウ委員会が設定せられているが、この機構は一九二一年の協約で設立せられた二個の委員会とは、その構成、職能及び能力において非常に異つている。ドナウ委員会（La Commission du Danube）は一九二一年の委員会のように混合的な構成ではない。二一年の条約による委員会は河岸国と非河岸国（英・仏・伊）の代表者で構成せられているが、ドナウ委員会は河岸国の代表者だけで構成せられる（第五条）。

オーストリアはベルグラード協約に調印するために招請せられなかつたが、この協約の第一附属書は、オーストリアの平和条約の問題が解決せられれば、委員会に参加が許されることを規定する。この協約も附属書もドイツに関しては何も規定しない。

ドナウ委員会は、この委員会に代表者を出している国とは独立して、その職能を行う。その所在地はガラッツ(Galatz)である(第一三条)。委員会は委員中から三年の任期で委員長、副委員長及び書記長を選任する(第六条)。委員会は、その会議の期間を定め、内部規則を定める(第七条)。

委員会は任務を遂行するために事務局及び必要な諸部課を設け、その職員はドナウ河岸国の市民中から募集する(第九条)。委員会の委員及び委員会により委任せられた職員は、外交官の特権を有する。委員会に属する地方官庁並びに凡ゆる種類の文書及び記録は不可侵である(第一六条)。

委員会は自治的な予算をもつ(第一〇条)。委員会が職務を行うために必要な経費は、各国同額の割合で、年金の方法で河岸国が負担する。航行条件を確保し又は改良するために実施される特別の事業の費用にあてるために、委員会は特別料金を設けることができる(第一〇条)。

委員会の決議は、この条約に定める特別な場合(第一〇、一二及び一三条)を除く外は、全委員の多数決で行われる。委員会の定員は五名である(第一一条)。

二一年の協約と同様に、この協約でも河岸国は委員会並びにその職員及び雇用者が任務を遂行するに必要な協力を与えねばならぬことを規定する(第一九条)。委員会の職員及び雇用者は、その公務の実施に際して、領域権を尊重するという条件で、委員会の管轄の範囲内における河上及び港内を自由に巡航する権利がある(第一九条)。しかし、二一年の委員会と異り、この委員会は技術的なサービス、航行のサービス、課税の適合性や登録のサービスをする能力をもたない。このような能力の減退は、この委員が二一年の委員会よりも規模が小さいことによるのである。二一年の委員会は、程度の差はあるが、「河のドナウ」と「海のドナウ」の国際委員会及びヨーロッパ委員会に立法・司法及び行政の能力を与えているが、この協約ではこれ等の能力を河岸国に与えている。

立法権については、二一年の条約では、二個の委員会が各々その区分について、航行規則の制定権をもつている。「河のドナウ」については国際委員会が河岸国の提案に刺戟されて行い、「海のドナウ」についてはヨーロッパ委員会が自分の発案で行動する。この二個の場合に、決定権は国際機構に属するのである。これに反し、この条約では、条約の定める航行の自由を尊重するということを留保して、規律の権限は完全に河岸国に与えられているのである。この点について第二六条は「ドナウ河口及び鉄門（Portes de Fer）区域における航行は、右の地帯の管理部によつて設けられた航行制度により実施される。ドナウ河の他の区域の航行は、ドナウ河がその領土を貫流するそれぞれのドナウ河に沿う国によつて設けられた制度に従つて実施され、ドナウ河が異なる二国に属している地帯においては、それらの国の間の合意によつて設けられた制度に従つて実施される。航行制度を設けるに当り、ドナウ河岸国及び管理部は、委員会によつて設けられたドナウ河の航行に関する基本規定を考慮する」と規定している。又二六条末段にも「関税、衛生及び警察制度は、その性質上、航行を妨害しないようにしなければならない」としている。

行政権もまた完全に河岸国に属している。二一年の条約では、航行規則の適用の役目は「海のドナウ」についてはヨーロッパ委員会自身に、「河のドナウ」については国際委員会統制の下に河岸国に与えている。この条約では各河岸国が規則の適用を確保する役目を与えられている。殊に、水先案内については河岸国に依頼することになつている（第三一条以下）。

航行可能の仕事に関しては、二一年の条約は、「海のドナウ」については、その実施を決定し実現する権限はヨーロッパ委員会に属し、「河のドナウ」については、この権限は国際委員会と河岸国とに分たれている。この条約ではこれ等の権限は河岸国にのみ属する。

第三条は、各河岸国は自己の区域を航行可能な良好的な状態に維持する義務をもつている。各河岸国は維持・改良の仕事を行う。河岸国はそのことについて委員会に簡単な図形を提出せねばならぬ。航行を保障するために必要な費用を支弁するために、河岸国は、委員会と協議した後、船舶から徴収する航行税を設けることができ、その税率は、水路の維持費及び工事費に応じて決定される（第三五条）。

この条約では、司法権も完全に河岸国に属する。従つて、それは二一年の制度と比較すると国際化制度の退歩である。二一年の条約では、「海のドナウ」の航行規則違反については、ヨーロッパ委員会が固有の裁判所で裁判する権能を与えられている。「河のドナウ」についての違反は、河岸国の裁判所が第一審・控訴審とも取扱うことが認められているが、国際委員会は協約の解釈及び適用に関する総ての問題を取扱うことができる（第三八条）。国際委員会の決定に対する救済は常設国際司法裁判所に求める。これに反し、この条約は、河岸国の司法権に何等の留保も認めてはいない。

かくて、ドナウ委員会は調整的なかつ監視的な役割を果たすに過ぎないことになつている。ソ連代表の言によると「われわれは、ドナウ航行の総ての問題はドナウ諸国の権限内に属せねばならぬこと、かつドナウ委員会はドナウの専制的な主人であるべきでなく、喰い違いをなくして必要な統一を確保するためにドナウ諸国で作られる関税、衛生及び警察の任務において、航行規則の喰い違いと調整を避ける中心機関であることの原則から出発する」と。

ドナウ委員会は、その固有の権限のために人格を与えられている。「委員会はその所在国の立法によつて法人格をもつ」（第一四条）。フランス語とロシア語が委員会の公用語である（第一五条）。

それ故に、委員会は権利、義務の主体である。この条約の附属議定書は、二一年の両委員会の資産が新委員会に移転することと、同委員会の債務の消滅を規定する（第四、五号）。

この条約では、ドナウの二個の区域について特別な制度が規定されている。ドナウの下流（スーリナ運河口からブライラまでを含む）と鉄門区域（ドナウの右岸においてはヴィンチ Vince からコストール Kostol まで、左岸においてはモルドヴァ・ヴェッキ Moldova Veche からトゥルヌ・セヴェリン Turnu-Severin まで）である。この二個の区域にそれぞれ特別管理部が設けられている。これらの管理部は隣接河岸国の代表者をもつて構成せられる。管理の任務は、管理部の構成国であるところの政府の協定によつて規律せられる。河岸国主権の原則は尊重せられる。それ故に、ドナウ河口の区域はルーマニアとソ連の管理に、鉄門区域の管理はルーマニアとユーゴースラヴィアの管理に属する（第二〇、二一条）。

この条約ではドナウの管理を国際連合の機構と結びつける規定は何ももつていない。一九四八年八月五日の英国の通牒は「この協約の条項中にドナウ委員会は協約の作用について年報をヨーロッパ経済委員会（或は経済社会理事会、運輸通信委員会）に提出するために、国際連合と関連をもつこと」を要求したが、この提案はベルグラード会議では採択されなかつた。

この協約の第四五条は「直接交渉の方法によつて決定されないような、この条約の適用又は解釈に関するこの条約の署名国間の総ての紛争は、紛争当事国中の一国の要請によつて、各当事国の代表者一名、並びに紛争当事国でない一国の市民中からドナウ河委員会の委員長により、及び委員会の委員長が紛争当事国の市民であるときは、ドナウ河委員会により指名された三分の一委員の構成する調停委員会に提起される」と規定する。調停委員会の決議は、紛争当事国に対しては決定的かつ強制的なものである。調停委員会は各当事国がその代表を任命してからでないと活動できない。それ故に、紛争国は代表者を任命しないことによつて、委員会の開会を妨害することができる。一九五〇年三月三〇日の意見で、国際司法裁判所は、利害関係国政府は条約に規定せられた委員会に代表者を任命する義務がある、と考えている。

×　×　×

一九四八年八月一八日の協約は、その第四七条に規定する条件で効力を発生する。この条文は、協約は六カ国の批准書が寄託せられた後に適用せられることを規定する。批准書はユーゴースラヴィアの政府に寄託せられることになつている。この協約は調印した河岸国によつて批准せられた。そして調印国との相互関係において効力を発生した。ドナウ委員会はその第一回の会合を一九四九年一一月一一日から一七日までガラッツで開いた。この会合にはソ連、ブルガリア、ルーマニア、ユーゴースラヴィア、チェッコー・スロヴァキア及びハンガリイが参加した。そして委員長にはルーマニアの代表ルデンコ（Rudenko）、副委員長にはチェッコの代表リンホルト（Linhort）、事務総長にはソ連の代表モロゾフ提督（Amiral Morozov）を選んだ。この委員会は事業規則を採択し、かつ一九五〇年二月に予定せられた次の会期の議事日程を決定した。

二一年の協約の署名国である西方諸国は四八年の協約の有効性を認めることを拒否した。一九四九年一一月一五日にフランス外務大臣はパリー駐在のこの協約の署名国に抗議の通牒を送つた。その通牒で、フランス政府はベルグラード協約の国際的有効性を認めない旨を明らかにし、かつドナウの制度を決定する唯一の国際的文書は一九二一年七月二三日にパリーで調印せられたドナウの決定的法規を設定する協約であると考えるとした。これと類似の方法を米・英の政府もそれぞれロンドン及びワシントンに駐在する利害関係国の代表に対して執つた。

一九四八年のベルグラード会議に参加を招請せられなかつたベルギー、ギリシヤ及びイタリーも、会議の事務局に通牒を発して、会議でなされる決議については留保する旨を述べた。一九二一年の会議に参加しなかつたにも拘らず、アメリカは英・仏に同調する旨を宣言した。

オーストリアに関しては、ベルグラード会議への同国代表は、一九四八年八月一八日に「オーストリアによつて署名・批准されない協約は、自国内で有効なものとは考え得ない。その結果、オーストリア連合国家政府はこの会議でなされた決定に関し総ての権利を留保する」と宣言した。
一九四八年の協約の有効性がドナウの航行制度に利害関係を有する国家の総てによつて承認されないとすれば、いかにしてドナウの現在の法的地位を定めるであろうか?

われわれは二個の多辺的な、連続し、矛盾し、異つた署名国の条約が存在するのを見る。この両条約に共通な署名国はブルガリア、ハンガリイ、ルーマニア、チェッコー・スロヴァキア及びユーゴースラヴィアである。オーストリア及び西方諸国は一九二一年の協約には署名しているが、一九四八年の協約の署名国ではなく、一九四八年の協約の署名国ソ連及びウクライナは一九二一年の協約の当事国ではない。かくて、われわれは、規範的な二元論が存在することを見出す。それについては実定国際法はこのような多数の実例をもつている。

国際法外交雑誌　第四七巻二号　昭和二三年

横田喜三郎編著「聯合国の日本管理」

本書は東京大学法学部の有志教授によつて組織されてゐる日本管理法令研究会で研究せられた基本研究の中から管理の機構と重要な政策に関するものを集め、一冊の書物として統一的な調和あるものとするために必要な修正を加へて成つたものである。第一章は管理の機構、第二章は管理の方式、第三章は管理の原則、第四章は管理の政策の四章からなり、横田喜三郎、高野雄一、田中二郎、鈴木竹雄、石井照久の五氏によつて分担執筆されてゐる。

ポツダム宣言を受諾し、無条件降伏をした日本には、日本の国権の上に連合国最高司令官の支配権があり、その支配権に基づいて発せられる直接間接の支配が現実に行はれてゐる日本の統治そのものであつてみれば、この連合国の管理は何を目的として行はれるか？　いひかえれば、如何なる原則によつて行はれるか？　この目的実現のために如何なる機構をもつ管理機関があるか？　管理は如何なる方式によつて行はれるか？　その実施される政策は如何なるものであるか？　これ等の研究は現在の日本人の実生活に極めて必要なことである。従つて、この研究は単に学問的興味の満足のためではなく、日本人の日常生活と不可分的に結ばれてゐる問題である。更にまた一方において、戦敗国を戦勝国がこのやうな方法によつて相当長期に亙つて管理するといふことは、歴史的な新事実であつて、もし不幸にして将来戦争があるとすれば、この管理は一つの先例として参考となることであらう。この意味においても、連合国の日本管理は充分に研究されておく価値がある。このような重要性のある問題であるから、ぜひ一冊だけは、この際このような研究書をもたねばならないと考へる。本書はこの要望にこたへるものであつて、充分存在価値のあるものと認められる。

次に本書に関する概括的な感想を記せば、日本管理の法的根拠は降伏文書に求むべきものであると考へられるが（七八頁）、これを大西洋憲章、カイロ宣言等にまで溯るべきか否か（九九頁）。勿論、大西洋憲章やカイロ宣言その他にも連合国、殊に米英・ソ等の主要な連合国の思想的流れは明瞭に現れて居り、解釈のために援用することは必要であると考へる、しかし、例へば、大西洋憲章内の原則が法的には日本管理の原則とはならないことは明かであるから、この限界を一層明瞭にせられたならばと感ずる。次に本書の体系についてゞあるが、連合国の日本管理は特定の目的実現のために行はれるものであるから、この目的達成のために必要な機構が産れ、その機構の活動方式が定められ、その方式に従つて政策が実施せられるのであるから、この点から観れば、「日本管理の目的」といふようなものが第一章に置かるべきではないかと考へる。これは本書では第三章の「管理の原則」が大体においてこれに該当するようである。更にこれは本書の目的とは離れるかも知れないが、本書が基本研究の書であることからして、ポツダム宣言及び降伏文書等のより詳細な法的性質の究明を掲げていたゞきたかつた。

ともあれ、これ等は評者の希望に過ぎないのであつて本書の価値を傷けるものではない。

Harry C. Hawkins: Commercial Treaties and Agreements, Principles and Practice, 1951

H・C・ホウキンス著「通商条約及び協定」―原則と実行―

この書物は序文によれば、Fletcher School of Law and Diplomacy の学生三十二名の研究を基礎として Hawkins が纏めたものである。前記の三十二名の学生の中には Ikuro Yoshino という日本人（或いは日系の米人かも知れないが）が加つている。そしてこの原稿は米国国務省の Division of Commercial Policy の H.M. Catudal 及び Leonard Weiss が眼を通している。この両氏は本書のために多くの有益な助言を与えたらしい。著者となつている Hawkins はかつて Fletcher School of Law and Diplomacy の国際経済関係の教授であつた。

この書物は通常の通商航海条約に含まれる規定、即ち個人、会社、船舶及び貨物等に関する規定の分析である。通商条約の規定の対象となるものは上述の項目に尽きるものでないのみならず、又通商航海条約自体のタイプもそれぞれ異ることは言うまでもないが、その中で、比較的基本的な、長期に亙る通商航海条約で、アメリカが一九三四年の通商協定条例（Trade Agreements Act）に基いて締結した通商協定に含まれるものを取扱つている。

このような規定を分析するに当つては、採用せられた政策のみならず、そのような政策を実現するために採用せられた術語の分析にも努力が払われている。その目的は通常用いられる条約術語の下に隠されている大小の政策を鑑別することを助けんがためである。更に又これ等の資料の検討に当つては、取扱う題目によりよき学問的秩序を与えるために、定義や分析の方法を準備するという努力が払われている。

内容は次のような一七項目に分れている。一、通商条約の内容、二、設定規定（Establishment Provisions）、この設定という訳語は必ずしも適確でないかも知れないが、締約国の一方の個人又は会社が他方の領域内で与えられる取扱いに関する規定の意味である。三、航海規定、四、通商規定、五、関税、六、関税に関する条約上の公約、七、国際通商政策、八、最恵国の原則に基く取引政策、九、特別関税率、一〇、関税率取引の欠点、一一、最恵国条項に対する例外、一二、通常の関税以外の輸入賦課金、一三、輸出税、一四、国内税、一五、量的制限、一六、貨物に対する支払い、一七、国営通商。

右の一七項目について約二五〇頁を費して解説されてある。その記述は国際法学者が通商航海条約を研究するための貴重な資料というのではなく、むしろ序文に記されているように、通商条約の理解に必要なところの学生のための参考書である。日米通商航海条約の調印せられた現在、学生が通商航海の内容を理解するための参考書としては、記述も明確であつて、有益な著述であると信ずる故に、特に通商航海条約をこれから研究しようとする人々に薦めたい。

国際法外交雑誌　第五二巻五号　昭和二八年

日本外交学会編「太平洋戦争原因論」

日本外交学会編の「太平洋戦争原因論」という本文七六六頁年表二二頁、計七八八頁という大部の著述が公刊せられた。この著述の目的は、これまでに公表せられた色々の資料を正しく取捨選択し、厖大な資料文献を基礎として、正しい歴史としての第二次大戦、特にその原因なり責任なりを研究して、何故に日本が太平洋戦争に突入したかを明かにしようとするにある。従つて、この著述は「太平洋戦争原因論」となつているが、単に原因のみでなく、太平洋戦争の責任論も含まれている。

或歴史的な事実の発生には、必ずその事実の発生に至る多くの原因がある。それ等の原因は更に他の原因より発生したものであつて、その因果の糸をたぐるならば無限に発展する。そこで、或歴史的な事実が発生した原因が何であるかを確定することは極めて困難な問題であり、各人の観るところ必ずしも一致しないであろう。このことは太平洋戦争の原因についても言い得ることである。太平洋戦争なる歴史的な大事件が、何故に発生するに至つたか、その原因は恐らく無数にあるであろう。それ等の中で、本書は四つの面、即ち、政治面、外交面、国際法の面及び経済面から考察している。この中で、国際法の面からの考察は太平善梧教授の「太平洋戦争と開戦法理」―又正雄教授の「太平洋戦争と自衛権」入江啓四郎教授の「ヨーロッパ戦争原因とドイツの責任」であつて、これ等は実は太平洋戦争の原因論ではないことは明かである。この三篇の論文は、戦争責任に関する研究である。

さて本書の編成及び内容についてであるが、第一章、概説では植田捷雄氏が全論文に亘る概説を約二一頁を費して行つていられる。これは全内容の鳥瞰図で読者にとつては非常に便利である。

第二章は稲田正次氏の「太平洋戦争勃発と天皇、元老及び重臣の地位」である。この章では、元老及び重臣制度が布かれてから、太平洋戦争勃発に至るまでの間に、制度上及び実際上、天皇や元老及び重臣がいかに国政に関与したかを論じ、結論としては、これ等の者が陸軍を抑えることができず、そのために国政の統一を欠き、実力をもつ陸軍の支配が事実上行われ、戦争に突入したことを論ずるものである。

第三章は辻清明氏の「太平洋戦争と官僚機構」である。官僚とは何であるか。この官僚の概念は必ずしも明確ではないが、わが国の統治制度の中に内在するこの官僚機構が太平洋戦争の開戦にいかなる役割を果したかを論究するために、官僚機構のもつ特性、殊に、その責任を負わないこと、セクショナリズム及び民衆感情を無視した行動等を説き、官僚と軍閥及び財閥等の結託がいかに国政に禍したかを明かにしている。

第四章は矢部貞治氏の「太平洋戦争と政党――殊に大政翼賛会の役割」である。その論旨は次のようである。昭和六年以来軍部の行つた一連の暴力的なクーデタにより日本政治の指導権が軍部と右翼の勢力に移り、政党は全く無力化してしまつた。ここに生れたのが大政翼賛会であつて、その目的は、陸海軍の一致協力、軍の政治干渉の排除、ナチス的一国一党主義の排除及び官僚政治並びに腐敗政党の排除であつた。この目的で生れた大政翼賛会は事志と違い、全く無力な存在と化し、昭和十六年秋には、政治活動を行わない公事結社となり一種の行政補助機関に堕してしまつた。もし翼賛会の存在が何等かの意義をもつとすれば、それは、親独伊的なナチス的一国一党の出現が防止せられたこと、対米開戦の危機を一時抑えたことである。従つて、翼賛会は対米開戦とは無関係であつた。

第五章は、向山寛夫氏の「太平洋戦争準備としての社会運動弾圧」である。この論文の目的は「日本の戦争準備の一環としての社会運動の弾圧を、極東国際軍事裁判（東京裁判）が、どのように取りあげたかを、その裁判記録に基づいて検討せんとする」ものである。そこで、先づ、全国民的な規模で行われる近代戦では、戦争準備と社会運動との間に不可分的な関係があることを示し、筆者は自由主義的社会運動と共産主義的社会運動とを区別する必要があることを説き、東京裁判では自由主義的社会運動のみが取り上げられたが、共産主義的社会運動をも含む一切の社会運動の弾圧が、戦争準備の重要な一環として取りあげられねばならないことを主張する。

第六章は高橋勇治氏の「満洲事変の原因と責任」である。満洲事変は日本帝国主義の半植民地中国に対する侵略であり、第二次世界大戦の一環をなすものであるとする。経済恐慌は植民地侵略戦争とファシスト独裁への道であり、資本主義的基礎の薄弱な国家から順次にこの道を歩むので、満洲事変はこの恐慌によつて矛盾を極度に尖鋭化し破滅的混乱に陥つた日本帝国主義の必然的な発動と観る。これに対し、中国側では反帝国主義運動としての種々の民族運動が行われ、そのために、日本と中国との衝突は不可避の運命であつたことが説かれている。

第七章は英修造氏の「満洲事変から日本の国際連盟脱退まで」である。日本は満洲事変から日華事変へ、そして太平洋戦争へと宿命的な道を歩んだのであるが、ここでは満洲事変の本質として、満洲事変は単に日本の在満特殊権益を基礎とする日本の膨脹主義と中国の民族的自覚による国権回復の要求の衝突ではなく、一方には、大正十二年（一九二三年）以来の緊縮政策、これに続く陸海の軍縮、国民生活の窮乏等による社会経済史的動きを原因として発生したものと考える。これに続いて上海事変、満洲国の創立と日本の承認、リットン報告書、犬養首相の暗殺、山海関事件、日本の国際連盟脱退までを外交史的に叙述している。

第八章は植田捷雄氏の「日独伊三国同盟」である。日独伊三国同盟こそは、日本を戦争へ決定的に歩ませたものと一般に観られるのであるが、この論文では一九三六年の日独防共協定から三国同盟の成立に至るまでの経緯を東京裁判の記録や戦後発表せられた関係者の回想録等を材料として、真相を究明せんと試みたものである。

第九章は熊切信男氏の「日米交渉」である。この論文では、昭和十五年当時の日本の対米英関係から説き起し、次に近衛内閣時代最後に東条内閣時代の交渉決裂に至る段階まで説かれている。

第十章は大平善梧氏の「太平洋戦争と開戦法理」である。この論文の初めには太平洋戦争の戦争責任論が説かれているが、論文の中核は開戦法理論である。この中で注目すべきは、日本の対米開戦の通告は「野村大使からハル宛に会見を申込んだ電話」により充分とする点である。次に、太平洋戦争と開戦原因論においては、侵略戦争の定義について検討し、太平洋戦争と侵略の責任については侵略の定義としては現状打破説を執るのが妥当であるとする。

第十一章は一又正雄氏の「太平洋戦争と自衛権」で、この論文では東京裁判における自衛権論争を掲げて、弁護側の主張と検察官側の主張、判決及び裁判官の個別的な意見を紹介し、最後に筆者が論評を加へている。その結論というべきものは、当時の日本の当局の自衛権に対する「過信」が太平洋戦争を開始する力として大きく働いていると説く。

第十二章は村松祐次氏の「太平洋戦争勃発と日本経済」である。この論文は前半では日本の資本主義に関する検討が行われ次に昭和初年における日本資本主義をめぐる諸情況について説き、最後に開戦と日本経済について説いている。

第十三章は内田直作氏の「戦争勃発と中国の対日ボイコット問題」である。この論文では、中国のボイコット問題が戦争勃発の一主要原因であるとして、中国の対外ボイコットの本質を究明することを目的とする。第十四章は板垣与一氏の「太平洋戦争と石油問題――日蘭会商を中心として――」である。石油は戦争の神経であり、近代戦遂行上欠くべからざる重要戦略物資である点から、石油問題が取り上げられ、アメリカの対日経済圧迫から、石油を得んための日本の努力としての日蘭会商、会商打切後の南部仏印への進駐とこれに対するアメリカの資産凍結、最後に開戦直前における我国の石油事情と海軍の動向が述べられている。そして、太平洋戦争の開戦の一原因は石油問題にあつたとする。

第十五章は入江啓四郎氏の「ヨーロッパ戦争原因とドイツの責任」と題するもので、これは太平洋戦争の原因論ではなく、ニュールンベルグ裁判の概要とドイツの戦争責任問題が取扱われている。

以上の十五章より成る大部の著述であつて、その内容に簡単に触れただけで私に役割てられた紙数は正に尽きんとしている。そこで最後に一言感想を記せば、本書の内容は前に触れたように太平洋戦争原因論として必ずしも妥当でないものが含まれているし、又太平洋戦争の原因を究明するという立場からは、必ずしも重要な原因が網羅されているとは言えない。しかし、ここに集録せられた個々の論文は、いずれも力作であつて、学問的には価値の高いものであると信ずる。私の専門の分野である大平氏の論文では、開戦の通告は野村大使よりハル国務長官に電話で会見の申込みをしたのをもつて足りるとする新説には多少の疑問をもつている。また一又氏の論評は大体妥当であると考えるが、自衛権に対する日本政府当局の「過信」を力説せられているが、これは国際法的論評であるか否かに疑問をもつている。これ等は私の読後感に過ぎないので、この二論文の価値を傷けるものではないであろう。

ともあれ、「太平洋戦争原因論」という大部の著述が各分野の学者を動員して立派にまとめ上げられたことは学界のため慶賀すべきであり、又このような仕事が学者によつて実行せられることこそ、学者の面目とも評すべきで、編者としての日本外交学会の労を多とするものである。

国際法外交雑誌　第五四巻五号　昭和三〇年

田岡良一著「国際法講義」（上巻）

田岡教授が昭和九年に「国際法学大綱」を著されたときは、その研究の堅実さと、理論の透徹と、文章の華麗さとに瞠目した。この書は昭和十八年に改訂増補せられ、記述の項目にも多少の変化があつたが、体系的には変化がなかつた。近著の「国際法講義」は改訂増補版の「国際法学大綱」の項目を殆んど踏襲せられ、その間に必要な修正、例えば「東亜共栄圏」の項目を削除して「国際連合」を挿入せられるというような変更があるが、殆んど前著の項目順に記述せられている。しかし、内容的には稿を新にせられている部分が相当ある。旧著「改訂・増補、国際法学大綱」を手にせられない新しい読者のために本書の主な内容を紹介すれば、序論では第一章が国際法の意義で、第一節、社会規範、第二節、国家間の社会規範で、この章では社会規範に関する記述が詳細に亘り、他の著者に見られない一つの特色をなしているといえるであらう。

第二章は国際法の分類で、第一節、条約国際法と慣習国際法、第二節、一般国際法と特別国際法、第三節、法の一般原則となつている。この章の中では、法の一般原則に関する考案が特に注目すべきものであると思う。

第三章は国際法と国内法との関係を論ぜられている。この問題も学問的には興味ある題目であり、殊に、二元論と国際法上位論とが「国際法と国内法との関係について考えている所は実質上同一である。相違はただ言葉の上にのみ存在する」（五四頁）という結論は深長な意味をもつている。

第四章は国際私法・国際刑法・国際行政法との区別、第五章は国際法の歴史、附一として国際法々典編纂問題、附二が国際法の主体に関する論争となつている。

本論は第一章が国家及び国家結合で第一節が国家（及び政府並びに交戦国体）の承認である。国家承認論では随所に博士の独自の見解が散見せられる。例えば、承認の要件として、分離独立の場合にだけ被承認国が一定の要件を具体することを必要とするが、その他の場合は、「国際社会の規範は承認について何等の要件を設けない」（一二八頁）とせられる点、又国際社会加入の問題が生じたとき、「その承認は現構成員全体の合意によつてなされる」（一二八頁）、即ち、国際社会えの加入を承認する意思表示は、「原理からいえば、国際社会の全部の国の合同行為（同一内容の意思表示の集積）としてなされることを必要とする」（一二五頁）と主張せられる等はそれである。これ等については、多くの異説の存在が予想せられる。第二節は、国家及び国家結合の諸類型である。この中で、永世中立国その他の国家結合及び国際連合が論ぜられている。

第二章は統治の空間的限界で、国家の領域の諸形態たる領土、領水・領空や国際河川、国際運河、国際地役、その他租借地、信託統治及び公海等の諸項目について取扱はれ、第二大戦後問題となつた大陸棚に関する記述もこの中でなされている。

第三章は個人及び国家機関で、第一節、個人では直接に個人に関係する若干の国際法規が取扱はれている。第一に国籍の問題、第二に個人の保護に関する国際条約、第三に犯罪人引渡の問題が取扱はれている。第二節、国家機関では外交使節、領事、元首、軍艦、軍隊及び軍用航空機について論ぜられている。

第四章は条約及び不法行為である。第一節、条約では、意志、形式、留保、第三国に対する条約の効力、条約の消滅原因及び最恵国条款の諸項に亘つて論ぜられ、第二節の不法行為では、国家機関の不法行為と私人の不法行為について叙述せられている。

以上は五九二頁に亘る大著の鳥瞰的な内容の紹介に過ぎない。本書は旧版「改訂増補国際法学大綱」を発行せられて以後発生した国際社会事象の変動に応じて、その以後に生じた国際法規及び国際法関係の問題について記述せられたものである。理論の透徹と行文の流麗はわれわれ後学の範とすべきものである。殊に学説の相違を直ちにそのまま受け容れることなく、各説の真意を更に確かめて行く態度、（著者が序の中でスピロプーロスとアンチロッチに恩恵を蒙つたとしていられるが、私見では、この研究態度はスピロプーロスのものであると思う）は尊いものであると考える。それはとにかく、博士の「国際法講義」はわが国における最も新しい、かつ最も学問的に価値の高い著述の一つとして、わが国際法学界に寄与することは多大である。

「日本海上捕獲審検例集」―昭和十六年乃至昭和二十年戦争篇―

大東亜戦争又は太平洋戦争中に日本海軍によつて拿捕せられた船舶の数は実に一一五〇隻に上り、その中で捕獲と検定したものは一〇六八隻である。これを日露戦争中に捕獲した船舶五〇隻に比べれば雲泥の相違がある。この事実は、今次の戦争の規模を物語ると同時に、海上交通の発達をも示すものであろう。日露戦争の捕獲審検例を編纂したものとしては「明治三十七八年戦役捕獲審検誌」があり、第一次大戦においてわが国の捕獲審検所が取扱つた捕獲事件を集録したものには「大正三年乃至九年戦役捕獲審検誌」がある。従つて、今次戦争における捕獲審検の事件もこれを収録して後世に残すことは、歴史的に価値があるばかりでなく、国際法学の立場からも重大な意味のある仕事である。今次の戦争は未だ経験のない敗戦という事実に直面し、そのために、資料の散逸したものも多かつたようであるが、捕獲審検再審査委員会の事務局長土井智喜氏を中心とする事務局の方々の一方ならぬ努力の結果、この審検例集が出版せられるに至つたことは、詢に慶びに堪えない。

前述のように、今次の大戦でわが国の拿捕した船舶は一一五〇隻に上るが、その中で捕獲の検定に抗議し、従つて高等捕獲審検所に廻つた件数は四四件、解放の検定をうけたもの一〇隻である。この審検例集では捕獲と決定した一〇六八隻の事件の審検例をいちいち挙げているわけではない。同一内容の事件で検定の理由も同趣旨であるものは、その代表的なもののみが掲げられている。同趣旨の検定を反覆記載する必要はないので、この審検例集のこの行き方は当然である。

本書の内容は、修正海戦法規第十八条の各号の規定が適用せられて、敵性を判定せられ、それによつて捕獲の検定をうけたもののみであつて、一〇六八隻の捕獲がことごとく海戦法規第十八条による事実は、いささか驚くべきことである。封鎖の侵破、戦時禁制品の輸送、及び対敵援助等の理由によつて中立船が捕獲せられた事件が皆無であることは珍らしい事実である。修正海戦法規第十八条の規定の順を追い、第一章は「敵国国旗ヲ掲揚スルモノ」（第十八条一号）の審検例が挙げられている。その第一節は、敵国国籍を有し、かつ敵国国旗を掲揚する船舶、第二節は、国籍は不明であるが、敵国国旗を掲揚する船舶、第三節は、国旗掲揚の有無は不明であるが、敵国国籍を有する船舶の審検例が示されている。

第二章は帝国（同盟国）又ハ中立国ノ国旗掲揚の権利ヲ立証シ得ザルモノ」（第十八条二号）に該当する船舶の審検例であるが、第一節では、国籍、所有者共に不明なる船舶、第二節は国籍不明なる船舶、第三節は無国籍と認められた船舶の審検例である。

第三章は「所有者ガ敵性ヲ有スルモノ」（第十八条三号）に該当する捕獲船舶で、その第一節は敵国人の所有する船舶、第二節は、敵国法人の所会する船舶、第三節は、敵性法人の所有する船舶である。

第四節は「其監督又ハ使用ニ因ル利益ガ敵国又ハ敵性ヲ有スルモノニ帰属スルモノ（第十八条四号）」に該当する捕獲船舶で、第一節は、英国及び蔣政権のために行動した船舶、第二節は、英国のために行動した船舶である。

第五節は、解放の検定を受けた中立船舶で、第一節は敵船の疑ある故をもつて挙捕された船舶、第二節は、中立性に疑ある故をもつて拿捕された船舶である。

以上の外に重要な資料が収められている。資料の一としては捕獲審検関係の条約及び国内法令で、条約としては、(1)パリ宣言、(2)病院船に関する条約、(3)開戦の際における敵国船の取扱いに関する条約、(4)商船を軍艦に変更することに関する条約、(5)「ジェネヴァ」条約の原則を海戦に応用する条約、(6)海戦における捕獲権行使の制限に関する条約、(7)海戦の場合における中立国の権利義務に関する条約、(8)潜水艦の戦闘行為に関する議定書等が収められている。

国内法令としては、(1)海戦法規、(2)今次戦争における戦時禁制品に関する海軍省告示、(3)大東亜戦争において敵国の執るべき措置に鑑み大正三年軍会海第八号海戦法規の一部と異る規定を適用するの件、(4)捕獲審検例、(5)捕獲審検所及び高等捕獲審検所開設に関する勅令、その他各捕獲審検所の審検規程及び捕獲審検令等廃止勅令が収められている。二には、海戦法規と異れる規定適用に関する件の説明として榎本重治氏の海戦法規の修正理由が収録され、三には捕獲審検関係の一覧表として(1)捕獲審検所及び高等捕獲審検所の長官、評定及び検察名簿、(2)検定船舶及び載貨数一覧裁、(3)検定船舶捕獲理由別及び国別一覧表、(4)検定載貨所有者国籍別一覧が収めてある。

この外に非常に綿密な索引が付せられ、船名、拿捕の場所、所有者、条約・法令、審検例等の別にしてある。又英文の目次をつけられていて、非常に行きとどいた編集ぶりを示している。

以上が審検例集の内容であるが、各事件の検定書を見てわれわれの感ずることは、検定理由が非常に簡潔なことである。捕獲審検所は国内法によつて設立せられたものであり、この意味で国内裁判所であるから、国内法を適用すればよいわけであるが、しかし、海上捕獲権は国際法が交戦国に認めた権利であり、従つて、その権利の内容は国際法によつて定められねばならないわけであるから、検定書にも少し国際法的記述が盛られてもよいように考える。一例を示すと、「帝国（同盟国）又ハ中立国ノ国旗掲揚ノ権利ヲ立証シ待ザルモノ」に該当する船舶として捕獲する場合にも、この国旗掲揚の権利の証明は拿捕の時直ちに証明すべきものか、検定の時までに証明すべきであるか、又はこの捕獲に抗議した場合は高等捕獲審検所が検定するまでに証明すれば足りるか、又審検所は証明に必要とす時日までは検定を延期すべきか、これ等の点には全く触れないで、直ちに捕獲物と決定している。これはその一例に過ぎないが、外国の捕獲審検例に比べて、あまりにも一刀両断的な検定であるということは、ほとんど総ての検定について言えるように思う。

いづれにせよ、この審検例集は第二次大戦における日本の海上捕獲法に対する解釈を公式に世界に表明したものであつて、捕獲法を研究する重要な資料を提供したもので、学界のため喜ぶべきことであり、この編集と出版に当られた人々に対し衷心から感謝する次第である。

国際法外交雑誌　第五七巻二号　昭和三三年

信夫淳平著「海上国際法論」

信夫博士は昨年末に「海上国際法論」と題する四二七頁に亘る著述を刊行せられた。海に関する全般的な国際法の著述としてはわが国では最初のものであるといつてよい。しかし、本書の内容は海に関する国際法の全部に亘つて論述せられるものではない。海に関する平時の国際法としては、最近問題になつているものに重点が置かれているようである。第一章「海の性質」の題下では、領海の範囲の問題についての各国の態度、一九三〇年の国際法法典化会議における経緯、米洲中立委員会の領海拡張意見、国連国際法委員会における領海問題に関する論議及び隣接水域並びに領海の範囲の将来に関し論述されている。その結論として、漁獲方法の発達、砲弾の射程の延長及び原水爆兵器の発達等から、領海の幅の三マイルは時代錯誤であつて、これを十倍に拡張して領海を三十マイルとするも一応理由が立つとせられていることは注目すべきであろう。

次に領海の起算点について記述せられている。ここでは主としてイギリスとノールウェーの紛争事件に重点を置いて論ぜられている。領海に関連する他の問題、例えば、湾、海峡、内海及び港などについては省略せられているが、これは著者の「前がき」の中に記されているように、比較的重要で、しかも問題点の多いものを選ばれたためであろう。

第一章の第二類は、公海について論述せられている。ここでは、公海自由の原則の発展過程を述べ、公海自由の意義にも触れて居られるが、公海自体の自由と公海使用の自由との分界線がやや明確を欠くように感ぜられる。従つて、公海における原水爆の実験は合法であるとの結論に達して居られるが、この点は評者と見解を異にするところである。私は、公海を特定国が長期間しかも広汎な海域に亘つて他国の使用を不可能ならしめるが如き方法において使用することは、公海使用の自由と相容れない故に、このような方法で公海を使用することは公海自由の原則に反するのではあると解したい。

第二款は「大陸棚」という題下に、大陸棚の一般的性質と「魚族保存水帯」という言葉で通常「保存水域」と言はれるものについて述べられ、この中ではオーストラリアの真珠貝漁獲法や李承晩ライン問題、竹島問題等についても触れていられるので、最新の国際法問題、殊にわが国に直接関係する問題について理解を深めることができる。

以上一二〇頁をもつて第一章の「海の性質」に関する記述を終り、残りの部分三二七頁は戦時における海上国際法に費されている戦時国際法に関して博士の有名な著述「戦時国際法講義」四巻（昭和十六年版）及び「戦時国際法提要」二巻（昭和十九年版）があることは周知のことであつて、特にこの方面における造詣の深さは本書の論述においても窺はれる。

第二章においては「海上捕獲の一般的性質」と題して、海上捕獲の意義、陸地で行う海上捕獲、海上捕獲法則の特異性、海上私有財産の類別及びその取扱及び海上敵私有財産捕獲の肯定論旨が述べられ、次に海上私有財産の取扱いの変遷が歴史的に考察せられてパリー宣言以前の慣行とパリー宣言の確立した原則とが述べられている。

第三章は海上捕獲の対象物と題して、捕獲することのできる敵船及び敵貨と捕獲することを得ない敵船及び敵貨とに関して論述せられている。この二章の記述は、論ずべき項目が非常に広汎に亘つているので、詳論することはこの著述の目的でないので比較的記述が簡単であるのはやむを得ない。

第四章は中立船及び中立貨の題下に、元来中立性をもつ船や貨物は捕獲の対象物となるべきではないが、その船の行動又は積荷の性質によつて捕獲の対象となるべき場合がある。即ち、封鎖侵破船やその載貨の取扱い、戦時禁制品輸送船とその載貨の問題及び非中立的役務に従事する船及びその載貨がこの項目の対象となるわけである。これ等の項目につき第一次及び第二次大戦の実行並びにわが国の捕獲規定を考慮しながら明快な叙述がなされている。

第五章は捕獲手続が取扱はれている。捕獲手続として先づ臨検捜索が行はれねばならないが、その臨検・捜索を行う場所と方法、臨検捜索に抵抗した場合、及び自国軍艦の護送をうける中立船の問題が取扱はれている。次に、拿捕に関しては、拿捕を行う場所、拿捕した船の取扱い、乗員、乗客及び載貨の取扱い、船及び載貨を破壊し得る場合、中立船及びその載貨の破壊を例外的に行う場合の条件、被拿捕船に対し中立人の有する民法上の権利の問題及び不法の拿捕又は破壊に伴う賠償責任の問題等が取扱はれている。なおこの章では中立財産に対する戦時収用権（戦時徴用権）の問題も取扱はれているが、これは拿捕後捕獲審検未済の物件にも関係があるから、分類上はこの章に入れるべきか否か疑問であるが、特にここに挿入せられたものと考える。

次に航空機による臨検、捜索及び拿捕の問題が取扱はれている。これは元来空戦法規に属すべきものとあるが、航空機が商船に対して臨検・捜索や拿捕を行う場合は、海上国際法の分類中に入れることもできるであろう。ここでは航空機が商船に対して行う場合と、航空機、殊に私航空機に対して行う場合が取扱はれている。この領域に関する研究はわが国では甚だ不充分であつて、その意味において、重要な研究であるといえる。航空機が海上の商船に対して臨検、捜索及び拿捕を行うことに関する実行はその先例も多いとはいえない。従つて慣習法が未成立である。筆者はハーグの空戦法会議における経緯、万国国際法学会の討議及びニオン協定等に論及されてこの問題を取扱つている。私航空戦に対して行う場合はハーグの空戦法案規及びロンドン宣言の海戦法規を準用する方法等により論究して居られる。

最後の第六章は「捕獲審検」と題して、別章としていられるが、捕獲審検は捕獲手続の最終段階であつて、審検所の検定によつて捕獲手続は完了する。それ故に、理論上は第五章の捕獲手続の中に入れるほうが理論が一貫するわけである。この意味で、第五章はむしろ拿捕手続としてもよいわけであるが、捕獲審検の題下で論ずる分量が相当多いので、別章を設けられたものと推察する。ここでは捕獲審検に関し、相当詳しく記述されている。先づ第一に捕獲審検の一般的性質を挙げ、第二に、主要海軍国の捕獲審検機関の構成を説き、主要国としては、イギリス、フランス、旧ドイツ、イタリア、ソ連、アメリカ、日本等を挙げて、審検所の構成上の長短が説明されている。第三には審検所の準拠法として英米主義と大陸主義の長短を批判し、第四に国際捕獲審検所問題を取上げ、第五に、休戦中の拿捕及び終戦後の再審検という第二次大戦でイタリアや日本が負担した新現象としての捕獲再審査の問題を取扱はれている。

以上、本書の内容の大略を紹介したのであるが、海上捕獲権の行使に関しては、一、捕獲権行使の主体、二、捕獲権行使の客体（対象物）、三、捕獲権行使の場所、四、捕獲権行使の手続、五、捕獲権を行使の時、の五つの問題があるわけである。本書ではこの中で、捕獲権の主体についての記述は省略されているわけである。それはとにかくとして信夫博士が博士一流の明快な筆致をもつて、海上法の重要な部分につき解説を与えられ、殊に八十幾歳の御高齢にも拘らず絶えず研鑽を重ねられている旺盛な研究心に対しては、われわれ後学の範とすべきものであつて衷心より敬意を表すると共に、本書は国際法研究者の座右に備うべき好著として一読をお勧めする次第である。

国際法辞典　昭和五〇年

国家の基本権

国家の基本権〔英〕fundamental right〔独〕Grundrecht〔仏〕droit fondamental　国際法上国家の基本権が存在するか否かについては、最近では争われているが、国家の基本権という考え方は、個人に基本的人権があるという考え方に刺激されて、国際社会のメンバーである国家にも、国内社会のメンバーたる個人に基本的人権があるとの個人の人権思想の発展とともに、国家の基本権が疑いもなく存在すると考えられたのである。それゆえに、少なくとも一八八〇年頃までの国際法学者の著述には、ほとんど例外なく、国家の基本権というものが認められた。このような考え方に疑問が生まれたのは何故であろうか。その理由の一つとしては、個人の人権は、国家の主権をもってしても奪うことのできない権利であるとされ、その政治哲学的な根拠としては社会契約説が引用されるのであるが、個人の場合と同様に、国家の基本権が確固不動の国家の権利であるならば、国際社会の進歩と発展は国家の基本権の主張によって阻害されるとの考え方がある。この考え方には、根本的な誤解があるようである。なぜならば、国家の基本権が国際法上の権利であるならば、国際法の内容は国際社会の進展とともに変化することは当然であり、この意味で、国家の基本権が、内容の固定した不動の権利であるとみることはできない。これは国家の基本権が国家の性質そのものから国家固有の権利であり、本質的な権利であって、国家よりこれを奪うことはできないとみる自然法的な見解がその根拠となっているようである。この見方は、国連憲章二条七項に本質的な国内事項という表現が用いられ、また憲章五一条で自衛権が固有の権利であるとされているような点からみても、国際法で動かすことのできないこのような権利が自然権として存在するというような考え方があるためである。国家の基本権がこのような性格のものであるとの考え方には賛成できない。したがって、このような基本権を認めることができないのは当然である。

最近では、国際社会の組織的中心としての国連の機能を高く評価して、基本権とよばれるものを「国家間の平和関係」という言葉で述べようとしている学者もある。それは一九世紀から継承した主権国の概念は、国連の機関で平和と繁栄を規律する国際共同体の概念と矛盾すると考えるからである。このような主張には、ただちに賛成することはできない。

国家の基本権が国際法上の権利であるとすれば、それは国際法秩序によって認められた権利でなければならない。国家が他国の承認によって国際社会の一員として認められるならば、この国家に対しては、国際法の主体なるがゆえに、当然に一般国際慣習法が適用される。その結果、国家には一般慣習法上の効果が帰属する。これによって、国家は国際法上の地位を取得する。この地位を形成するものは一般慣習法上の法的効果の総和である。この法的効果の中で、重要なものは国際法上の権利であり、義務であるが、権利義務のほかに法的資格、能力、拘束等いろいろの効果が帰属する。この国家に帰属するこれらの効果の全体が、国家の法的地位を決定するのである。基本権、基本義務等はその中の代表的なものである。この国家に適用される一般国際慣習法は、国家の同意によって作られたものでなく、また国家の同意を得て適用されるものでもない。これは国際社会における事実であって、単なる理論ではない。この点からいって、国家は主権国として、自ら同意しない法によって拘束されることはないということは過去の事実であるかもしれないが、現実にあてはまらない。国際法に強行法があるという事実は、国家の意思を離れて、必然的に適用される国際法のあることを示すものである。この一般国際慣習法上の権利が基本権とよばれるものであり、基本権の内容は国際社会事情の変動によって変動することができるものである。

業績ほか

前原光雄氏提出学位請求論文審査報告

法学部教授前原光雄氏は昭和二十五年十月二十七日付を以て本塾大学より法学博士の学位を授与された。左に掲げるは其の審査報告である。（編集者）

主　論　文　船舶の性質決定に関するフランス主義の研究
参考論文　国際法上巻

主論文の目的とする所は、国際法学者間の通説として、戦時海上捕獲に於て船舶の敵性を決定するものは、其掲揚する国旗つまり船籍によるとする主義、即ち一般に大陸主義またはフランス主義と称せられるものの実体を研究し、この通説の誤であることを実証せんとしたものである。

第一章序説に於ては、国際法上「敵」なる概念確定の必要性と、この概念の複雑性並にこの概念が国際法上不統一である実情を明かにし、船舶についてもこの例に漏れず、船舶の敵性か非敵性かを決定する基準が、それぞれ国によつて異り、一般に英国主義とフランス主義と対立せしめて説明せられるのを常とする事実を叙述している。

第二章はこの論文の目的とするフランス主義の実体を明白にする為に、船舶の性質決定に関するフランスの現行法として最古の立法である一六八一年の「海上法」(Ordonnance de la Marine) から、一九〇九年の「ロンドン宣言」(Declaration of London) に至るまでの諸立法と、其間に於けるフランス捕獲審検所の重要な判例を挙げ、船舶の性質決定に関するフランスの立法が如何に変遷し、また其実行が如何なるものであつたかを研究した結果、一般にフランス主義と呼ばれている所の「ロンドン宣言」第五七条第一項に規定するものは、以上の時代を通じて立証し得ないことを論結している。

第三章では、「ロンドン宣言」に於て何故にフランス主義と呼ばれるものが成文化せられたか、其理由を説明し、ここに始めてフランス主義が姿を現わした経緯を述べ、更にフランスの国内立法として始めてフランス主義が採用せられたのは、一九一二年の「戦時に於ける国際法の適用に関する海軍大臣訓令」(Instruction sur l'application du droit international en cas de guerre) 第七条第二七号であることを明かにし、一般に解せられるように、所謂フランス主義なるものが、フランスの伝統的な主義であるとは認め得ないと論断している。

第四章では、第一次大戦中に於て、フランスが如何なる立法を行い、また如何に実行したかを検討して、フランス主義は立法に於ても実行に於ても、開戦当初約一カ年続いたに過ぎないとしている。

以上の実証的研究の結果、第五章結論に於て、

第一に、一般に国際法学者が、合法に掲揚する国旗を以て船舶の性質を決定する主義をフランス主義とし、これを以てフランスの伝統的な主義とする見解は誤であること。

第二に、フランスの伝統的な主義は、寧ろ所有者の所在を以て敵性か非敵性かを決定する基準とするものであり、敵の所有する船舶は敵船とするものであること。

第三に、フランスの第一次大戦前の実行では、合法に非敵旗を掲揚する船舶を敵船として捕獲した判例はない。フランス捕獲審検所には、合法に非敵旗を掲揚するが、其船舶の所有権の全部または一部が敵に属した事件は未だ曾て提起されなかつたのである。この事実が多くの学者をしてフランス主義は国旗主義であると解せしめるに至つたのである。

第四に、「ロンドン宣言」第五七条第一項に表現せられたフランス主義は、立法に於ても、実行に於ても、フランスは一九一五年一〇月二三日の命令以後は廃棄せられ、そして所有権主義を併用し、更に一九三四年三月八日の「戦時国際法の適用に関するフランス訓令」(Instruction Française sur l'application de droit international en temps de guerre) 第三八条の規定によつて、フランス主義から完全に離脱していることを論じたものである。

船舶の敵性非敵性を決定する基準として、従来の内外国際法学者の多数は、英仏両主義を対立説明するを常とするのであるが、是等の主義の発生、変遷の跡を辿り、其内容の正確な研究はまだ尽されていない。其掲揚する国旗によつて船舶の敵性非敵性を決定するのがフランス主義であると説くに止まり、更に深く其の実体を明白にした研究は、独り我国のみならず、諸外国の国際法学者の著述中にも殆んど其例を見ない。著者のこの研究は、一般にフランス主義と称せられるものは、実はフランスの伝統的な主義でなく、甚だしく誤解せられたものであることを、フランスの立法及び判例に徴して、実証的に立証するものである。第一次大戦前のフランス捕獲審検所の判例に関しては、十七世紀まで遡つて全部の判例を漏らす所なく検討されていないので、この論文によつて従来の通説が完全に覆されたとは断言し得ないけれど、有力な新説を提唱したものであることは、正常に認められねばならない。

其所論中、論拠の確かでない点もある。一六八一年の「海上法」第五条の「委任をうけた船舶」を解釈して、捕獲用私船を指すものとするが如き其一例である。

次にフランス主義に関する従来学者間の所説が、それを一般の通説とせられる所以の論証を、もつと広く内外学者の著述に亙つて立てられねばならない。またそれが通説となつたのは何年代か、更にそれがどうして一般通説と信ぜられるに至つたかの論述が、十分に尽されていないのは遺憾である。

しかしそれにも拘らず著者がフランス主義に関する通説に対し、全然新研究を遂げた業績は顕著であり、従来の通説は、学者間に再考を促がすに至るべく、国際法学の研究に注目すべき問題を提供するものである。

最後に、参考論文「国際法」(上巻)は、著者の国際法学に関する十分の学殖を証するに足るものである。

以上の理由により、著者の研究業績並に其学殖は、著者に法学博士の学位を授けるに至当なるものと認める。

昭和二十五年九月八日

審査委員

慶應義塾大学名誉教授

法学博士　板倉卓造

慶應義塾大学名誉教授

法学博士　西本辰之助

慶應義塾大学法学部教授

法学博士　小池隆一

功績調書　前原光雄

右は明治三十五年一月十八日に生れ、大正十四年慶應義塾大学法学部を卒業、同年五月慶應義塾大学法学部助手となり、国際法研究のため、英・独・仏に留学の後、昭和七年九月同大学助教授、同九年四月同大学教授となり、慶應義塾大学において国際法の講座を担任するほか、昭和二十五年から同三十年までは学生部長、昭和三十年から同三十四年までは法学部長、並びに大学院法学研究科委員長、昭和三十五年から同四十年までは図書館長を兼任し、また昭和四十年から同四十四年までは常任理事として塾長を補佐し、慶應義塾の企画、管理、運営に携わり、学内行政並びに新図書館計画の分野において顕著な役割を果した。昭和四十五年三月定年により退職、同年四月慶應義塾大学名誉教授となり、その後も同大学において国際法の講義を担当するほか、中京大学教授、及び淑徳大学学長又は学長事務取扱の要職に就き、今日に至っている。

同人は永年にわたり国際法学の研究において数多くの学問的業績を挙げ、とくに「船舶の性質決定に関するフランス主義の研究」によって法学博士の学位を得たほか、国際法要論、戦争法、国際法（上巻）、捕獲法の研究等の著作を発表して学術研究に貢献し、また長く財団法人・国際法学会、国際法協会日本支部、日本国際問題研究所の理事として活躍し、とくに昭和四十一年から同四十五年までは国際法学会の理事長として、学界のために尽力した。さらに昭和二十七年から同三十八年までは、講和条約第十七条の規定による捕獲審検再審査委員会委員（運輸省）として十一年間精勤し、また、大学設置審議会臨時及び専門委員、大学基準等研究協議会委員、大学図書館視察委員、学術奨励審議会専門委員、法学・政治学視学委員（以上文部省）等として公的職務に奉仕した。

以上のように同人が長年にわたり教授として、また理事等の要職者として、主に慶應義塾大学を通じて、わが国の私立大学の教育界に尽力した功績は偉大であり、また多年にわたる国際法学の研究を通じて、斯学の発展に寄与し、かつ国際法関係の学会の理事長等の諸役職を通じて学界の育成に貢献した功績はまことに顕著であると認められる。

三田ジャーナル　第四七号　昭和五一年

前原光雄先生の叙勲によせて

中村　洸

前原光雄先生は、明治三五年一月十八日のお生まれで、今年七十四歳になられた。わが慶応義塾では、板倉卓造先生の講座をつがれて、約半世紀にわたって国際法の講義を担当された。

昭和五一年春の叙勲で、前原先生は、勲三等旭日中綬章を受けられた。淡々として、功を競わず、権威欲とはおよそ無縁な先生の今回の叙勲に、その喜びを分かちうる諸兄姉とともに、まず慶賀の意を表明しておきたい。

今年の二月の大学入試の前日に大学の人事部から突然に電話で、前原先生が外務省の推薦で叙勲の対象者になられたから、功績調書を私に書いてほしいという依頼をうけた。正直なところ先生が七十歳になられてから、毎年行なわれる春秋の叙勲の新聞記事がきがかりになっていた。どこかで誰かが前原先生の叙勲を起案する。私には妙な期待感があった。

福沢精神に生きる慶応義塾というところは民間の普通の感覚以上に、位階勲等や叙勲に無関係か、少くとも熱心ではない独特な雰囲気がある。慶応義塾自身が、叙勲候補者を積極的に推すことはほとんどしていないようである。塾の先生方の叙勲は、他人からの推薦まかせで、個人ベースの受章という形をとっている。

功績調書をまとめているうち、私はふと二、三年前故人になられた商法の西本辰之助先生のことを思い出した。十数年前、西本先生が叙勲された時、山食から昼食をとってささやかなお祝いの会をもったことがあった。七十歳をこえ痩身の西本先生は、この席で次のように語られた。私の親父が好きだった勲章をもらいました。これをもって近いうちにお墓参りに行こうと思っています。これでやっと親孝行ができます。こう語って微笑された面影のなかに、KEIO・OBの位階勲等を超越した老いた民間叙勲者の喜びをみとることができた。

功績調書をまとめることは容易ではなかった。前原先生は、その温厚な性質を買われて、塾の内でも塾の外でも頼まれるままに、いろいろな仕事や役職をひきうけられたためであった。調書は、まず義塾における先生の役職の経歴を追う形になった。先生の塾内役職歴は、昭和二五年に始まり、学生部長、法学部長、図書館長、常任理事、いずれもあしかけ五年づつと続いて、昭和四五年三月に定年退職となった。塾のなかでもこの役職歴は稀であろう。

次に、先生の学問的業績のいくつかをあげて、学術研究の面での功績を書いた。戦時中からの御研究の成果を、船舶の性質決定に関するフランス主義の研究としてまとめられ、昭和二五年法学博士の称号をえられた。学界における先生の占める立場は偉大であった。国際法の分野では、既に創立八十年を迎えようとする国際法学会がある。戦後まもなくこの学会の理事となり、昭和四一年に理事長に選出された。国際法学会の理事長の職は、明治以来官学の教授によって占められていた。昭和四一年慶応の三田で開いた学会の年次総会は、伝統ある学会に私学からの初めての理事長として前原先生を選出した。財団法人国際法学会の理事長職は、これまた五年に及んでいる。国際法学会の元理事長という経歴が、先生の今度の叙勲の直接のきっかけになったようである。

現在の叙勲制度のもとでは、調書はできるかぎり公職との関係をあげておいたほうがよいというので、この点も調べて書くことにした。先生は、昭和二七年から三七年まで、捕獲審検再審査委員会の委員を勤められた。この委員会の所管官庁は、運輸省である。先生は、また大学設置審議会専門委員や大学図書館視察委員などを通して、文部省から委嘱された仕事も決して少くはなかった。

前原先生の功績調書を書いているうちに、先生は、国際法では一元論を唱えられながらその活動分野は多元的?という印象をうけた。塾では、体育会のボート部長をされたこともあったし、野口ルームで囲碁を楽しまれていたこともあった。永沢先生が塾長になられた時、前原先生は常任理事をひきうけられた。両先生が私に云った言葉、前原先生↓頼まれると断われなくてね、永沢先生↓前原君が傍にいてくれると安心でね。

頼まれるままに無欲に慶応義塾や学会に奉仕された先生の叙勲はさわやかさを保っている。塾は、先生を名誉教授として、国際法学会は、先生を名誉理事として処遇している。慶応を退職されてから名古屋の中京大学に教授として迎えられ、また淑徳大学学長としていまなお活躍されている。三田では、毎週土曜日、戦時国際法を内容とする講義が、先生の半世紀の学識を投入して続けられている。日吉のお宅を起点にして、前原先生は、断わりきれなくてねといいながらお元気に毎週、名古屋、千葉、三田へと足を運ばれている。

（昭二五法卒・法学部教授）

訃報

前原光雄君（大学名誉教授・元常任理事・元法学部長）

七月二八日午前二時二五分心筋こうそくのため横浜市港北区の慶友病院で逝去、享年八九歳。葬儀は七月三〇日午前一一時から品川区西五反田の桐ヶ谷斎場で行われた。

前原光雄君は明治三五年一月一八日岡山県に生まれ、大正一四年三月本塾大学法学部卒業。同年五月法学部助手、同七年九月助教授、同九年四月教授に就任、同二五年五月から約四年間学生部長、同三〇年一〇月から四年間法学部長、同三五年八月から約五年間図書館長、同四〇年五月から四年間常任理事の要職を歴任された。同四五年四月大学名誉教授、その後も約七年間、講師として法学部の講義を担当、大正一四年就任以来半世紀を超えて義塾の研究教育、教育行政に多大の貢献をされた。

とりわけ図書館長時代にあっては、手狭になった図書館を増築し、閲覧席、書庫の拡張に努める一方、新図書館建設構想を生み出し、自らその計画委員会の実行委員長として、現図書館（新館）建設の軌道を敷いた。また、常任理事在任中は、日吉の学務関係の諸問題および諸学校の担当として、一般教育課程等の充実に努めた。昭和四三年夏に起こった学園紛争に際しては、その鎮静に尽くされた。

塾外にあっては、淑徳大学学長、国際法学会理事長、国際法協会日本支部・日本国際問題研究所各理事を務めた。

専攻は国際法で、昭和二五年一〇月「船舶の性質決定に関するフランス主義の研究」により法学博士、同二五年度同研究により義塾賞受賞。著書に『国際法（上）』『戦争法』『捕獲法の研究』などのほか「安全保障理事会の決議の効力」などの論文がある。昭和五一年春勲三等旭日中綬章受章。

前原光雄先生追悼記事（法学研究　第六五巻六号　平成四年）

前原光雄先生の想い出

法学部教授　池　井　優

前原光雄先生が八九歳の天寿を全うされた。

私が義塾法学部政治学科に入学をしたのが昭和三〇年。当時前原先生は、法学部長としてあの大柄な体で堂々としておられた姿を想い出す。当時政治学科の学生も国際法は必修であった。

「前原先生の国際法はからいぞ。」

こうしたうわさが次々に流れてきた。教科書の注にあるラテン語が試験問題に出たとか、前原先生の国際法がAなら無条件でとる会社があるとか、真偽いり乱れての情報が学生の間に流れていた。幸か不幸か、私が三年に進級し国際法の授業を履習した時から、政治学科の国際法は中村洸助教授に代った。その中村先生が今年停年で義塾を去られたのだから、今さら時の流れを感じる。したがって前原先生のからいからい国際法の洗礼は受けずにすんだが、大学院を経て大学に残ることになると、先輩教授として接することになった。

ある時前原先生から直筆のお手紙を頂戴した。「何か悪いことでもしたのか」とおそるおそる開封してみると、先生の何かのお祝いの会に出席したお礼状であった。こちらは助手から専任講師になったばかり。三〇歳以上も年令の違う若いスタッフにお体に似合わずほっそりとした女性的な字で会の出席に対するお礼が述べられていた。印刷した礼状ならまだわかる。おそらく私を含め出席者全員に一枚一枚心をこめて書かれたのであろう。この気配りに感激した覚えがある。

前原先生は岡山県のご出身。岡山なまりであろうか。「国際法」が「コクシャイホウ」になり「ゼミ」が「ジエミ」となり、われわれはよく「シェンジコクシャイホウ」（＝戦時国際法）などと発音しては仲間うちで大笑いした。だが前原先生の前でそれをやっても許される雰囲気があったし、またそれを先生はニコニコして眺めておられた。

大学院で同期だった栗林忠男君（現法学部教授）が結婚する際司会を務めた私を、媒酌人の前原先生は、披露宴が終るとわざわざ司会者の席まで寄って来られ「君、なかなかよかったですよ。」と、おほめをいただいた。媒酌人がわざわざ司会者の労をねぎらうというのも珍しいことであった。ここにも前原先生のお人柄があらわれていた。

昭和三八年に還暦を迎えられた前原先生に対し、国際法学会の重鎮たち、横田喜三郎最高裁判所長官（元東京大学教授）、高野雄一東大教授、田畑茂二郎京大教授、一又正雄早大教授、伊藤不二男九大教授をはじめ一五人の寄稿のもとに『国際法学の諸問題』と題する立派な記念論文集が刊行された。これも、国際法学者として著書・訳書・論文・書評をコツコツと発表され、国際法学会において慶應義塾を代表して大きな地位を占めておられたことを示すものであった。

また前原先生は体育会端艇部部長として、日本代表としてオリンピックのボートに出場する選手達を激励されたり、図書館長として本、資料の整備にあたられたり、常任理事として義塾の運営にタッチされるなど、学問以外で義塾に尽された功績も大きい。
改めて先生のご冥福をお祈りする次第である。

恩師・前原光雄先生の逝去を悼む

法学部教授　栗　林　忠　男

一九九一年七月二八日、恩師前原光雄先生が逝去された。享年八九歳であった。先生は、学内にあっては故板倉卓造教授の後継者として国際法学を長年担当されるとともに、学生部長、法学部長、図書館長、常任理事の要職を相次いで歴任され、研究・教育のみならず義塾の経営・運営にも多大の功績を残された方であった。また、学外においては、戦後再建期における日本国際法学会の理事、研究部・雑誌部委員、会計主任を歴任され、昭和四一年には国際法学会の理事長を務めるなど、学界の発展のために大いに貢献された。学内・学外の多くの人々に慕われた先生の誠実なお人柄がいま懐かしく偲ばれる。

先生のご研究は戦争法、国際法思想、海洋法、国際裁判など国際法の多方面に及んでいる。なかには、今でも議論されている領空の上限の問題を扱った論稿もある。先生のご関心が国際法の基礎理論のみならず実証的研究にもあったことは、昭和二七年に設けられた運輸省の捕獲審検再審査委員会において海上捕獲の専門家として約一〇年間務められ、後にそれを「捕獲法の研究」として大著に纏められたのを見ても判る。学会の重鎮として国際法学界に先生が残された影響は大きい。

先生はまた優れた教育者であった。先生が学生部長時代に新入生に与えた言葉に次のような一節がある。「塾生諸君は慶應義塾において学識を習得すると同時に塾生として気品を保つことを忘れてはならない。学識は諸君の価値を決定する一部ではあるが全部ではない。諸君は在学中に智識を吸収すると同時に人格を陶冶することが大切である」。先生は常に学生をトータルに眺めようとされた方であった。

慈父のような包容力をもって人に接する先生の寛大な温かみのある態度は、常に私共後輩に希望を与えて下さった。この際いささか私事にわたることを許して戴ければ、大学三年生になり三田で先生の国際法講義に初めて接し、授業を終えて退室される先生を階段の踊り場まで追い縋って、国際法研究への自分の意欲・熱意を夢中で訴え、今後のご指導を先生にお願いするといった、今でも思い出す度に頭に血が昇るような大胆な振る舞いをしたことがある。その時、先生は国際法の学問としての幅広さ、奥深さ、発展の可能性を淳々と説いて下さり、そのうえ懇切な激励のお言葉まで頂いた。その遠い昔の出来事が今日の自分と一脈繋がっていることを思う時、そしてその後先生から賜った数々のご厚情を想起する時、謝恩の念に万感塞がれるものがある。残された後輩としては、研究・教育においてなお一層刻苦情励することが、先生のご遺志を継ぐことになるのだと思っている。

三田評論　第九三一号　平成三年

国際法学会の重鎮―回想　前原光雄君―

中村　洸

大学名誉教授前原光雄先生は、平成三年七月二十八日、心筋梗塞のため逝去された。享年八十九歳であった。先生は、板倉卓造先生の後継者として、約半世紀にわたって国際法の講義を担当された。

昨年六月の父の日に、御自宅で米寿のお祝いの会を催した折、先生は足腰が弱られ車椅子に頼られてはいたが、お元気で、出席者一同、先生の一層の御長寿を願い、かつ期待していた。先生は、今年の五月頃から体調を崩され、自宅から遠くない病院に入り、加療を続けられていた。そして七月二十九日には、慶應義塾大学病院に移られる予定であった。転院の前日に突然に他界された。思うに、「これ以上家族に迷惑をかけたくない」との心情が、先生を幽界へ導いたのかも知れない。

前原先生と私との師弟関係は、昭和二十五年十月以来のことである。が、先生から学問上の指導や指示をうけたことはほとんどなかった。何時か、前原先生を囲む会で、先生は塾在職中には学問外の仕事に追われて、弟子達に十分な研究上の指導ができなかったことが心残りだ、と語られていた。

師弟関係の御交誼のなかで、私にとって最も印象に残っているのは、昭和五十一年春、先生が勲三等旭日中綬章を受けられた頃のことである。先生は、この叙勲にやや消極的意向を示されていた。私は、「三田ジャーナル」に、「前原光雄先生の叙勲によせて」という一文を寄稿した。先生は、私の拙文を読まれ、自分の生き方を御家族一人ひとりに理解させたいからと、態々編集部に出向き、数部お持ちかえりになった。先生が叙勲以上と喜びを示された記事から抜粋・補充して、先生の生き方をお伝えしよう。

前原先生は、淡々として功を競わず、権威欲とはおよそ無縁な生き方をされていた。その温厚な性質を買われて、塾の内でも塾の外でも、頼まれるままにいろいろな仕事や役職をひきうけられた。塾では、昭和二十五年、学生部長に就任以来、法学部長、図書館長、そして常任理事を歴任した。塾外では、戦後まもなく国際法学会の理事に就任し、昭和四十一年に理事長に選出された。明治中期に設立された国際法学会の理事長職は、官学の教授によって占められてきた。私学からの理事長選出は、この学会史上画期的なことであった。また、昭和二十七年運輸省に設けられた捕獲審検再審査委員会では、海上捕獲法の専門家として十年にわたって活躍された。この委員会に関する報告と先生の評釈とは、著書『捕獲法の研究』に収められている。

先生の塾内外での役職は、自から買ってでたものではなかった。永沢邦男先生が塾長になられたとき、前原先生は常任理事をひきうけられた。当時、塾長室で両先生が私に言った言葉、前原先生→頼まれると断れなくてね。永沢先生→前原君が傍にいてくれると安心でね、と。頼まれるままに、無欲に義塾や学会等に奉仕された先生の態度は、情誼の豊かなさわやかさを持っていた。そして、私は、「三田ジャーナル」に、さわやかな叙勲を喜び合おうと書きとめた。

昭和三十七年に、先生が還暦を迎えられることを記念して、私どもは論文集の刊行を企画した。当時最高裁判所長官であった横田喜三郎先生を始め十五人の国際法学者が寄稿し、A5判五五二頁の『国際法学の諸問題』を刊行した。この書には、先生の主要著作目録と略歴（昭和三十七年一月十八日現在の）が収められている。先生は、国際法学会の重鎮として、一又正雄（早稲田大学）、大平善梧（一橋大学）、神谷竜男（国学院大学）、三氏の博士学位の審査に当たられた。通夜・告別式には、国際法学会の山本草二理事長、池原季雄元理事長を始め、数人の理事が列席された。告別式で最初に読みあげられた弔電は、友人の肩書での横田喜三郎氏からのものであった。

三田に新図書館が完成した直後、先生は、フランスの国際法雑誌 Revue générale de droit international public の美装のバックナンバー（一八九四―一九四三）を事も無げに寄贈された。この書物は、戦時中に先生が大森のお宅から疎開先の茨城まで数巻ずつリュックサックで運び、戦災による焼失を免れた唯一の蔵書であった。名実ともに貴重で高価な品である。今や、故人となられた先生も、図書館に並ぶこの寄贈書も、この事実を語れない。先生は、すべてについて、こういう方であった。九月七日、中陰の法要を済ませ、御遺骨は、鶴見川のほとり綱島久光院の墓所に埋葬された。

恩師前原光雄先生の御霊よ安らかに。

前原光雄先生　御略歴

明治三五年一月一八日　岡山県に生る

〔学　歴〕

大正一四年三月　慶應義塾大学法学部法律学科卒業
昭和五年七月～七年九月　国際法研究のため英・仏・独に留学

〔職　歴〕

大正一四年五月　慶應義塾大学法学部助手
昭和七年九月　慶應義塾大学法学部助教授
昭和九年四月　慶應義塾大学法学部教授

前原光雄先生　御略歴

昭和二五年一〇月～三〇年九月	慶應義塾大学学生部長
昭和三〇年一〇月～三四年九月	慶應義塾大学法学部長
昭和三〇年一〇月～三四年九月	慶應義塾大学大学院法学研究科委員長
昭和二七年四月～三八年一〇月	（運輸省）捕獲審検再審査委員会委員
昭和三二年四月～四三年三月	文部省大学設置審議会専門委員
昭和三五年八月～四〇年六月	慶應義塾大学図書館長
昭和四〇年六月～四四年六月	慶應義塾常任理事
昭和四一年～四五年	国際法学会理事長
昭和四五年三月	慶應義塾大学教授停年退職
昭和四五年四月	慶應義塾大学名誉教授
昭和四五年四月	中京大学法学部教授
昭和四六年四月～昭和四九年三月	淑徳大学学長
昭和五二年三月	中京大学教授停年退職
昭和五二年四月～五五年四月	淑徳大学学長
昭和五三年五月～五五年四月	淑徳学園評議員
昭和五三年五月～平成三年七月二八日	淑徳学園相談役
平成三年七月二八日	逝去

前原光雄先生　御業績一覧

〔著　書〕

国際法講義（上）　昭和一一年　立興社
国際法要論（上）　昭和一五年　巌松堂
世界新秩序建設のために　昭和一五年　慶應出版社
戦　争　法　昭和一八年　ダイヤモンド社
国　際　法（上）　昭和二四年　世界書院
国際法講義案（平時）　昭和二六年　慶應通信
国際法講義案（戦時）　昭和二六年　慶應通信
捕獲法の研究　昭和四二年　慶應義塾大学法学研究会

〔論　説〕（解説、書評を含む）

公船の概念について	大正一五年	法学研究	第五巻二号
パウンドの法律と道徳（一）	大正一五年	法学研究	第五巻四号
パウンドの法律と道徳（二）	昭和二年	法学研究	第六巻一号
パウンドの法律と道徳（三・完）	昭和二年	法学研究	第六巻二号
デュギイの主権否認論と国際法（一）	昭和二年	法学研究	第六巻四号
デュギイの主権否認論と国際法（二）	昭和三年	法学研究	第七巻三号
デュギイの主権否認論と国際法（三・完）	昭和三年	法学研究	第七巻四号
国際平和思想発達の史的概観（一）	昭和四年	法学研究	第八巻三号
国際平和思想発達の史的概観（二）	昭和四年	法学研究	第八巻四号
国際平和思想発達の史的概観（三・完）	昭和五年	法学研究	第九巻一号
海洋自由に関する一考察	昭和五年	国際知識	第一〇巻二号
Karl Manuzen Sovietunion und Völkerrecht 1932（紹介）	昭和八年	法学研究	第一二巻一号
空戦法規序論（一）	昭和八年	法学研究	第一二巻二号
空戦法規序論（二）	昭和八年	法学研究	第一二巻三号
空戦法規序論（三・完）	昭和九年	法学研究	第一三巻一号
グロチウスの沿岸領海思想	昭和九年	法学研究	第一三巻四号
ザールの国際統治制度終る（時論）	昭和一〇年	法学研究	第一四巻一号
法源としての条約	昭和一〇年	法学研究	第一四巻三号

外交語の変遷とその統一の必要　昭和一〇年　外交時報　第七四巻七三二号
公海飛行場に就いて　昭和一〇年　外交時報　第七六巻七四五号
軍備縮少と平和　昭和一一年　外交時報　第七八巻七五二号
海峡制度と再武装問題　昭和一一年　外交時報　第七八巻七五六号
アルヴァレズの「現代国際法の基本的綱領及び大原則の宣言」（書評）　昭和一二年　法学研究　第一六巻二号
ドイツのヴェルサイユ条約廃棄　昭和一二年　外交時報　第八一巻七七〇号
兵器の生産及び取引の国際的統制　昭和一二年　外交時報　第八四巻七九一号
世界大戦前のガス戦　昭和一三年　外交時報　第八五巻七九七号
アグレマンの拒否　昭和一四年　外交時報　第八九巻八二三号
米国と通商航海条約　昭和一四年　外交時報　第九二巻八三六号
征服の概念　昭和一五年　外交時報　第九五巻八五八号
戦後の世界組織　昭和一五年　外交時報　第九六巻八六四号
広域圏とモンロー主義　昭和一六年　外交時報　第九八巻八七三号
指導国概念の国際法的構成　昭和一六年　外交時報　第九九巻八八〇号
根本規範としてのパクタ、ズント・セルヴァンダ――条約法との関係　昭和一六年　国際法外交雑誌　第四〇巻八号
マニラ市の軍政施行とヴァルガス協定（時評）　昭和一七年　国際法外交雑誌　第四一巻三号
ジャバ島の軍政（時評）　昭和一七年　国際法外交雑誌　第四一巻六号
空間と国際法　昭和一七年　国際法外交雑誌　第四一巻一〇号

戦後の平和機構（報告）	昭和一七年	国際法外交雑誌　第四一巻一〇号
敵機の搭乗員処罰（時評）	昭和一七年	国際法外交雑誌　第四一巻一二号
占領地の軍政（時評）	昭和一八年	国際法外交雑誌　第四二巻五号
占領地住民の政治参与（時評）	昭和一八年	国際法外交雑誌　第四二巻一一号
田岡良一著「戦争法の基本問題」（紹介）	昭和一九年	国際法外交雑誌　第四三巻九号
原田公使侮辱事件（時評）	昭和一九年	国際法外交雑誌　第四三巻一〇号
国際平和と安全の確保	昭和二一年	国際法外交雑誌　第四五巻七・八号
横田喜三郎編著「聯合国の日本管理」（紹介）	昭和二三年	国際法外交雑誌　第四七巻二号
船舶の敵性に関するフランス主義 —第一次大戦の判例を中心として—	昭和二三年	法学研究　第二一巻四号
仲裁々判制度の発達（一）	昭和二四年	法学研究　第二二巻二・三号
仲裁々判制度の発達（二・完）	昭和二四年	法学研究　第二二巻五号
International Law in Japan	昭和二五年	The Japan Science Review (Law and Politics) No. 1.
安全保障理事会の決議の効力	昭和二六年	国際法外交雑誌　第五〇巻一号
船舶の性質決定に関するフランス主義の研究（一）	昭和二六年	法学研究　第二四巻七号
船舶の性質決定に関するフランス主義の研究（二・完）	昭和二六年	法学研究　第二四巻八号
エルンスト・ザウアー著「国際法原理」（書評）	昭和二六年	法学研究　第二四巻八号

ドナウ河の航行制度（資料）　昭和二七年　法学研究　第二五巻九号

交戦権の放棄　昭和二七年　国際法外交雑誌　第五一巻二号

紛争の解決、最終条項、不講和国との関係　昭和二七年　国際法学会編「平和条約の綜合研究」下巻所収

法学研究三〇年の回顧（記事）　昭和二七年　法学研究　第二五巻一一・一二合併号

国際法と外国人の地位　昭和二八年　国際法学会編「国際法講座」第二巻所収

国際連合における紛争の処理　昭和二八年　国際法学会編「国際法講座」第二巻所収

国際司法裁判所　昭和二八年　国際法学会編「国際法講座」第二巻所収

H・C・ホウキンス著「通商条約及び協定」—原則と実行—（紹介）　昭和二八年　法学研究　第二六巻六号

日本外交学会編「太平洋戦争原因論」（紹介）　昭和二八年　国際法外交雑誌　第五二巻五号

中立国の義務　昭和二九年　国際法学会編「国際法講座」第三巻所収

国際連合と国際平和　昭和二九年　法学研究　第二七巻一号

田岡良一著「国際法講義」（上巻）（紹介）　昭和三〇年　国際法外交雑誌　第五四巻五号

捕獲審検例研究会編「日本海上捕獲審検例集」（紹介）	昭和三一年	国際法外交雑誌　第五五巻一号
海港の開放について	昭和三一年	法学研究　第二九巻一・二・三合併号
最近における国際法関係国際会議の成果	昭和三一年	法律時報　第二八巻一〇号
陸上における捕獲	昭和三三年	「慶應義塾創立百年記念論文集」第一部・法律学関係所収
河川における捕獲	昭和三三年	横田先生還暦祝賀「現代国際法の課題」所収
信夫淳平著「海上国際法論」（紹介）	昭和三三年	国際法外交雑誌　第五七巻二号
Basic Principles of Japanese Foreign Policy and Prohibition of Nuclear Weapon Tests	昭和三三年	The Japanese Annual of International Law No. 2
日米安全保障条約の改訂	昭和三四年	綜合法学　第二巻一号
領空について	昭和三四年	綜合法学　第二巻四号
南極の国際制度	昭和三五年	綜合法学　第三巻九号
領空の限界	昭和三五年	法学研究　第三三巻二号
捕獲権行使の主体	昭和三五年	法学研究　第三三巻一二号
条約の適用区域と期限	昭和三五年	安全保障研究会編「安全保障体制の研究」上巻所収
原爆の使用は合法か	昭和三六年	三色旗　第一五九号

北方領土の法的地位	昭和三七年	国際法外交雑誌　第六〇巻四・五・六合併号
国際法上の仲裁と調停	昭和三八年	綜合法学　第六巻三号
安全保障理事会の構成	昭和三八年	田岡良一先生還暦記念「国際連合の研究」第二巻所収
エラト及びバレンタイン号事件	昭和三九年	法学研究　第三七巻一二号
Review of Decisions of Japan's Wartime Prize Courts: The Santa Fé Case	昭和三九年	The Japanese Annual of International Law No. 8
国家の基本権	昭和五〇年	国際法学会編「国際法辞典」
私の古典	昭和五〇年	三田評論　六月号

〔訳　書〕

ロスコー・パウンド著「法律と道徳」	昭和　三　年	清水書店
オー・フランケ著「支那治外法権史」	昭和一九年	慶應出版社

所収一覧

〔論　説〕

国際平和と安全の確保　昭和二一年　国際法外交雑誌　第四五巻七・八号
仲裁々判制度の発達（一）　昭和二四年　法学研究　第二二巻二・三号
仲裁々判制度の発達（二・完）　昭和二六年　国際法外交雑誌　第五〇巻一号
安全保障理事会の決議の効力　昭和二七年　国際法外交雑誌　第五一巻二号
交戦権の放棄　昭和二七年　国際法学会編「平和条約の綜合研究」下巻所収
紛争の解決、最終条項、不講和国との関係
国際法と外国人の地位　昭和二八年　国際法学会編「国際法講座」第二巻所収
国際連合における紛争の処理　昭和二八年　国際法学会編「国際法講座」第二巻所収
国際司法裁判所　昭和二八年　国際法学会編「国際法講座」第二巻所収
中立国の義務　昭和二九年　国際法学会編「国際法講座」第三巻所収
海港の開放について　昭和三一年　法学研究　第二九巻一・二・三合併号
領空の限界　昭和三五年　法学研究　第三三巻二号
北方領土の法的地位　昭和三七年　国際法外交雑誌　第六〇巻四・五・六合併号
国際法上の仲裁と調停　昭和三八年　綜合法学　第六巻三号
安全保障理事会の構成　昭和三八年　田岡良一先生還暦記念「国際連合の研究」第二巻所収

〔解説、書評ほか〕

ドナウ河の航行制度（資料）　昭和二七年　法学研究　第二五巻九号

横田喜三郎編著「聯合国の日本管理」（紹介）　昭和二三年　国際法外交雑誌　第四七巻二号

H・C・ホウキンス著「通商条約及び協定」
—原則と実行—（紹介）　昭和二八年　法学研究　第二六巻六号

日本外交学会編「太平洋戦争原因論」（紹介）　昭和二八年　国際法外交雑誌　第五二巻五号

田岡良一著「国際法講義」（上巻）（紹介）　昭和三〇年　国際法外交雑誌　第五四巻五号

捕獲審検例研究会編「日本海上捕獲審検例集」（紹介）　昭和三一年　国際法外交雑誌　第五五巻一号

信夫淳平著「海上国際法論」（紹介）　昭和三三年　国際法外交雑誌　第五七巻二号

国家の基本権　昭和五〇年　国際法学会編「国際法辞典」所収

〔業績ほか〕

前原光雄氏提出学位請求論文審査報告

功績調書　前原光雄

前原光雄先生の叙勲によせて（中村洸）　昭和五一年　三田ジャーナル　第四七号

訃報　平成　三　年　慶應義塾報　第一五〇七号

前原光雄先生の想い出（池井優）　平成　四　年　法学研究　第六五巻六号

恩師・前原光雄先生の逝去を悼む（栗林忠男）　平成　四　年　法学研究　第六五巻六号

国際法学会の重鎮—回想　前原光雄君—（中村洸）　平成　三　年　三田評論　第九三一号

前原光雄先生　御略歴

前原光雄先生　御業績一覧

解題

本著は故前原光雄慶應義塾大学法学部教授の著作より故中村洸教授が自ら選ばれたものを編年体で編纂したものである。戦後まもなくの国際法外交雑誌に掲載された「国際平和と安全の確保」から始まり、論説は田岡良一教授の還暦記念である『国際連合の研究』第二巻のなかの「安全保障理事会の構成」までが選ばれている。前原先生の著作は業績一覧からも明らかなように、第二次大戦前から多くの分野についてなされている。そのなかで、戦後の、主に国連を中心とした著作がここでは選択されている。ただ、「国際法と外国人の地位」や「海港の開放について」、「領空の限界」などの著作は、前原先生の関心の広さを示しているものである。

冒頭の「国際平和と安全の確保」で扱われた主題は、紛争の平和的解決と平和・安全のための措置である。この主題はのちの諸論文においても繰り返されており、前原先生の関心のひとつが国際の平和・安全であり、紛争の平和的解決であったことが明確になっている。「仲裁々判制度の発達」、「紛争の解決、最終条項、不講和国との関係」、「国際連合における紛争の処理」、「国際司法裁判所」、「国際法上の仲裁と調停」の諸論考は紛争の平和的解決手続に向けられた考察である。また、「安全保障理事会の決議の効力」、「交戦権の放棄」、「中立国の義務」、「安全保障理事会の構成」は、それぞれに国際の平和と安全に関連する論考である。

さらに、外国人の取扱や自国民の保護について生ずる紛争を念頭においている「国際法と外国人の地位」は、国際法における外国人の人権や責任の問題をも射程においている。「海港の開放について」は海洋法に関する問題を取り上げ、平時における外国の私船への港の開放が義務であるか否かに焦点をあてている。前原先生は博士論文である「船舶の性質決定に関するフランス主義の研究」を含め多数の海洋法の論文を著されているが、そのなかから選ばれた一編である。「領空の限界」は、主権のおよぶ領空とその上にある宇宙空間の境界がいずれにあるかを考察した論文であるが、これは現在でも明確に決定されておらず、検討が続けられている問題である。これらの論考に加えて、「北方領土の法的地位」での考察を検討すると、空間と国際法という観点から、領土、海洋、航空、宇宙に前原先生の関心があったことを見てとることができる。

このような旧稿をそのままの形で出版をすることの意義に二つだけ触れておきたい。一つ目は、日本における国際法研究の進展を前原先生の著作を通じて理解することが可能であるという点である。冒頭の二つの論文は、旧仮名遣いのままにしてあるので、若い読者諸君はこの点には違和感をもたれるかもしれない。ただ、その内容を読み進めてゆくと同時代の国連での動きをどのように国際法学者が理解していたかが手に取るようにわかるであろう。さらに、同じ主題が繰り返し扱われていることにより、これらの問題に対する敗戦直後から約二〇年の間に起きた国際法の発展状況を理解することが可能となろう。このことは、前原先生を中村先生がどのように理解していたかをも示している。二つ目は、この著作を通じて、国際法の理解に必要な基本的知識の集積がいかに重要であるかを読み取ることができる点にある。国際法の発展の速度はゆっくりであるとも言える。しかし、それと同時に、国際的な状況の変化に応じて国際法がどのように変化をして来ているのかにも目を向けて行く契機となろう。歴史的な考察だけではなく、新たな動きへの実際上の対応が注目されており、そのことは、我々が現在においてなすべきことを示唆するものでもある。

この本を出版することになったきっかけは、故中村洸教授が残された私家版の本であった。中村先生の遺品となる蔵書整理のお手伝いをする機会があり、一冊ずつコンピュータに入力する作業を中村ゼミ出身の山内冬彦君と行ったが、そのときに二冊の本がそのなかにあった。『国際法論集』の題名がつけられ、内容は同じものであるが、一冊は簡易製本で、もう一冊はバインダーに綴じられていた。前原先生の著作を両面コピーし、丁寧に角をとってあったのは、中村洸先生が手元に置くためのものであったためと思う。完成度は高く、それをそのまま今回の出版の原稿とさせていただくことができた。内容を見てみると、現在でも、またこれからも読む意義があり、古くならない論考が選ばれており、生前に出版を意図されていたように思えた。蔵書の入力が終了するころには、是非この本を出版しておきたいと感ずるようになっていた。

幸いにも法学研究編集委員会の理解を得て、慶應義塾大学法学研究会から叢書として出版する機会を持つことができた。委員長の大沢秀介教授を初めとする委員の皆様に厚く御礼を申し上げる次第である。慶應義塾大学出版会の岡田智武さん、村山夏子さん、綿貫ちえみさんには大変にお世話になった。また、故中村洸先生の御親戚にあたる北崎サヤカ様、北崎京子様には蔵書整理の際に色々なお話を伺うことができ、今回の出版にもご協力をしていただくことができた。厚く御礼を申し上げたい。

本来であれば中村洸先生がこの解題を書かれることが最も望ましいことであったと思う。また、私の指導教授である栗林忠男名誉教授は前原先生が指導教授であったので、栗林先生が書かれるべきものとも考えたが、元の私家版をなるべくそのままに出版することが中村先生のご遺志に沿うものと思い、私の貢献は何もしないことにあったと考えている。とはいえ編集に伴い私の指示に間違いが多々あることと思う。この点についてはご宥恕いただければ幸いである。

二〇一一年七月二四日

慶應義塾大学法学部教授　大森正仁

跋

学問的価値の高い研究成果であつてそれが公表せられないために世に知られず、そのためにこれが学問的に利用せられずして、そのまま忘れられるものは少なくないであろう。又たとえ公表せられたものであつても、口頭で発表せられたために広く伝わらない場合があり、印刷公表せられた場合にも、新聞あるいは学術誌等に断続して載せられた場合は、後日それ等をまとめて通読することに不便がある。これ等の諸点を考えるならば、学術的研究の成果は、これを一本にまとめて出版することが、それを周知せしめる点からも又これを利用せしめる点からも最善の方法であることは明かである。この度法学研究会において法学部専任者の研究でかつて機関誌「法学研究」および「教養論叢」その他に発表せられたもの、又は未発表の研究成果で、学問的価値の高いもの、または、既刊のもので学問的価値が高く今日入手困難のものなどを法学研究会叢書あるいは同別冊として逐次刊行することにした。これによつて、われわれの研究が世に知られ、多少でも学問の発達に寄与することができるならば、本叢書刊行の目的は達せられるわけである。

昭和三十四年六月三十日

慶應義塾大学法学研究会

著　者

前原 光雄（まえはら　みつお）

明治35年岡山県に生まれる。大正14年慶應義塾大学法学部卒業、同年助手、昭和７年助教授、同９年に教授となる。学生部長、法学部長、図書館長、常任理事を歴任。淑徳大学学長、国際法学会理事長を務めた。平成３年逝去。

編　者

中村 洸（なかむら　こう）

昭和２年東京都に生まれる。昭和25年慶應義塾大学法学部卒業。同年助手、昭和31年助教授、同37年に教授となる。国際法学会理事、同編集主任、国際法協会日本支部理事を務めた。平成19年逝去。

補訂者

大森 正仁（おおもり　まさひと）

昭和30年山梨県に生まれる、昭和53年慶應義塾大学法学部卒業。昭和62年専任講師、平成３年助教授、同８年教授となる。国際法学会理事、世界法学会理事、同編集主任を務めた。

慶應義塾大学法学研究会叢書　82

前原光雄 国際法論集

2011年10月3日　初版第1刷発行

著　者――――前原光雄
編　者――――中村　洸
補　訂――――大森正仁
発行者――――慶應義塾大学法学研究会
代表者　大沢秀介
〒108-8345　東京都港区三田2-15-45
TEL 03-5427-1842
発売所――――慶應義塾大学出版会株式会社
〒108-8346　東京都港区三田2-19-30
TEL 03-3451-3584　FAX 03-3451-3122
組　版――――株式会社キャップス
印刷・製本――萩原印刷株式会社

Printed in Japan ISBN 978-4-7664-1866-8

慶應義塾大学法学研究会叢書

26 近代日本政治史の展開
中村菊男著 1500円

27 The Basic Structure of Australian Air Law
栗林忠男著 3000円

38 強制執行法関係論文集
ゲルハルト・リュケ著/石川明訳 2400円

42 下級審商事判例評釈（昭和45年～49年）
慶應義塾大学商法研究会編著 8300円

45 下級審商事判例評釈（昭和40年～44年）
慶應義塾大学商法研究会編著 5800円

46 憲法と民事手続法
K.H.シュワープ・P.ゴットヴァルト・M.フォルコンマー・P.アレンス著／石川明・出口雅久編訳 4500円

47 大都市圏の拡大と地域変動
―神奈川県横須賀市の事例
十時嚴周編著 8600円

48 十九世紀米国における電気事業規制の展開
藤原淳一郎著 4500円

51 政治権力研究の理論的課題
霜野寿亮著 6200円

53 ソヴィエト政治の歴史と構造
―中澤精次郎論文集
慶應義塾大学法学研究会編 7400円

54 民事訴訟法における既判力の研究
坂原正夫著 8000円

56 21世紀における法の課題と法学の使命
〈法学部法律学科開設100年記念〉
国際シンポジウム委員会編 5500円

57 イデオロギー批判のプロフィール
―批判的合理主義からポストモダニズムまで
奈良和重著 8600円

58 下級審商事判例評釈（昭和50年～54年）
慶應義塾大学商法研究会編著 8400円

59 下級審商事判例評釈（昭和55年～59年）
慶應義塾大学商法研究会編著 8000円

60 神戸寅次郎　民法講義
津田利治・内池慶四郎編著 6600円

61 国家と権力の経済理論
田中宏著 2700円

62 アメリカ合衆国大統領選挙の研究
太田俊太郎著 6300円

64 内部者取引の研究
並木和夫著 3600円

65 The Methodological Foundations of the Study of Politics
根岸毅著 3000円

66 横槍　民法總論（法人ノ部）
津田利治著 2500円

67 帝大新人会研究
中村勝範編 7100円

68 下級審商事判例評釈（昭和60～63年）
慶應義塾大学商法研究会編著 6500円

70 ジンバブウェの政治力学
井上一明著 5400円

71 ドイツ強制抵当権の法構造
―「債務者保護」のプロイセン法理の確立
斎藤和夫著 8100円

72 会社法以前
慶應義塾大学商法研究会編 8200円

73 Victims and Criminal Justice: Asian Perspective
太田達也編 5400円

74 下級審商事判例評釈（平成元年～5年）
慶應義塾大学商法研究会編著 7000円

75 下級審商事判例評釈（平成6年～10年）
慶應義塾大学商法研究会編著 6500円

76 西洋における近代的自由の起源
R.W.デイヴィス編／
鷲見誠一・田上雅徳監訳 7100円

77 自由民権運動の研究
―急進的自由民権運動家の軌跡
寺崎修著 5200円

78 人格障害犯罪者に対する刑事制裁論
―確信犯罪人の刑事責任能力論・処分論を中心にして
加藤久雄著 6200円

79 下級審商事判例評釈（平成11年～15年）
慶應義塾大学商法研究会編著 9200円

80 民事訴訟法における訴訟終了宣言の研究
坂原正夫著 10000円

81 ドイツ強制抵当権とBGB編纂
―ドイツ不動産強制執行法の理論的・歴史的・体系的構造
斎藤和夫著 12000円

表示価格は刊行時の本体価格（税別）です。欠番は品切。

慶應義塾大学出版会
〒108-8346　東京都港区三田2-19-30
Tel 03-3451-3584/Fax 03-3451-3122
郵便振替口座　00190-8-155497